앞서가는 사람의 한걸음

텐센트 마화텅

马化腾, 先人一步

冷湖

앞서가는 사람의 한 걸음

텐센트 마화텅

링후 지음 | 송은진 유주안 옮김

큰나무

중국 인터넷 기업의 전설을 만나다

"인터넷이란 무엇이고, 그것은 우리에게 무엇을 가져다주었는가?"

이는 어렵게 설명하자면 한없이 어렵고, 쉽게 말하자면 한없이 쉬운 문제다. 어렵게 말해서 인터넷이란 기술 혁명과 문화 혁명을 상징하는 것이다. 반면에 쉽게 설명하자면 우리는 인터넷에서 단 한 가지만 정확하게 알면 된다.

마화텅은 바로 이 한 가지를 정확히 꿰뚫어 본 덕분에 남들보다 빠르게 인터넷 세계를 점령할 수 있었다. 바로 '소통'이다. 소통은 QQ의 존재 가치라고 할 수 있다. 바로 이 때문에 QQ는 사람들에게 없어서는 안 될 일상생활의 일부분이 되었다. QQ는 사람과 사람 사이의 소통 수단을 전통적인 편지와 전화에서 인터넷으로 전환시켰다. 이렇게 해서 마화텅은 그가 만든 '펭귄'을 데리고 중국 인터넷 업계에서 기적을 창조했다. 또 수많은 사용자가 QQ를 통해 인터넷 소통의 놀라운 속도를 체감하고, 그 매력에 푹 빠지게 되었다.

마화텅은 중국 최초의 '인터넷 중독자' 중 한 명이자, 중국 신경제 시대의 젊은 청년을 대표하는 인물이다. 이 시기의 청년들은 운 좋게도 개혁과 발전이 동시에 일어나는 시대를 만나 창조와 혁신의 정신을 키울 수 있었다. 또 여기에 견고한 기술까지 더해 머릿속의 상상을 현실로 바꾸었다. 이들은 일종의 기사도 정신, 즉 죽음을 두려워하지 않는 용기로 명예와 꿈을 좇아 달렸다.

인터넷 버블 탓에 IT기업들이 무너질 때도 마화텅은 '펭귄 왕국'을 지키기 위해 노력을 아끼지 않았다. 이는 기술적으로 부족했던 중국이 세계 최고가 되기 위한 첫걸음이었을 뿐만 아니라 인터넷 시대의 창업정신, 진취성, 그리고 비판정신을 회복한 것이었다.

한 사회의 발전 여부는 기업이 얼마나 큰 활성화 작용을 일으키는가에 달려 있다. 기업이란 사회의 분업 구조를 형성하고, 그 사회가 잘 운영될 수 있는 '혈액순환' 시스템을 만드는 요소다. 특히 인터넷 기업은 '메기효과catfish effect'를 일으켜 꽉 막힌 중국 경제의 숨통을 틔게 하는 존재라고 할 수 있다.

마화텅이 세운 'QQ 왕국'은 수많은 사람의 사회적 관념, 일상에 대한 태도에 중요한 변화를 발생시켰다. 사람들은 QQ를 통해서 인간관계를 새롭게 바라보았으며, 가상공간에서 자신을 드러내고 타인을 이해하게 되었다. 또 이전의 단조롭고 전통적인 사교방식을 저자본, 고효율의 작은 소프트웨어로 바꾸어 전 세계와 소통하고 있다.

이제 소통은 일종의 습관이며, 교류 방식의 변화는 새로운 트렌드가 되었다. 이런 의미에서 QQ의 최대 수혜자는 텐센트나 사용자가 아니라 바로 인터넷 자체라고 할 수 있다. QQ는 인터넷 발전을 추진하는 '기어' 역할을 했다. 이 기어는 '소통'이라는 윤활제 덕분에 빠른 속도로 움직여 사람들을 더 발전적이고, 파괴적인 시대의 풍랑 속으로 걸어 들어가게 만들었다.

렁후

04 퍼플 다이아몬드 시대 "최고의 자리에서 호령하다"

7. MSN과의 한판 승부

8. 인클로저 운동의 시작

05 블루 다이아몬드 시대 "강호에서 펼쳐진 격렬한 전쟁"

9. 전자상거래 시장을 쟁탈하라

13. 새로운 전략으로 상대를 미치게 하다

14. 펭귄 제국의 속사정

01

그린 다이아몬드 시대
"크게 소리치며 뛰어들다"

1
비즈니스 마인드를 갖춘 엔지니어

천문학자의 꿈을 포기하다

모름지기 꿈이 있어야 행동할 힘이 생기는 법이다. 사람은 누구나 반드시 이루고 싶은 꿈이 있다. 거지는 하루만이라도 돈을 흥청망청 쓰고 싶을 것이고, 영화감독은 자신의 영화가 박스오피스 1위에 오르고 아카데미상까지 거머쥐기를 꿈꿀 것이다. 또 작가라면 노벨 문학상 수상을 꿈꿀 것이다.

소년이라면 누구나 꿈을 꾼다. 마화텅도 예외는 아니었다. 광둥성廣東省 산터우汕頭에서 태어나 하이난海南에서 유년시절을 보낸 그는 밤하늘에 가득한 반짝이는 별빛을 바라보며 천문학자의 세계를 동경했다. 전문가용 천체망원경을 가지고 싶었던 소년 마화텅은 너무 비싸다는 이유로 부모가 허락하지 않자 자신의 일기장에 "부모님의 결정은 미래의 천문학자 한 명을 죽인 것과 마찬가지다"라고 써서 불만을 표출했다. 우연히 이 일기를 본 어머니는 깜짝 놀라서 모아두었던 돈으로 아들에게 망원경을 사주었다.

망원경을 손에 넣은 마화텅은 더욱 열정적으로 별을 관찰했다. 유성을 관찰하다가 산속에서 쓰러져 잠을 청하는 일도 있었다. 언젠가 마화텅은 "지금까지 가장 자랑스러웠던 일이 무엇인가요?"라는 질문에 "1986년에 핼리혜성을 촬영해서 수십 위안의 상금을 받았던 일"이라고 답했다. '펭귄 왕국의 건설'일 거라는 모두의 예상을 깨고 말이다.

마화텅은 넉넉한 집안에서 자라났다. 아버지 마천수馬陳術는 정부 관리로, 중국 남부에 위치한 하이난에서 교통부가 관할하는 항만사무국 여덟 곳의 회계업무를 담당했다. 나중에는 선전深圳에 있는 옌톈강鹽田港 주식회사 대표의 자리에까지 올랐다.

마천수는 텐센트에도 많은 영향을 끼쳤다. 텐센트 초기에 마천수는 전공을 살려 회계업무를 맡아 일하며 마화텅에게 회사를 효율적으로 관리하는 법, 자본을 운용하는 요령 등을 전수했다. 또한 청쿵그룹長江集團의 리카싱李嘉誠과 동향으로 청쿵그룹 내 통신회사인 잉커盈科로부터 텐센트 벤처투자를 이끌어냈으며, 여러 인맥을 통해 마화텅의 사업에 여러 차례 크고 작은 도움을 주었다.

젊은 마화텅이 거둔 성공의 이면에는 어머니 황후이칭黃惠卿도 있었다. '마화텅의 여인'으로 불리는 황후이칭은 창업 초기부터 꽤 오랫동안 텐센트의 법인 대표였다. 이에 관해 마화텅은 조금도 거리낌 없이 설명한 바 있다. 그에 따르면 당시 중국에는 새로 창업한 회사의 법인 대표를 반드시 미취업자나 퇴직자가 해야 했는데 마화텅이 이 조건에 맞지 않아 나이 든 어머니의 '명의를 끌어다가' 쓴 것이다.

1984년, 열세 살의 마화텅은 부모를 따라 선전으로 이주해 명문 선전중학 深圳中學 에 입학했다. 당시 선전은 경제특구로 지정되어 곳곳에 '시간은 금, 효율은 생명'이라는 표어가 붙어 있었다. 중국에서 가장 젊고 역동적인 이 도시에서 마화텅은 내면의 정형화되지 않은 개성과 사상을 발전시켰다.

이후 마화텅은 단순히 집에서 가깝다는 이유로 선전대학 深圳大學 에 진학했다. 선전대학은 막 부상하기 시작한 도시에 있는 대학답게 부족한 부분이 많았지만 수많은 정책적 지원을 받아 빠르게 성장하며 몇 년 만에 중국의 명문대를 넘어설 정도로 크게 발전했다. 선전대학에서 배출한 엘리트만 해도 IT기업인 쥐런그룹 巨人集團 의 스위주 史玉柱 회장, 의류업체인 홍더우그룹 紅豆集團 의 저우하이장 周海江 회장 등 후에 중국 경제계를 이끈 인물이 다수이다.

성장기 동안 별과 우주에 빠져 있던 마화텅은 대학에서 천문학을 전공하려고 했지만 결정적인 순간에 꿈을 버렸다. 별이 총총한 하늘을 바라보며 연구하는 천문학이 현실 세상과 동떨어져 있다고 느꼈기 때문이다. 함께 어울리던 아마추어 천문학자들이 대부분 지리 교사의 길을 가는 것을 보면서 그는 좀 더 현실적인 생각을 하게 되었다.

보통 인생에서 가장 중요한 것으로 '선택과 포기'를 이야기한다. 두 가지 중에서는 포기가 선택보다 더 어렵다. 만약 그때 마화텅이 꿈을 포기하지 않고 천문학에 뛰어들어 연구에 매진했다면 지금쯤 어떻게 되었을까? 새로운 별을 한두 개 발견해 자신의 이름을 붙였을지도 모른다. 물론 이것도 대단한 성과다. 하지만 텐센트라는 기업이 중국인의 생활방식에 미친 거대한 영향에 비해서는 한없이 부족할 것이다.

당시 선전대학에서는 컴퓨터학과와 건축학과가 가장 인기 있었다. 선전에서 성공한 사람들이 대부분 컴퓨터와 부동산 업계에 있었기 때문이다. 결국 마화텅은 또 다른 관심사인 컴퓨터를 전공하기로 마음먹었다. 컴퓨터와 천문학의 공통점이라면 '미지의 세계'를 탐색하는 것이리라. 대학에 들어간 마화텅은 천문학에 품었던 열정과 호기심을 컴퓨터에 쏟아부었다.

대학생 마화텅은 학교 전산실 담당 교수가 '이름만 들어도 골치 아파하는' 학생이었다. 그는 자신의 천부적인 재능을 발휘해 작은 프로그램들을 설계하고 편집하며 전산실 컴퓨터를 마음대로 가지고 놀았다. 마화텅이 차단시킨 하드디스크를 다시 작동시키는 일은 그밖에는 하지 못했다. 반대로 외부 바이러스가 침입하면 마화텅은 누구보다 먼저 나서서 짧은 시간 안에 능숙하게 바이러스를 제거해 전산실의 구세주가 되었다. 나중에는 전산실 담당 교수조차 마화텅에게 기술을 배울 정도로 능력이 뛰어났다.

전산실 내에서는 '최고 실력자'인 그였지만 밖에서는 그다지 관심과 주목을 끄는 학생은 아니었다. 타고난 성품이 내성적이고 과묵해 혼자 외진 곳에 있는 일이 많았다. 하지만 다른 사람에게 없는 장점이 하나 있었다. 마화텅은 자신의 능력을 객관적이고 정확하게 평가할 줄 알았다. 자신이 컴퓨터 고수이지만 타고난 천재가 아니라 기존의 프로그램 코드를 베끼고 외워서 얻은 결과임을 잘 알고 있었다. 이 점을 인정하고, 앞으로도 혼자 무슨 일을 하기보다는 여러 사람과 힘을 모아 장단점을 보완해야 한다고 생각했다. 이런 생각은 그가 창업을 생각할 때도 구심점으로 작용했다.

선전대학에서 공부한 4년 동안 마화텅은 컴퓨터에 대한 지식을 마스터해 매우 실용적인 '주식분석 소프트웨어'를 졸업 작품으로 만들었다. 당시 경제특구 선전에 사는 사람이라면 주식투자에 관심을 가지지 않을 수 없었다. 덩샤오핑 鄧小平이 '남순강화 南巡講話'를 한 후에 정상궤도에 오른 중국의 주식시장은 순식간에 '열풍'에 휩싸였다. 국가 정책에 의해 육성되는 선전은 그 열기가 더욱 거셌다. 주식이 크게 오르자 남녀노소를 막론하고 도시의 모든 사람이 차를 마실 때나 식사를 할 때나 주식 이야기를 했다.

마화텅이 만든 이 소프트웨어는 즉시 IT기업의 주목을 받았다. 얼마 후 몇몇 기업이 마화텅에게 구매 의사를 전해 왔고 곧바로 가격협상이 시작되었다. 마화텅은 과감하게도 매각가격으로 5만 위안을 불렀다! 이는 당시 화폐가치로 따졌을 때 엄청난 액수였다.

대학 졸업이 가까워 오자 마화텅 역시 미래를 걱정하지 않을 수 없었다. 처음 떠오른 일은 컴퓨터 조립 회사를 창업하는 것이었다. 하지만 시장조사 결과 포화 상태라는 사실을 알고 포기했다.

졸업 작품을 팔아서 마련한 종잣돈이 있었기에 당장 창업을 할 수도 있었지만 마화텅은 결코 자만하지 않았다. 그는 자신의 지식과 경험만으로는 컴퓨터와 인터넷이라는 깊이를 알 수 없는 바다로 다이빙하는 것이 역부족이라고 생각했다. 결국 그는 오랫동안 깊이 사고한 끝에 창업을 포기하고 취업을 통해 경험을 쌓기로 마음먹었다.

자만하지 않고, 급하지도 느리지도 않은 성격의 마화텅은 인생의 첫 번째 갈림길에서 우여곡절을 피해 돌아가는 쪽을 택했다. 물이 흐르는 대로 배를 몰아 나중에 더 빠르게 나아가기로 결정한 것이다.

텐센트는 '선전의 발전 속도'에 힘입어 매우 빠르게 성공한 IT기업이지만 마화텅의 인생을 살펴보면 그는 서두르기보다 매우 안정적으로 창업을 준비하고 성공의 기반을 마련했다는 것을 알 수 있다. 언제나 착실하게 땅을 일구고 다졌으며 차근차근 기초를 세웠다. 현실적인 면을 가장 먼저 고려해 확실과 불확실, 실제와 상상이 뒤섞인 계획을 세울 줄 알았다.

'마씨네 BBS'에서 꿈을 키우다

경제특구인 선전은 개혁개방의 물결을 타고 도시 건설, 기업 발전 할 것 없이 모든 분야에서 놀라운 속도로 빠르게 발전해 나갔다. 이런 도시에서 계속 자라왔기에 마화텅은 졸업 무렵 이미 실용주의적인 관점을 완성한 상태였다. 그는 상아탑에서 이제 막 세상으로 걸어나와 이상을 좇는 학생과는 거리가 멀었다. 그의 머릿속에는 장밋빛 환상 대신 자신의 미래에 대한 명확한 생각과 원칙, 계획이 가득했다.

꿈은 텅 비어 있으면 안 된다. 여러 개의 골격으로 지탱하고, 그 사이사이를 속속들이 채워야 한다. 또 여기에 추진력이 더해져야 한다. 움직이지 않으면 꿈은 영혼 없이 이리저리 걸어다니는 시체가 될 뿐이다.

컴퓨터 분야로 뛰어든 마화텅이 나아갈 다음 단계는 꿈을 실현할 수 있는 무대를 찾는 것이었다. 그는 졸업 후 바로 룬쉰통신발전 潤迅通信發展 에 입사해 소프트웨어 엔지니어로 일했다. 그때 그의 월급은 1,100위안이었다.

1990년에 설립한 룬쉰은 무선호출업계의 걸출한 기업 중 하나였다. 무선호출 사업은 중국 통신시장에서 가장 먼저 민간에 개방된 분야로, 중국 사상 첫 인터넷 서비스를 시작한 잉하이웨이瀛海威의 장수신張樹新도 손을 댄 적이 있었다.

룬쉰은 '시장주도, 기술선행'을 모토로 매우 빠른 속도로 시장을 장악해 1995년부터 1998년까지 가장 높이 깃발을 휘날리며 승승장구했다. 중국 전역에서 룬쉰의 광고 문구인 '한번 불러보세요. 온 세상이 대답할 거예요'를 볼 수 있을 정도였다. 가장 크게 발전했을 때는 연 수입 20억 위안, 총이윤 30%를 넘어섰다. 그뿐 아니라 룬쉰은 선전에서 직원 복지가 가장 잘 되어 있는 기업으로 매일 2만 명에게 점심 식사를 무료로 제공했다.

마화텅은 룬쉰에서 눈에 띄지 않는 말단직원에 불과했지만 출렁이는 파도 위를 쏜살처럼 달리는 쾌속정 같은 이 회사에서 많은 것을 배웠다. 업계나 시장을 바라보는 시야를 넓히고, 문제를 대하는 태도나 시각 역시 다른 회사의 직원들보다 한 걸음 앞설 수 있었다.

마화텅이 룬쉰에서 얻은 도움으로는 크게 두 가지를 들 수 있다.

첫째, 경영관리에 대한 새로운 시각을 얻었다.

대규모의 회사를 어떻게 조직하고 이끄는지, 어떤 방식으로 신흥시장에서 점유율을 높이는지를 배웠다. 또 룬쉰이 홍콩증권거래소에 상장한 회사인 덕에 어떻게 하면 홍콩의 자본시장을 활용할 수 있는지 등을 배울 수 있었다.

둘째, 텐센트의 초기 고객 유치에 큰 도움을 얻었다.

텐센트는 창업 초기에 무선호출과 결합된 상품을 선보였는데 룬쉰에서 일하면서 쌓은 인맥을 통해 다른 신생회사에 비해 몇 걸음 앞설 수 있었다.

마화텅이 룬쉰에서 얻은 경험과 도움에서 우리는 다음의 깨달음을 얻을 수 있다.

"뱀의 머리가 될 것인가, 용의 꼬리가 될 것인가?"

이 논쟁은 개인의 가치와 지위에 관한 문제다. 그런데 사람들은 이 문제를 고심하면서 종종 개인의 성장에서 가장 중요한 요소인 플랫폼, 즉 성장의 무대를 무시하곤 한다. 사람은 훌륭한 플랫폼에 서 있을 때 끊임없이 성장할 수 있다. 그러므로 용의 꼬리가 될지언정 뱀의 머리가 되지 않는 것이 이치에 맞다.

일개 소프트웨어 엔지니어로 입사한 마화텅은 탁월한 업무능력을 바탕으로 개발 팀장 자리에까지 올랐다. 이 시기에 그는 소프트웨어 개발에 대한 생각을 확립했다. 현란한 시각적 효과로 소비자의 눈길을 사로잡을 것이 아니라 소프트웨어의 가장 중요한 포인트는 바로 '실용성'이라고 보았다. 그는 소프트웨어 개발이라는 다분히 창조적인 노동을 마냥 즐겁게 받아들일 수가 없었다. 보다 많은 사람들이 좀 더 실용적으로 사용할 수 있도록 진지하게 접근하고 연구했다. 그렇기에 룬쉰에서의 일은 어렵고 힘든 것뿐이었다. 다른 사람들이 보기에 그의 일은 매우 지루하고 고생스러워 보였다. 하지만 마화텅은 온종일 각종 컴퓨터 프로그램을 마주하면서도 힘들지 않았다. 컴퓨터를 만지면 만질수록 더 많이 알고 싶었다. 쉬지 않고 공부하고 연구할수록 전문지식은 나날이 더 깊고 풍부해졌다. 나중에는 친구의 회사에서 발생한 소프트웨어 및 네트워크 문제 해결을 도울 정도였다. 그 결과 컴퓨터 전문가로서 마화텅의 명성이 업계에서 널리 퍼져나갔다.

룬쉰에서 일한 지 3년째 되었을 때 마화텅은 '다른 일'을 하기 시작했다. 그의 부업은 당시에 크게 유행했던 파이도넷 FidoNet 운영이었다.

1991년에 탄생한 '중국 파이도넷 CFido'은 전화선으로 BBS(전자게시판)를 연결한 인터넷 네트워크로, 네트워크 사이에 점대점 방식을 통해 신호를 전송했다. 파이도넷은 국가가 아니라 중국의 컴퓨터 및 인터넷 통신 애호가들이 직접 만들고 운영하는 일종의 비전문적인 네트워킹 시스템으로 1992년에 베이징의 '만리장성 BBS'와 산터우의 '손에 손잡고 BBS'가 최초로 연결에 성공해 중국 파이도넷의 초기 형태가 되었다. 파이도넷은 1993년부터 1998년까지 크게 발전해 중국에만 수백 개의 BBS가 생겨나 수만 명이 사용했다.

'컴퓨터광'인 마화텅은 파이도넷에 관심이 많았다. 그는 거의 반년 동안 파이도넷을 공부한 끝에 선전에 기반을 둔 BBS를 만들기로 결심했다. 그런데 BBS를 만들기란 쉬운 일이 아니었다. 이때 중국에서는 전화선 하나를 설치하려면 4,000위안이 들었다. 마화텅의 넉 달 치 월급과 맞먹는 금액이었다. 다행히 마화텅은 전화국에서 일하는 누나의 도움을 받아 직원 우대 혜택으로 반값에 전화선을 설치해 비용을 줄일 수 있었다.

1995년, 전화선 네 개와 컴퓨터 여덟 대로 '포니소프트 Ponysoft BBS'가 만들어졌다. 포니는 마화텅의 영어 이름이다. 가까스로 BBS를 만들기는 했지만 낮에는 룬쉰에 출근을 해야 하는 탓에 운영하는 일이 만만치 않았다. 결국 그는 BBS가 뭔지 제대로 알지도 못하는 어머니에게 시스템을 유지하는 일을 맡겼다.

마화텅은 포니소프트 BBS를 자식처럼 소중히 돌보았다. 더 많은 사람에게 BBS를 알리고, 여기에 동참하도록 만들기 위해 머리를 쥐어짜며 방법을 강구했다. 크고 작은 언론에 접촉해서 BBS를 소개하는 등 열정과 노력, 강한 근성을 발휘해 그는 포니소프트 BBS를 선전을 대표하는 BBS로 이끌었다. 지명도가 높아지고 참여자가 많아지면서 사용자들은 이 BBS를 '마씨네 BBS'라고 부르기 시작했다.

마화텅은 BBS 운영에 전력을 쏟았다. 사실 이 시기에 그를 지탱한 것은 오로지 정신력, 열정, 사명감 등이었다. BBS 운영으로 얻을 수 있는 상업적 이익이 전혀 없었기 때문이다. 이것은 그저 컴퓨터와 통신에 매료된 젊은이들이 함께 만드는 가상의 '정원' 같은 공간이었다. 그들은 이 정원에서 만나 서로 일과 생활을 교류하고 희로애락을 공유하며, 자신의 삶과 다른 사람의 삶의 모습을 간접적으로 체험할 수 있었다.

포니소프트 BBS를 운영하는 동시에 룬쉰의 일도 힘썼지만 시간이 흐르면서 마화텅의 삶과 일의 중심은 점점 파이도넷으로 움직이기 시작했다. 당연한 일이었다. 점점 중국 최고의 인재들이 파이도넷에 모여들고 있었다. 마화텅은 이들과 교류하면서 더 많은 정보를 얻고 새로운 지식을 쌓아 나갔다.

재미있는 것은 중국 파이도넷의 초기 건설에 참여한 사람 중에 중국의 IT 업계를 선도한 인물이 많다는 사실이다. 진산소프트웨어Kingsoft를 창업한 추보쥔 求伯君 은 주하이 珠海 지역 '웨스트포인트 BBS'의 운영자였다. 전자상거래 사이트인 8848의 대표 왕쥔타오 王峻濤 도 푸저우 福州 지역 BBS의 운영자였다. 유유상종이라는 사자성어가 딱 어울린다고 할 수 있겠다.

마화텅은 룬쉰과 파이도넷 양쪽의 역량을 모두 빌려 스스로 자신을 더 높은 산봉우리에 올라가도록 만들었다. 그리고 그곳에서 산 아래에서는 볼 수 없었던 광활한 풍경을 감상했다.

"물러서 있을지언정 나서지 않는다."

마화텅이 거둔 성공비결 중 하나다. 크게 어려울 것 없어 보이지만 사실 보통 사람은 실천하기가 쉽지 않은 일이다. 마화텅은 언제 나설지, 언제 물러나야 할지 정확히 아는 사람이었다. 그는 이성적으로 자신의 능력을 평가하고 주변 환경을 객관적으로 이해했기에 잘못된 결정을 내리는 일이 드물었다.

마화텅은 회사에 출근하면서 포니소프트 BBS를 운영하는 바쁜 생활을 했지만 따지고 보면 이는 IT기업 경영자로서의 역할을 미리 연습했다고 볼 수 있다. 이런 기회는 돈 주고도 살 수 없다.

마화텅은 〈와이탄화보〉지와의 인터뷰에서 이렇게 말했다.

"나는 자본시장에서는 기업가지만, 기술 분야에서는 엔지니어다. 이 두 가지를 비교하자면 나는 엔지니어 쪽을 더 좋아한다. 프로그래밍에 대한 관심은 아마 영원히 사라지지 않을 것 같다."

텐센트에서 새로운 상품을 개발할 때마다 마화텅은 종종 '품질 검사원'의 역할을 자처한다. 각각의 상품을 직접 테스트할 뿐만 아니라 다른 회사에서 나온 상품도 꼭 사용해본다. 실제로 그는 자신이 세상의 모든 '인스턴트 메시징' 소프트웨어를 사용한 적이 있다고 자랑스레 말했다.

IM에 매료되다

IM은 '인스턴트 메시징 Instant Messaging'의 약자로 'instant'란 '지금 당장, 즉시'라는 의미다. A라는 사람이 친구 B를 떠올리면, 바로 IM 소프트웨어로 메시지를 보낼 수 있다. 온라인상이라면 B는 A가 보낸 메시지를 확인한 후, 즉시 반응을 보일 수 있다. 이때 두 사람이 있는 지역이 멀거나 가까운 것은 전혀 문제가 되지 않는다. 거리에 관계없이 IM으로 시시각각 연락할 수 있는 것이다.

IM은 '비둘기로 편지를 전달하던' 옛날 사람들의 교류 방식을 완전히 무너뜨리며 수많은 네티즌의 통신도구로 자리 잡았다. 사용자 수, 사용 빈도에서도 다른 종류의 소프트웨어는 감히 비교할 수 없을 정도로 크게 발전했다. 인터넷을 하는 사람이라면 컴퓨터를 부팅한 후에 가장 먼저 IM 프로그램을 실행한다. 사랑하는 가족과 친구들이 자신에게 어떤 이야기를 남겼는지 빨리 보고 싶기 때문이다.

기술적으로 IM은 다른 통신서비스나 소프트웨어를 완전히 초월한 새로운 것이었다. 전화의 '즉시성'을 갖춘 동시에 이메일의 '동시 발송'이 가능했고, 전화보다 더 빠르고 이메일보다 더 많은 양을 동시에 발송할 수 있었다. 그래서 IM을 사람과 사람 사이의 '제3의 접촉'이라고 말하기도 한다.

현재의 IM 소프트웨어들은 탁월한 기능과 풍부한 콘텐츠를 제공하고 있다. 끊임없이 보완하고 업그레이드한 덕에 단순한 소통뿐 아니라 이메일, 온라인 회의, 문자메시지 등의 기능까지 모두 갖추어 그야말로 '잡탕'이 되었다. 잡탕이라도 매우 질서정연하고 가지런하게 잘 배치되어 있기에 사용법을 익히는 데 오랜 시간이 필요하지 않다.

IM 소프트웨어는 이스라엘에서 가장 처음 등장했다. 이스라엘인들은 이전부터 통신 소프트웨어 개발 분야에서 탁월하고 혁신적인 기술과 재능을 자랑해왔다. 스카이프 Skype 같은 인터넷, 나아가 전신 傳信 분야의 판도를 뒤집은 화상통화 소프트웨어 역시 이스라엘 사람의 작품이다.

아릭 바르디 Arik Vardi, 세피 비지에 Sefi Vigiser, 야르 골드핀제르 Yair Goldfinger 이 세 명의 이스라엘 청년 역시 컴퓨터를 좋아하다 못해 사랑해 마지않는 '컴퓨터광'이었다. 처음에 그들은 자기들끼리 아무 때나 수다를 떨 수 있는 도구를 만들어내려고 했다. 그런데 만들다 보니 머리 좋기로 유명한 유대인의 지혜가 더해져서인지 평범하지 않은 결과물이 나왔다. 얼마 후, 이 소프트웨어는 그들뿐 아니라 수많은 사람이 인터넷으로 연락할 수 있는 도구가 되었다.

세 청년은 자신들이 만든 자랑스러운 소프트웨어에 "내가 너를 찾고 있어!"라는 의미로 'I seek you'라는 이름을 지어주었다. 그리고 이를 부르고 쓸 때 편리하도록 간단하게 'ICQ'로 줄여서 사용했다. ICQ의 완성도가 점점 높아지면서 세 사람은 미라빌라스 Mirabilis 라는 회사를 세우고, 정식으로 ICQ를 보급하기 시작했다. ICQ의 상업적 가치와 발전 잠재력은 전 세계 수많은 사람의 관심을 끌었다. 결국 이 청년들은 2억 8,700만 달러를 받고 ICQ를 당시 세계 최대의 인터넷 사이트인 AOL America Online 에 팔았다.

ICQ는 시장에서 전 세계 수많은 네티즌의 주목을 받았다. 당시만 해도 인터넷이 크게 발전하지 않았던 아시아에서마저 0%이던 ICQ 사용자 수가 70%까지 크게 뛰어올랐다! 특히 중국에서 ICQ의 시장점유율은 80%에 달했다. 그리하여 지중해 서안에서 탄생한 ICQ는 세계로 뻗어나가 수많은 네티즌의 일상생활 속에 녹아들었다.

이렇게 짧은 시간에 수많은 사용자를 끌어모으는 데 성공한 ICQ의 역량이 정말 거대했다는 점에 대해서는 의심할 바가 없다. 그런데 ICQ라는 이 '인터넷 신화'가 중국에서는 꾸준히 발전하는 데 실패했다. 초반의 폭발적인 상승세가 무색하게 ICQ는 바람 빠진 공처럼 발전동력을 잃어갔다. 지금 중국에서 ICQ를 기억하는 사람이 얼마나 있을까.

'군웅할거'의 시대에는 먼저 기회를 잡는 사람이 유리한 법이다. 그런데 ICQ는 중국 시장을 선점했으면서도 성을 완전히 함락시킬 수 있는 가장 좋은 시기를 놓치고 말았다. 그 원인으로는 크게 세 가지를 들 수 있다.

첫째, ICQ는 경영이념에서 실패했다.

ICQ는 자신이 현대 통신기술의 혁명이라는 사실을 인식하지 못했다. 세계를 개척해야 할 시장으로 보지 않고 그저 시험적으로 영문판을 출시했을 뿐이었다. 더욱 큰 문제는 네티즌의 열광적인 반응을 증명하는 데이터가 충분한데도 경영자들이 그에 걸맞은 시장전략을 세우지 않았다는 점이다. 결국 계속 낡은 틀을 고수하는 바람에 손안에 들어온 기회를 내주고 후발주자에 추월당하는 결과를 초래했다.

둘째, ICQ는 사용 환경에서 실패했다.

IM은 지역을 비롯한 각종 한계를 뛰어넘는 인터넷 통신도구여야 한다. 그러므로 ICQ의 소프트웨어의 호환도와 사용자 습관 등은 모두 그것이 외국에서 뿌리내리는 데 방해요소가 되었다. 특히 경영자들이 해외진출 전략을 적극적으로 채택하지 않은 상황에서 ICQ 사용자와 비사용자 사이의 장해물을 없애기란 불가능했다. 이 역시 경영인들의 판단 실수로 야기된 일이었다. 결국 ICQ의 확장은 크게 제한되어 그대로 무너지고 말았다. ICQ를 인수한 AOL이 나중에 AIM과 ICQ라는 두 개의 채팅 소프트웨어를 결합해 기능이 단순화된 ICQ Lite 버전을 출시해 반전을 노리기는 했지만 이 역시 중국이라는 큰 시장을 장악하는 데는 역부족이었다.

셋째, ICQ는 언어 문제에서 실패했다.

ICQ는 중국 내의 IM 소프트웨어에는 없는 치명적인 결함이 있었다. 바로 언어 문제였다. ICQ가 영문판 외에 다른 언어 버전을 출시하지 않은 탓에 비영어권 사용자들은 사용에 어려움이 있었다. 그 결과 영어를 잘 하지 못하는 보통의 중국인은 언어 문제가 없는 중국의 IM 소프트웨어를 원하게 되었다.

이상의 세 가지 이유로 ICQ는 중국 인터넷 시장에서 크게 성장하는 데 실패했지만 IM 소프트웨어의 '선구자' 역할을 하며 중국에서 이 분야에 대한 관심과 흥미를 이끌어낸 것은 의심할 바 없는 사실이다. 중국인들은 ICQ를 통해 '인터넷에서 이렇게 즐거운 일이 벌어질 수 있다'는 것을 깨닫게 되었다. 인터넷 통신을 통해 산 넘어 혹은 강 건너에 있는 사람과 수시로 연락할 수 있다는 것은 무엇보다 매력적인 일이 아닐 수 없었다. 그러니까 ICQ는 무슨 대단한 기술이 집약된 것이라기보다 사람들의 사고방식을 확장하는 데 역할을 했다고 할 수 있다. 다시 말해, 기술의 혁명이 아니라 '생각의 혁명'인 것이다. 이처럼 한 발 앞선 생각은 연구자들이 더 열심히 연구하고, 끊임없이 기술을 개량하도록 만들었다. 이런 의미에서 ICQ의 영향과 혜택을 가장 많이 받은 중국인으로 마화텅을 꼽을 수 있다.

경험과 실력은 두루 갖춘 컴퓨터광 마화텅은 ICQ가 출시된 초기부터 매료되었다. 그는 이 매력적인 기술에 빠져들어서 틈만 나면 ICQ로 친구들과 이야기를 나누며 인터넷 세상을 유유히 거닐었다. 새로운 기술을 감성적으로 '즐기면서' 그것의 논리와 프로세스를 이해했다.

한동안 ICQ를 즐기고 나서 마화텅은 중국에 수십 억에 달하는 인구가 있으니 IM 소프트웨어에 대한 수요가 엄청날 것이라는 결론에 이르렀다. 또 유대인이 이렇게 재미있는 소프트웨어를 만든 것처럼 중국인 역시 고유의 IM을 만들 필요가 있다고 생각했다. 여기에까지 생각이 미쳤지만 그는 서두르지 않았다. 단순히 중국인을 위한 IM 소프트웨어가 아니라 무엇보다 강력한 소프트웨어를 만들고 싶었다. 때마침 몇 년 동안 계속해 온 BBS 운영도 시들해진 상황이었다. 이제 마화텅은 더 많은 시간과 에너지를 쏟아부을 곳을 찾아냈다. 수많은 영웅이 천하를 놓고 다투는 살벌한 인터넷 시대지만 IM의 성공 가능성은 매우 높았다. 이렇게 마화텅의 창업 인생이 시작되었다.

새로운 길을 찾다

회사 생활 막바지에 마화텅은 일하는 것이 전혀 즐겁지 않았다. 무언가 편치 않은 느낌에 일이 지루하기만 했다. 개발 팀장이던 그는 회사에서 요구하는 업무와 호출시장의 한계 탓에 무선호출에 관한 일만 해야 했다. 미래를 내다보고 인터넷 네트워킹 관련 소프트웨어 개발을 건의한 적도 있지만 번번이 묵살되었다.

2010년 4월, 마화텅은 경제 전문 잡지 〈중국기업가 中國企業家〉와의 인터뷰에서 당시의 상황을 이렇게 설명했다.

"나는 인터넷이 우리에게 무엇을 가져다줄 수 있을지에 관해 생각했습니다. 그때 무선호출 관련 업무를 하고 있었기 때문에 가장 먼저 떠오른 아이디어는 인터넷 호출과 기존의 내부 시스템을 연결하는 방식이었죠. 첨단기술과 접목하면 무선호출업계의 쇠락 속도가 느려질 거라고 생각했습니다. 너무 안이한 생각이었죠. 이 시기에 룬쉰은 이미 사방에서 압박을 받고 있었어요. 결국 휴대폰이 나오고, 문자메시지가 보급되면서 호출기의 시대는 끝이 났습니다."

흥미 있는 분야가 꼭 직업이 되는 것은 아니지만 흥미와 크게 동떨어진 일을 한다면 무척 불행할 것이다. 당시 마화텅이 바로 이런 종류의 '불편한 경험'을 했다고 할 수 있다. 그는 룬쉰의 경영전략이 인터넷 발전이라는 거대한 물결을 거스르고 있음을 잘 알고 있었다.

룬쉰은 전략적인 시각이 부족했을 뿐 아니라 무선호출 사업의 어두운 미래조차 제대로 파악하지 못했다. 사실 룬쉰뿐 아니라 호출업계 전체가 그러했다. 짧은 시간에 성공과 번영을 이룬 탓에 '집단실명'의 상태에 빠져 제대로 된 경영전략을 세울 수 있는 능력이 마비된 것이다. 이렇게 누구 하나 혁신을 도모하지 않다가 2000년에 시장의 상승곡선이 꺾이자 무선호출업계는 크게 당황하기 시작했다. 그제야 허둥지둥 새로운 사업모델을 개척하려 했지만 이미 늦은 후였다. 2001년이 되자 무선호출 시장은 크게 축소되었고, 곧이어 2002년에는 거의 모든 사업자가 무너지고 말았다. 룬쉰 역시 화려한 과거를 뒤로

하고 남아 있는 사용자를 차이나유니콤China Unicom, 中國聯通에 무상으로 넘겨주었다.

무선호출 시장의 쇠락 외에 마화텅의 미래에 영향을 미친 일이 한 가지 더 있다. 바로 딩레이丁磊가 겨우 7개월 만에 만든 넷이즈NetEase, 網易의 무료이메일 시스템을 광저우廣州의 페이화왕飛華網에 119만 위안을 받고 판 일이었다. 이 사실을 접한 마화텅은 인터넷 분야야말로 개발되지 않은 '금광'이 확실하다고 생각했다. 이렇게 사방에 기회가 넘쳐나는데 더 이상 기다리고만 있을 수는 없었다! 마침 그때 마화텅의 창업을 응원하며 용기를 북돋아주는 이가 있었다. 그는 난징에 사는 온라인 친구였는데 언제나 진심이 담긴 격려와 귀한 아이디어를 제공해주었다.

이때의 마화텅은 더 이상 'IT 엔지니어'로 만족하지 않고, 더 넓은 분야에서 자신의 재능을 발휘하고자 했다. 그동안 줄곧 머릿속을 맴돌던 구상을 현실로 바꾸고 싶었다. 물론 당시에는 오늘날의 휘황찬란한 성과와 지위까지는 생각하지 못했을 것이다. 그저 인터넷 분야에서 새로운 길을 탐색해서 자신의 가치를 높이고 싶었을 것이다. 졸업 작품으로 벌어들인 종잣돈이 있었기에 창업 자금 혹은 생계 때문에 돈을 구하려고 발바닥에 땀이 나도록 뛰어다닐 필요도 없었다. 무엇보다 창업을 하면 자신의 귀한 시간과 에너지를 좋아하는 분야에 전부 쏟아부을 수 있었다.

마화텅이 룬쉰을 떠나 창업하기 전에 다음과 같은 일이 있었다고 한다. 마화텅은 룬쉰에 지금의 QQ와 비슷한 소프트웨어를 개발할 것을 건의하며 기획서를 올린 적이 있다. 하지만 미래를 내다본 그의 아이디어는 고위층의 주목을 끌지 못했다. 그들은 이런 작은 소프트웨어에 발전 가능성이 있을 리 없다고 생각했다. 마화텅이 올린 기획서를 놓고 몇 차례 토론이 벌어지기는 했지만 "이런 정도의 소프트웨어를 유료로 내놓을 수 있을까?", "유료화하면 사람들이 과연 사용할까?", "유료화하지 못한다면 만들 필요가 없지!" 같은 이야기만 하다가 끝이 났다.

룬쉰의 고위층은 오로지 돈을 버는 데만 주목했기 때문에 사용자 데이터의 중요성을 알아보지 못했다. 사실 충성도 높은 고객이야말로 값을 매길 수 없는 가장 큰 자산인데도 말이다. 바로 이런 문제 때문에 마화텅은 자신과 룬쉰이 '길이 다르니 함께 일을 도모할 수 없다'고 생각했다.

재미있는 것은 마화텅은 룬쉰에서 전혀 '튀는 사람'이 아니었다는 사실이다. 옛 동료들은 대부분 "성공할지 생각 못했다", "그때는 잘 보이지도 않았다" 등으로 그를 묘사했다. 그만큼 매우 조용히 일하는 사람이었던 것이다. 어쩌면 이처럼 묵묵히 일하며 미래를 준비하고 남보다 뒤늦게 드러나는 것이 마화텅만의 매력일지도 모르겠다.

1998년 10월, 마화텅은 정식으로 사직서를 내고 룬쉰을 떠났다. 룬쉰은 뛰어난 인재를 놓친 것을 아쉬워했지만 잡을 수 있는 방도가 없었기에 하는 수 없이 마화텅을 '놓아'주었다.

1998년은 중국의 인터넷이 빠르게 발전하기 시작한 해다. 장차오양張朝陽의 소후Sohu, 搜狐, 저우훙이周鴻禕의 3721닷컴이 모두 그해에 사업을 시작했다. 이런 기업들의 성공은 IT 분야에 뛰어들려고 준비 중인 사람들을 더욱 흥분시켰다. 사람들은 하나둘씩 용감하게 인터넷 기업을 창업했고, 이 새로운 전쟁터에 자신의 재능과 역량을 완전히 쏟아부었다.

마화텅도 그들 중 하나였다. 구체적인 사업계획은 없었지만 큰 방향은 확정된 상태였다. 그가 처음 선택한 방향은 호출과 네트워크였다. 지난 5년 동안 무선호출업계에서 일하고 인터넷에 심취해 전문가적 경험을 쌓았으니 자연스러운 선택이었다. 지식과 경험이라는 든든한 배경을 갖춘 마화텅은 호출과 네트워크 방면에서 사업을 일으킬 자신이 있었다. 하지만 창업은 쉬운 일이 아니었기에 마화텅은 혼자보다는 뜻이 같은 '전우'와 손을 잡아야 한다고 생각했다.

첫 번째 전우는 장즈둥張志東이었다. 마화텅과 함께 선전대학의 컴퓨터학과에서 공부한 그는 졸업 후 화난이공대학華南理工大學에서 컴퓨터 관련 석사학위를 취득했다. 그리고 선전으로 돌아와 유명한 컴퓨터 회사인 리밍黎明에 입사해 이곳에서 주로 선전과 상하이 두 곳의 주식거래 소프트웨어를 개발했다.

리밍은 당시 IT업계에서 상당히 유명한 회사로 마오다오린茅道臨이 운영하는 화덩華登 벤처캐피털을 유치하기도 했다. 창업자 덩이밍鄧一明은 선전 IT업계를 대표하는 인물 중 하나였으며 텐센트가 초기에 자금문제로 어려울 때 도움을 주기도 했다. '엔젤투자'로 도움을 준 류샤오쑹劉曉松 역시 리밍에서 일한 경험이 있었다.

키가 작고 얼굴이 동그란 장즈둥은 평상시는 미소를 띤 채로 말하지만 마화텅과 논쟁, 특히 기술에 관한 논쟁을 시작하면 절대 뜻을 굽히지 않는 것으로 유명하다. 주변 사람들은 얼굴이 벌개져서 목이 부어오를 때까지 크게 이야기하는 그를 보고 '동과冬瓜'라는 별명을 붙여주었다. 짧고 굵은 과일인 동과가 꼭 그가 흥분했을 때의 모습을 닮았기 때문이다. 또 나중에 텐센트가 크게 성공한 후에는 영문 이름인 'Tony'로 편하게 불렀다. 이처럼 사람들은 모두 그를 좋아하고 친근하게 대했다.

장즈둥은 마화텅과 마찬가지로 '기술 엘리트'였다. 선전대학에서도 컴퓨터 학과에서 기술로 우열을 가릴 수 없었다. 선전 내 최고 수준의 컴퓨터 인재들 사이에서도 선두에 설 수 있는 수준이었다. 또한 장즈둥도 마화텅처럼 '일 중독자'로 컴퓨터 외에 할 줄 아는 것이라곤 바둑뿐이었다. 그는 리밍에서도 항상 밤늦게까지 야근을 하고, 다음 날 이른 아침에 다시 일에 몰두하는 날을 반복했다. 1998년에 처음 구상한 QQ가 10여 년이 흐른 후에 사용자가 크게 늘어났는데도 별다른 개조가 필요 없었던 것은 모두 장즈둥의 뛰어난 기술 덕분이었다.

또한 그는 마화텅처럼 조용하고 튀는 것을 좋아하지 않는 사람이었다. 대부분의 창업자들이 성공을 거둔 후에 별장을 사고 요트를 몰 때 그는 여전히 중형차를 직접 몰고 다녔다. 지인 중 한 명은 장즈둥이 '물질로 자신의 가치를 증명하는 사람이 아니라고' 말하기도 했다.

마화텅이 장즈둥과 텐센트를 창업하고 한 달이 흐른 후에 세 번째 창업 멤버가 합류했다. 그는 바로 쩡리칭曾李靑 이었다.

쩡리칭은 시안전자과기대학西安電子科技大學 에서 통신기술을 전공했다. 롄샹그룹聯想集團 의 류촨즈柳傳志 와 대학 시절 친구이기도 하다. 졸업 후 차이나텔레콤China Telecom, 中國電信 산하의 선전텔레콤에 입사한 그는 비교적 안정되고 평온한 생활을 했다. 당시 선전 컴퓨터협회 회장의 딸과 마화텅, 장즈둥은 중학교부터 대학교까지 동창이었다. 이런 인연으로 두 사람은 협회에 행사가 있을 때마다 초대받아 참석했으며 이 자리에서 쩡리칭과 알게 되었다.

쩡리칭은 선전의 인터넷 업계를 이끄는 인물 중 하나였다. 그는 '개척자'의 용기와 투지를 바탕으로 중국 최초로 근거리통신망LAN 건설을 추진했다. 진행 과정 중에 몇 차례 무산될 위기가 있었으나 끝까지 최선을 다해 이 프로젝트를 완성했다. 특히 1990년대의 중국에서는 낯설었던 선물거래를 통해 일을 성공시키자 업계에서 그의 명성이 크게 올라갔다.

그런데 1998년 가을에 쩡리칭이 다니던 회사의 상황이 크게 나빠졌다. 이에 그는 선전텔레콤의 국장 쉬원옌許文艷을 찾아가 다시 돌아올지, 아니면 다른 일을 할지에 대해 의견을 구했다. 그러자 쉬원옌은 마화텅을 만나보라고 조언했고, 이렇게 해서 텐센트에 합류했다.

텐센트 직원들의 평가에 따르면 쩡리칭은 창업 멤버 다섯 명 중에 '가장 잘 놀고, 가장 개방적이며, 가장 큰 열정과 강한 호소력을 갖춘 사람'이다. 말과 행동이 부드럽고 품격 있는 마화텅과 괴짜 같은 장즈둥과는 성향이 확연히 다르다고 한다. 한번은 COO(최고업무책임자)인 쩡리칭이 회의를 하는 중에 갑자기 인터넷이 끊겼는데 엔지니어가 빨리 오지 않자 쩡리칭은 고객과 직원들에게 잠깐 기다리라고 말하고 직접 책상 밑으로 기어들어가 문제가 된 인터넷 선을 연결했다고 한다.

사실 마화텅보다 쩡리칭이 더 회사의 대표 같다는 사람이 많다. 풍채가 좋고, 옷차림이나 사용하는 어휘와 말투, 사람을 대하는 태도 등이 기업가답기 때문이다. 그래서 사업 초기에 두 사람이 함께 외부에 나갈 때마다 사람들은 모두 그를 CEO로, 곱상하게 생긴 마화텅을 비서나 보좌관 정도로 여겼다고 한다.

세 번째 멤버는 쉬천예許晨曄 이다. 쉬천예는 마화텅, 장즈둥의 선전대학 컴퓨터학과 동창으로 졸업 후에는 난징대학南京大學 대학원에서 컴퓨터 응용을 전공했다. 이후 선전텔레콤 데이터 지국에서 일했으니 쩡리칭과는 동료 관계였다. 그는 매우 유순한 성격으로 반대 의견이 있더라도 크게 드러내지 않는 소위 '좋은 게 좋은 사람'이다.

마지막 멤버는 천이단陳一丹 이다. 천이단은 마화텅의 중학교 동창으로 선전대학에서 화학을 전공했다. 그의 본명은 천이저우인데 사이버커뮤니티 사이트인 차이나런 ChinaRen 의 설립자와 동명이인이라 이름을 천이단으로 바꾸었다. 그는 변호사 자격증을 보유했으며, 일할 때 매우 신중한 사람이다. 하지만 종종 힘주어 말하거나 칭찬하는 방식으로 서로 다른 시각을 지닌 사람들의 적극성을 자극하기도 한다.

이렇게 다섯 명의 멤버가 모두 모여 함께 거대한 땅을 개척하기 시작했다!

2

고난과 시련의 창업 여정

시련에 무너지지 말고 끝까지 전진하라

마화텅이 창업의 뜻을 밝히자 어머니 황후이칭은 처음에는 반대했지만, 나중에는 아들이 알게 모르게 여러모로 도움을 주었다. 무엇보다 '이름'을 빌려주어 초기 텐센트의 '대표'를 역임했다. 출근한 적은 거의 없는 대표였지만 회사의 재무제표를 책임지고 관리했다. 또 회사가 이사할 때도 한 푼이라도 비용을 아끼기 위해 가족들을 동원해 손수 집기를 옮겼다. 아버지 마천수는 아들의 창업을 크게 찬성하며 물심양면으로 지원을 아끼지 않았다. 마화텅의 부모는 두 사람 모두 젊었을 때 회계를 공부했기 때문에 텐센트의 회계업무를 지휘하는 것이 가능했다. 뒷날 텐센트가 벤처투자를 유치할 때도 담당 직원이 회사가 아니라 마화텅의 부모를 찾아 조언을 구하기도 했다.

마천수와 황우이칭은 마화텅에게 예리하고 정확한 조언을 아끼지 않았다. 회사가 성공가도를 달릴 때도 급격한 성장이 자금조달과 합작에 문제를 일으킬 수 있으니 조심해야 한다고 경고했다. 이러한 가르침을 받은 마화텅은 창업 초기부터 신중하게 일하고 매사 원칙을 지켰다. '문제는 항상 가장 자신만만할 때 발생한다. 교만을 버리고 겸손해야 한다'는 생각을 잊지 않았다.

1998년 11월, 마화텅은 장즈둥과 '선전텐센트컴퓨터시스템유한공사深圳騰訊電腦有限公司'의 사업자 등록을 마쳤다. 텐센트Tencent의 중국명은 '텅쉰'이다. 마화텅은 왜 회사의 이름을 '텅쉰'으로 결정했을까? '텅騰'은 마화텅의 이름 중 한 글자인 동시에 '비약'의 뜻을 담고 있다. '쉰訊'은 그가 이전에 몸담았던 룬쉰의 영향을 받았다고 볼 수 있다.

얼마 지나지 않아 쩡리칭, 쉬천예, 천이단이 정식으로 회사에 들어왔다. 마화텅은 초기부터 다섯 명의 '업무 범위'를 정확하게 구분했다. 마화텅은 CEO, 장즈둥은 CTO(최고기술경영자), 쩡리칭은 COO(최고업무책임자), 쉬천예는 CIO(최고정보관리책임자), 천이단은 CAO(최고분석책임자)를 각각 맡았다.

이들의 지분구조는 마화텅이 23만 7,500위안을 출자해 47.5%, 장즈둥이 10만 위안을 출자해 20%, 쩡리칭이 6만 2,500위안을 출자해 12.5%, 5만 위안씩을 출자한 쉬천예와 천이단이 각각 10%의 지분을 차지했다.

마화텅은 가장 많은 자금을 투자했음에도 직접 나서서 자신의 지분을 50% 이하인 47.5%로 조정했다. 이에 대해 마화텅은 "그들의 지분을 전부 합친 것이 나보다 조금 많게 해놓아야 내가 독단적인 행동을 하지 않을 거라고 생각했습니다"라고 설명했다. 동시에 그는 항상 가장 많은 돈을 투자한, 최고 주주의 자리를 지키고자 했다. 지분이 여기저기 잘게 나뉘어, 회사에 중요한 문제가 생겼을 때 누구도 '결단'을 내릴 수 없는 상황을 피하고 싶었기 때문이다.

창업 당시, 텐센트는 아주 작은 회사였다. 창업 멤버 다섯 명은 선전의 몇 평되지도 않는 작은 사무실 안에 모여 복작거리며 일했다. 이들은 매우 'IT 괴짜'다운 생활, 그러니까 매일 컴퓨터를 바라보면서 도시락으로 끼니를 때우고, 졸리면 사무실 소파에 파묻혀 자는 생활을 반복했다. 매일 거의 하는 일 없이 느릿느릿 기어가는 것 같은 모습이었다. 사실 그들도 나아갈 목표와 방향을 정확하게 결정하지 못한 상황이었다.

불안정한 나날이 계속되며 매일 초조함을 떨칠 수 없었다. 그들은 좁은 사무실에 모여 앉아 창업이 얼마나 힘든 일인지 뼈저리게 느끼며 한숨을 쉬곤했다. 가장 두려운 것은 바로 주말이었다. 회사 사무실을 임대할 때 수도와 전기세를 따로 내기로 했는데, 주말에 일을 하느라 컴퓨터를 계속 켜놓으면 그만큼 전기세가 많이 나왔기 때문이다. 그때는 그런 것조차 '엄청난' 지출이었기에 다섯 명은 아낄 수 있는 한 최대한 아껴서 사용하고자 했다.

텐센트는 이처럼 눈에 잘 보이지도 않는 작은 회사였지만 창업 10주년을 맞은 2008년에는 '어마어마한 숫자'로 세상을 놀라게 했다. 텐센트의 발표에 따르면 2008년에 QQ는 이미 총 사용자 계정이 8억 5,620만 개로 그중 활성 계정이 3억 5,510만 개, 동시 접속자 수는 4,530만 명에 달할 정도로 성장했다. 이쁜 아니라 부가서비스 월정액 사용자 계정은 인터넷이 3,030만 개, 모바일이 1,480만 개였다. 또한 그해 3분기 수입은 20억 2,450만 위안으로 같은 기간의 알리바바Alibaba나 바이두Baidu와 비교했을 때 5억 위안 넘게 앞선 금액이었다. 어떻게 텐센트는 창업 10년 만에 알리바바와 바이두를 따돌리고 중국 최고의 IT기업이 되었을까?

창업 당시 텐센트 자본금 50만 위안은 결코 적은 금액이 아니었지만 큰돈 들어갈 일이 많은 인터넷 기업의 경우 빠른 시일 안에 새로 투자자나 수익창출 분야를 찾지 못하면 자본금을 전부 날리는 상황에 부딪힐 수밖에 없었다.

사실 마화텅은 야심이 크거나 '내가 이 업계를 뒤흔들어 놓겠다!' 식의 패기가 충만한 인물이 아니었다. 처음에는 인터넷을 호출서비스와 연계해 무선인터넷 호출시스템을 내놓을 생각이었기에 선전텔레콤, 선전유니콤 등 호출서비스 업체와 접촉해 협업 가능성을 타진했다. 그 바람에 정작 마화텅이 가장 빠져 있던 IM 개발은 '할 수 있지만 당장 하지 않는 일'로 분류되고 말았다.

왜 마화텅은 처음부터 IM 개발을 시도하지 않았을까? 이 질문의 해답은 뜻밖에도 룬쉰의 고위층이 그의 IM 개발 건의를 거절한 이유와 같았다. 우선 당시만 해도 사람들은 IM의 수익창출 가능성을 낮게 보았다. 물론 마화텅은 IM 소프트웨어란 완전히 새로운 것이며 전망이 매우 밝을 것임을 잘 알고 있었다. 하지만 이제 막 창업한 텐센트가 자금을 투입하기에는 부담스러웠기 때문에 잠시 옆으로 치워두었던 것이다.

그런데 IM 소프트웨어 개발을 미뤄두고 손댄 사업도 크게 잘 되는 것은 아니었다. 마화텅과 동료들은 영업이나 판촉에 관해서 아는 것이 전혀 없는 탓에 사람들의 주목을 끌지 못했다. 그들은 엔지니어로서 오로지 개발하는 데만 몰두할 뿐 '나머지는 운에 맡기자'고 생각했다. 그러다 보니 통신사를 찾아가도 문전박대를 당하기 일쑤였고, 심지어 어떤 곳은 '텐센트'라는 소리만 들어도 손을 휘저으며 내쫓을 정도였다.

힘들여 개발에 성공해도 영업에 실패해서 수익이 나지 않자 마화텅은 좌절감과 패배감에 사로잡혔다. 텐센트를 운영하는 것은 과거 룬쉰에서 일할 때와는 완전히 달랐다. 룬쉰에서는 회사를 위해 고용주를 위해 일했고, 여러 동료들과 아이디어를 주고받으며 문제를 해결할 수 있었지만 텐센트에서는 상황이 완전히 달라졌다. 마화텅은 스스로 방법을 생각해서 문제를 해결해야 했고 이러한 상황에 심한 압박감을 느꼈다. 어떠한 방법으로든 자신의 머리에 이고 어깨에 지고 계속해서 나아가는 수밖에 없었다.

그에게 가장 힘을 준 것은 동료들이었다. 창업 멤버 다섯 명은 시장개척에 여러 차례 실패할 때마다 서로 격려하며 용기를 북돋았다. "계속 시도하다 보면 결국 우리를 원하는 곳이 있을 거야"라고 말하며 다시 컴퓨터 앞에 앉았다.

1999년 2월 11일 이른 아침, 드디어 텐센트의 OICQ 서비스가 정식으로 시작되었다. 이때의 OICQ와 지금의 QQ는 크게 다르다. 정확하게 말하자면 OICQ는 특별히 새로운 기능을 더한 것도 없는 ICQ의 중국어판이었다. 바로 이 때문에 텐센트는 이후 오랫동안 '카피캣copycat'의 오명을 벗지 못했다.

당시 텐센트는 자본 100만 위안에 10여 명의 직원뿐이었기에 자신들만의 IM 소프트웨어를 연구하고 개발하고 싶어도 자금과 인력이 턱없이 부족했다. 그러다 보니 '나래주의拿來主義'를 따를 수밖에 없었다. 사실 당시 중국 IT 업계는 전반적으로 모방이 많았다. 창업에 뜻이 있는 IT업계 인사들은 대중의 환영을 받을 수 있을 만한 외국 소프트웨어를 선택해 '중국어판'을 만드는 데 열을 올렸다. 예로 하드웨어로는 '한카드漢卡', 소프트웨어로는 중국어 플랫폼 등이 있다. 딩레이가 만든 개인 홈페이지 서비스 및 사이버커뮤니티 등도 모두 중국화한 것이다. 이뿐 아니라 당시에 크게 유행한 무료이메일 시스템 등도 기본적인 원리는 핫메일Hotmail과 크게 다를 바 없지만 개발자가 자신이 편집한 코드로 프로그램 코어를 새롭게 쓴 것이다. 이 외에도 중국에 인터넷이 퍼지기 시작한 초창기에는 OICQ처럼 외국 소프트웨어를 복제한 사례가 수없이 많았다. 이는 당시의 수많은 인터넷 기업이 생존과 발전을 도모하기 위해 반드시 거쳐야 하는 과정이었다. '베끼는 것이 너무 좋아서' 모방을 하는 기업은 없다. 모두 처한 상황과 환경 같은 객관적인 한계 탓에 '어쩔 수 없이 베끼는' 경우였다. 더 정확하게 말하면 '모방에 학습을 더한' 방식이라고 볼 수 있다. 창업 과정에서 빛이 비추는 밝은 길을 선택하는 것은 무엇보다 중요하다. 하지만 새로운 것은 불확실하며 그 누구도 결과를 예측하기 어렵기에 모방에 학습을 더하면 불필요한 위험을 피할 수 있었다.

OICQ는 서비스 초기에는 네티즌의 관심을 끌지 못했다. 그런데 이것이 아이러니하게도 텐센트에 유리하게 작용했다. OICQ가 출시되었는데도 ICQ를 운영하는 AOL이 이를 전혀 눈치채지 못한 것이다. 그들은 멀고 먼 중국 땅에 ICQ와 똑같이 생긴 '쌍둥이 형제'가 있을 줄은 꿈에도 생각하지 못했다.

사실 텐센트가 OICQ를 내놓기 전부터 중국에는 이미 '중국판' ICQ가 있었다. 마화텅 역시 이를 알고 있었지만 개발을 밀어붙였다. 당시 통신시장에서 부가서비스가 주목을 받자 광저우텔레콤 역시 관련 사업을 준비 중이었기 때문이다. 텐센트 외에도 메신저 시장에 뛰어든 기업들은 서로를 경계하며 '고깃덩어리'를 호시탐탐 노리고 있었다.

OICQ가 출시되었으니 이제 마화텅이 해결할 문제는 '어떻게 해야 이 소프트웨어로 돈을 버는가?'였다. 마화텅과 동료들은 OICQ에 적합한 구매자를 찾아다니기 시작했다. 이 시기에 중국의 우체국과 은행들은 시스템을 향상시키기 위해 매번 1,000~2,000위안씩을 들여가며 여러 사업을 벌였기에 텐센트 같은 인터넷 기업에게 이들은 매우 좋은 고객이었다. 그들은 적극적으로 여러 우체국과 은행 및 기업들을 찾아다니며 OICQ를 소개하고 구매를 권했다. 이때 제시한 가격은 30여 만 위안이었는데 경쟁입찰까지 간 적도 있지만 결국 광저우텔레콤의 지원을 받던 페이화飛華에 밀리고 말았다. 마화텅과 동료들은 크게 실망했지만 돌이켜보면 이것은 하늘이 도운 일이다. 만약 그때 경쟁입찰에 성공했다면 OICQ의 특허가 다른 회사에 넘어갔을 테니 말이다.

후에 마화텅 역시 이때의 실패가 매우 큰 '경사'라고 웃으며 말한 적이 있다. 또 만약 주변에서 계속 OICQ 사업을 반대했다면 아마 큰 갈등 없이 이 소프트웨어와 '작별인사'를 나누었을 것이라고 덧붙였다.

어려운 시기였지만 마화텅은 포기하지 않았다. 그는 언제나 모든 시련과 좌절은 일시적일 뿐이며 끝까지 주어진 일을 충실하게 하다 보면 새로운 기회와 행운이 올 거라고 믿었다.

'펭귄 왕국'은 어떻게 시작되었는가?

OICQ를 만들기 위해 ICQ를 연구할 때, 마화텅과 동료들은 ICQ에 몇 가지 결함이 있는 것을 발견했다. 예를 들어 ICQ는 모든 정보를 '고객댁내장치 CPE'

에 저장했다. 그러다 보니 사용자가 컴퓨터를 바꾸면 이전에 추가한 친구가 모두 사라졌다. 또 접속 중인 친구에게만 메시지를 전달할 수 있었으며, 사용자가 제공하는 정보만 가지고 친구를 찾다 보니 검색기능이 부실했다. 이처럼 ICQ는 사용자 경험User Experience, UX 방면에서 개선할 점이 많은 메신저였다.

언뜻 보면 별거 아닌 것 같지만 이런 점들을 보완한다면 중국 네티즌들에게 크게 환영받을 수 있었다. 당시 중국 네티즌은 대부분 집이 아닌 PC방에서 인터넷을 했기 때문에 그들은 PC방 컴퓨터가 아닌 OICQ 서버에 개인정보가 저장되기를 바랐다. 마화텅은 바로 이를 반영해 서버 안에 정보를 저장하는 프로세스를 만들기 시작했다. 그리고 사용자가 컴퓨터를 여러 차례 바꾸더라도 언제든지 OICQ에 로그인하면 친구목록 등의 정보를 불러오게끔 했다.

이 외에도 마화텅은 ICQ의 기능을 더욱 확장해서 OICQ의 사용자 경험이 최고 수준에 달할 수 있도록 했다. 예를 들어 OICQ 사용자는 오프라인 상태인 친구에게도 메시지를 남길 수 있었다. 또 친구 외에 온라인 상태인 사용자 중에서 임의로 채팅 상태를 선택할 수 있었다. 마지막으로 중요한 기능이 하나 추가되었는데 바로 사용자가 자신의 아바타를 원하는 대로 선택할 수 있었다. 몇 년이 지난 후에 MSN이 유사한 기능을 만들었으니 마화텅의 'ICQ 개선 작업'이 얼마나 앞서갔는지 알 수 있다.

이런 다양한 장점들을 탑재한 OICQ는 수많은 네티즌의 눈길을 끌었다. 네티즌들은 OICQ가 ICQ와 유사하기는 해도 기능이 훨씬 향상된 것을 알아차렸다. OICQ의 인기가 날로 높아지고, 사용자가 계속 증가하자 마화텅도 자신이 만든 메신저에 점차 자신감이 생겼다.

그렇다면 어떻게 해야 더 많은 네티즌이 OICQ를 알고 사용하게 할 수 있을까? 방법은 단 하나, 바로 광고하고 또 광고하는 것이었다. 마화텅도 현대의 비즈니스에서 가장 치밀하고 효과적인 영업수단이 바로 광고라는 사실을 잘 알고 있었다. 해외투자를 받은 포털사이트들은 너 나 할 것 없이 이미 '광고폭격'을 쏟아붓고 있었다.

관련 자료에 따르면 1999년부터 2000년까지 중국의 인터넷 업계가 신문과 TV 광고에 쓴 돈은 1억 5,000만 위안이 넘는다. 당시 베이징, 상하이, 광저우廣州 같은 1선도시의 실외 네온광고는 대부분 소후, 시나Sina, 이치넷EachNet 같은 사이트가 점령하고 있었다. 하지만 텐센트는 벤처투자를 받지 못해 초기 자본금으로 사업을 꾸려가는 상태였기에 그 돈으로 광고까지 하려고 들었으면 펭귄은 그대로 굶어 죽고 말았을 것이다.

마화텅은 냉정하게 상황을 판단하고 다른 광고수단을 찾기 시작했다. 그는 BBS를 공략하기로 하고 직접 여러 대학의 BBS를 찾아다니며 OICQ를 소개하는 글을 올렸다. 이 방법은 매우 효과적이었다. 당시 중국은 인터넷 보급 속도가 매우 느려서 주 사용층은 대부분 젊은이, 특히 대학생이었다. 인터넷을 무척 좋아하고 관심이 많은 그들에게 집중적으로 광고한 것은 정말 탁월한 선택이었다. 오히려 네온광고에 돈을 쓰는 것보다 훨씬 실용적이고 효과적이었다. 이렇게 해서 OICQ의 사용자 집단은 금세 크게 불어났다.

마화텅의 또 다른 목표는 바로 PC방이었다. 이 시기만 해도 일반 가정에 컴퓨터가 있는 경우가 드물었기 때문에 사람들은 대부분 PC방에 가서 인터넷을 했다. PC방 컴퓨터에 기본으로 설치하는 소프트웨어에 OICQ를 '끼워 넣는'다면 이보다 더 좋은 광고가 어디 있겠는가?

얼마 지나지 않아 마화텅의 '펭귄 왕국'이 천천히 그 실체를 드러냈다. 1999년 11월, OICQ 사용자 수가 100만까지 치솟더니, 2000년 4월에는 500만을 돌파하는 기염을 토했다!

한편 AOL의 ICQ 사용자 수는 2001년 5월 9일에 1억을 넘어섰다. AOL은 매우 만족하며 1998년에 2억 8,700만 달러를 들여 ICQ를 사들인 것이 얼마나 현명한 결정이었는지 알게 되었다! 하지만 AOL은 끝까지 웃을 수 없었다. 2001년 말에 중국의 OICQ의 사용자 수가 9,000만을 넘어섰기 때문이다! 더욱 놀라운 것은 OICQ의 사용자 수가 거의 매일 39만 명의 속도로 꾸준히 성장했다는 점이다. 이는 OICQ가 ICQ와 어깨를 나란히 하거나 넘어서는 것이 시간문제라는 것을 보여주었다.

OICQ는 단 3년 만에 사용자 수를 0에서 9,000만까지 끌어올렸다. 숫자만 볼 때는 그리 대단하지 않다고 생각할 수도 있지만 이 기간 동안 마화텅과 동료들이 겪은 각종 시련과 좌절을 생각한다면 이처럼 빠른 성장은 절대 '3년 만에' 해낼 수 없는 것이었다.

호사다마라더니 이처럼 폭발적인 성장세 때문에 AOL이 OICQ를 주목하게 되었다. AOL은 머나먼 중국 땅에서 어느덧 훌쩍 자란 '쌍둥이 형제'를 발견하고 깜짝 놀라, 합법성에 관련된 질의서를 발송했다. 이렇게 해서 쌍둥이 형제의 법정 싸움은 더 이상 피할 수 없는 일이 되었다.

떠오르는 OICQ에 속 터지는 ICQ

1999년 8월부터 9월까지 텐센트는 AOL로부터 경고장 두 통을 받았다. 대략의 내용은 이러하다.

"ICQ는 AOL의 지식재산이다. 텐센트가 1998년 11월 7일에 등록한 oicq. net과 1999년 1월 26일에 등록한 oicq.com의 도메인 이름에 ICQ를 포함한 것은 지식재산권에 대한 심각한 침해행위다. 따라서 텐센트는 두 가지 도메인 oicq.net, oicq.com을 모두 AOL에 무상으로 이전해야 한다."

마화텅은 경고장을 받고도 특별한 반응을 보이지 않았다. 그러자 AOL은 2000년 3월 3일에 미국 미네소타 주의 전미중재원 National Arbitration Forum 에 정식으로 고소장을 접수했다. 동시에 텐센트에게 전미중재원에 도메인 논쟁에 관한 답변서를 제출하라고 통보했다. AOL은 이전 상표권 분쟁 소송에서 승소했던 'smsicq' 건을 언급하며, 이 판례가 담당 판사에게 영향을 미쳐 결국 텐센트가 패소할 테니 하루빨리 도메인을 넘기라고 경고했다.

도메인 소송에서 AOL이 유리한 것은 사실이나 텐센트는 OICQ를 보호하기 위해 최대한 성실하게 답변서를 작성했다. 그들은 AOL이 미국뿐 아니라 중국에서도 OICQ의 상표등록을 한 바 없으니 애초에 OICQ와 ICQ는 아무 관계도 없다고 주장했다. 하지만 텐센트의 주장과 근거가 확실했음에도 전미중재원은 이를 받아들이지 않았다.

결국 법정에서 만난 양측 변호사는 한 치도 양보하지 않고 치열한 '법정 공방'을 벌였다. AOL 측은 텐센트가 알파벳 소문자 'o'를 숫자 '0'으로 바꿔 '0icq'로 상표등록을 했다며 매우 악의적인 행동이라고 비난했다. 텐센트 측도 지지 않고 AOL이 소송을 시작하기 한 달 전에 'oicq.org'라는 도메인 이름을 등록하는 치졸한 술수를 부렸다고 받아쳤다.

2000년 3월 21일, 전미중재원의 판사 제임스 A. 카모디James A. Carmody가 최종 판결문에 서명하면서 분쟁이 마무리되었다. 텐센트의 패배였다. 판결문에 따라 텐센트는 oicq.net과 oicq.com을 모두 AOL에 이전해야 했다.

2000년 어느 날, 웹사이트 www.oicq.com의 모든 사용자 접속이 동시에 끊기는 사건이 발생했다. 하지만 이는 어떤 사람이 나쁜 목적으로 텐센트를 '해킹'한 것이 아니라 텐센트가 직접 한 행동이었다. 도메인을 가져가려는 AOL을 압박하고 비난 여론을 조성하기 위해서였다.

사실 텐센트의 패배는 의외의 결과가 아니었다. 업계 사람들 대부분은 AOL이 ICQ의 상표등록을 했으므로 ICQ라는 글자가 포함된 같은 종류의 소프트웨어는 모두 상표권을 침해한다고 여겼다. 실제로 이전에도 중국 내 지식재산권 전문가 몇 명이 마화텅에게 이 문제에 관해 조언한 바 있었다. 하지만 마화텅을 포함해 회사의 고위직 인사 모두 지식재산권에 대해 무지했기에 흘려들었던 것이다.

소송에서 패배했지만 천만다행으로 OICQ의 인기는 시들지 않았다. 마화텅도 도메인을 이전하고 새로운 상표를 만들어야 하는 상황에 크게 속상해하지 않았다. 그는 OICQ의 명칭을 바꾸는 것에 대해 사용자들에게 공지하고, 모든 과정을 매우 조용하게 처리했다. 아주 예민한 사용자들만 그 작은 변화를 눈치챘을 뿐이었다.

2001년 3월 25일, 새로운 '0325 버전'을 출시하며 펭귄은 그동안의 정식 명칭이었던 'OICQ2000'이 아닌 'QQ2000'으로 바꾸었다. 설치가 완료된 후에 나오는 버전 설명에도 'QQ2000'으로 변경되었다는 안내문이 나왔다. 또 로그인하면 뜨는 창의 왼쪽 아래 구석에 있는 'OICQ' 역시 'QQ2000'으로 대체되었다. 왜 QQ였을까?

AOL이 텐센트에 소송을 걸기 전부터 사용자들은 이미 OICQ를 QQ로 부르고 있었다. 좀 더 쉽게 발음하기 위해서였다. 이에 텐센트는 아예 QQ를 OICQ의 새로운 이름으로 결정했다. 그러면 사용자들의 습관과 일치하므로 거부감이 없을 거라는 생각에서였다. 뿐만 아니라 QQ는 단순하고, 입에 잘 붙어야 한다는 브랜드 네이밍 법칙에도 부합했다.

OICQ를 QQ로 과감하게 바꾼 것은 매우 탁월한 경영전략이었다. 마화텅은 도메인 소송에서 승소한 AOL이 이제 지식재산권에 관한 소송을 걸어올 거라고 생각했다. 그러기 전에 OICQ를 QQ로 바꾸면 소송에 얽매여 이러지도 저러지도 못하는 상황을 피할 수 있었다. 정말 다행인 것은 사용자들이 OICQ라는 이름이 사라진 것을 크게 불편해하거나 받아들일 수 없다는 등의 반응을 보이지 않은 것이다. 오히려 사용자들은 이것이 일종의 발전이라고 생각했다. 이것이야말로 '불행 중 다행'이 아닐까?

새로운 이름과 더불어 QQ에는 몇 가지 기능이 더해졌다. 사용자들의 가장 큰 주목을 받은 것은 아바타였다. 사용자들은 이전보다 훨씬 예쁜 아바타를 선택할 수 있게 되었다. 또 아바타 저작권 문제도 해결했다. 초기에 텐센트는 유명 만화의 주인공 캐릭터인 도널드 덕, 가필드, 피카츄, 뽀빠이, 스머프 등을 무단으로 사용했는데 AOL과의 치열한 소송을 겪은 후 마화텅은 저작권을 침해했다는 의심을 받을 만한 것은 전부 없앴다.

OICQ는 떠났지만 그 자리에 새로 생긴 QQ는 더 강하고, 중국에 꼭 맞는 기능을 갖추고 있었다. QQ는 마화텅과 텐센트에 생기 넘치는 활력을 가져다주었다. 무엇보다 텐센트를 위해 더 큰 발전의 길을 개척했다.

영웅호걸도 돈 한 푼에 속이 터진다

사용자가 늘어나면서 그동안 온갖 풍파에 시달린 '펭귄', 즉 QQ는 어느새 수많은 네티즌의 필수 IM 소프트웨어 중 하나로 자리 잡았다. ICQ의 사용자는 점점 줄어드는 반면, 완전히 새로 태어난 QQ의 사용자는 급증하는 추세였다. 이렇게 해서 이 귀여운 펭귄은 중국인들의 일상에 완전히 녹아들었다.

하지만 마냥 좋기만 한 일은 아니었다. 마화텅이 아직 명확한 수익모델을 찾지도 못했는데, 펭귄은 아무리 먹어도 배가 부르지 않는 '먹보'로 자라 매일 엄청난 양을 먹어치웠다. 그 바람에 텐센트는 서버를 한 달에 두 대씩 늘려야 유지할 수 있었다. 여기에는 많은 돈이 필요했다. 이뿐 아니라 일상적인 서버 유지 및 관리에 들어가는 돈도 상당한 부담이었다. 또 이런 것은 절대 아낄 수 없는 비용이었다.

마화텅은 2002년에 열린 '제3회 서호논검 西湖論劍'에서 이렇게 회상했다.

"창업 첫해에 우리는 최선을 다했지만 도무지 펭귄을 배불리 먹일 수 없었습니다. 이렇다 할 수익모델이 없었죠. 그때는 시간이 정말 빨리 가는 것 같았습니다. 눈 한 번 깜박하면 한 달이 지나 직원들에게 월급을 줄 날이 되더군요. 우리는 이 먹보 펭귄을 위해 사방팔방으로 수소문해서 서버를 빌려 썼습니다. 대학 홈페이지의 채팅방 서버를 끌어다가 임시로 사용하기도 했죠. 초기에는 QQ를 무시하는 사람이 많았습니다. 그들은 QQ를 이용하면서도 입으로는 '정말 쓰레기 같은 프로그램이군! 예쁜 여자들이 많지만 않으면 당장 삭제해버릴 텐데!'라고 했습니다. 실제로 여성 사용자는 남성 사용자를 끌어들이는 동력으로, 사용자 경험을 향상시키는 데 큰 영향을 미쳤죠. 이렇게 해서 QQ의 사용자가 폭발적으로 증가할 수 있었습니다."

자금과 기술 부족은 당시 수많은 인터넷 기업이 당면한 문제였다. 그중에서도 텐센트는 1,000~2,000위안 정도의 서버 위탁관리 비용조차 감당하지 못할 정도로 자금이 모자랐다. 그들은 비용을 아끼기 위해 일반 컴퓨터부터 광대역 환경을 갖춘 전산실까지 가능한 모든 서버에 기생하듯 의존해야 했다. 심지어 어떤 때는 프로그램을 다른 기관의 서버에 슬쩍 설치한 후 몰래 사용하기도 했다. 마화텅은 자금난을 해결하기 위해 일시적으로 사용자 계정 확대 규모를 줄이기까지 했지만 이는 임시방편일 뿐 아니라 사용자 수 확대라는 회사의 장기 경영전략과도 상충했다.

얼마 지나지 않아 텐센트의 통장 잔고가 1만 위안까지 줄어들었다. 결국 마화텅은 고심 끝에 직원 18명의 이익을 보호하기 위해 QQ의 비즈니스 플랫폼을 매각하기로 결정했다. 당시 그를 비롯한 창업 멤버들이 선택할 수 있는 방법은 단 하나, 펭귄을 내다파는 것뿐이었다.

팔려고 마음먹기는 했지만 자신이 탄생시킨 펭귄을 훌륭하게 잘 키우고 싶은 마음이 어찌 없었겠는가? 하지만 마음은 있어도 능력이 부족하니 울며 겨자 먹기로 좋은 구매자를 찾아 '맡아서 잘 키우게' 하는 수밖에 없었다.

적합한 구매자를 찾는 것도 쉽지 않았다. 매일 인터넷 기업이 우후죽순처럼 생겨나는 황금기에 투자를 바라는 기업이 한둘이 아니었다. 투자자들 역시 바보가 아니니 신중에 신중을 기해 세심하게 살피고 따져가며 투자 대상을 선택했다. 그 바람에 마화텅의 QQ 매각 계획은 곳곳에서 난관에 부딪혔다.

당시 접촉한 여러 ICP(콘텐츠 제공업체)는 한 곳도 빠짐없이 모두 QQ를 독점인수하기를 바랐다. 마화텅은 여러 기업에 팔아서 자금을 확보하고자 했기 때문에 이 제안을 받아들일 수 없었지만 결국 그렇게 하기로 결심했다. 마화텅은 규모가 큰 몇몇 기업과 다시 협상을 시작했다. 그런데 이번에는 가격이 발목을 잡는 바람에 서로 악감정만 남은 채 협상이 결렬되고 말았다.

얼마 후, 선전텔레콤데이터가 마화텅을 찾아왔다. 그들은 회사 안에 있는 모든 컴퓨터, 심지어 집기까지 샅샅이 훑어보더니 60여 만 위안을 제시했다. 마화텅은 100만 위안 정도를 생각하고 있었기 때문에 한참 모자라는 금액이었지만 계속되는 협상에 지친 그는 속으로 '겨우 40만 위안이니, 그냥 팔아버리는 것이 낫겠다!'고 생각했다. 그러나 그쪽에서 짐을 나르기 시작하자 정신이 번쩍 들어 결국 거래를 중단했다.

다시 시간이 흐른 후, 마화텅은 문득 딩레이를 떠올렸다. 그는 딩레이가 넷이즈NetEase의 무료이메일 시스템을 매각한 것을 생각해내고 자신도 사용자 DB를 만들어 팔기로 결정했다. 그런데 사용자 DB에 관심을 보이는 사람이 한 명도 없었다. 결국 텐센트의 사용자 DB는 전부 쓰레기장으로 실려 갔다.

마화텅은 어찌나 급했는지 딩레이를 찾아가 QQ에 관심이 있는지 묻고 구매 의사를 타진하기도 했다. 하지만 오로지 이메일 사업에만 관심 있었던 딩레이는 마화텅의 제안을 거절했다. 소문에 따르면 당시 마화텅은 매각을 성공시키기 위해 창립한 지 얼마 되지도 않은 롄샹聯想의 투자기획 팀까지 찾아갔다고 한다. 하지만 사업계획서조차 전달하지 못하고 나와야 했는데 바로 그곳의 말단직원으로부터 거절당했기 때문이었다. 이 직원은 사업계획서를 살펴봐도 텐센트가 대체 무슨 사업을 하는 회사인지 알 수 없었다고 말했다.

일이 좀처럼 풀리지 않자 마화텅은 별수 없이 QQ 매각 계획을 포기했다. 중요한 것은 QQ 사용자가 여전히 끊임없이 늘어나고 있다는 사실이었다. 매각을 시도했던 몇 개월 동안에도 가입자 수가 수만 명에 이를 정도였다. 이처럼 매일 새로운 가입자가 생겨났고 기존 사용자 중에서도 탈퇴하는 사람이 없었다. 어쩌면 마화텅은 이 믿을 만한 데이터를 보고 QQ를 헐값에 매각하는 것이 얼마나 바보 같은 일인지 깨달았는지도 모르겠다.

한번 생각해보자. 만약 그가 계획을 끝까지 밀어붙여 QQ를 팔아버렸다면 어떻게 되었을까? 아마 뼛속까지 사무치게 후회했을 것이다. 어쩌면 앞이 보이지 않는 칠흑 같은 어둠 속에서도 마화텅은 처음부터 QQ를 '벗어날 수 없는' 운명이었을지도 모른다. 반대로 마화텅과 수없이 접촉하고도 인연이 닿지 않아 매입하지 못했던 사람들은 어떨까? 아마 지금 QQ의 모습을 보고 땅을 치며 후회할 것이다.

이때의 경험에서 교훈을 얻은 마화텅은 이렇게 말했다.

"인터넷 업계에서 황금을 캐려면 눈앞의 이익만 좇아서는 안 된다. 재능이 넘치는 수많은 인터넷 인재가 종종 이 점을 잊는 탓에 큰 기회를 놓친다."

02

블랙 다이아몬드 시대
"폭풍 속에서도 두려움이란 없다"

3

자본시장의
남극여우

돈 좀 빌려주세요

1999년 11월, QQ의 가입자가 100만 명까지 증가했다. 마화텅은 이 소식을 듣고 무척 기쁘고 흥분되었지만 금세 걱정이 시작되었다. 사용자가 많아진다는 것은 곧 회사가 부담해야 할 비용이 많아짐을 뜻했다.

1999년 하반기에 들어서면서 마화텅은 창업 멤버들과 의논 끝에 주식을 내다팔아 자금을 조달하기로 결정했다. 어떻게 해서든지 자금을 조달해서 사용자 수를 유지해야만 나중에 무슨 협상에서든 유리할 거라고 생각했다.

훗날 마화텅은 당시를 이렇게 회고했다.

"1998년에 텐센트를 창업했을 때는 중국의 인터넷 산업이 이제 막 싹을 틔우는 시기였습니다. 그때는 네티즌이 겨우 300만 정도밖에 되지 않았어요. 지금 네티즌 수의 끝자리도 안 되는 거죠. 현재 중국 네티즌은 3억이 넘으니까요. 거의 그때의 100배라고 보면 됩니다! 창업 당시에는 사업 환경이 그다지 좋지 않았어요. 벤처투자라는 개념이 처음 생겼을 때라 기회가 적었습니다. 무엇보다 우리가 자금조달이라는 분야에 무척 미숙한 사람들이었습니다. 천만다행으로 마침 그 시기에 '제1회 중국 하이테크 페어'라는 것이 열렸습니다. 덕분에 많은 투자자가 선전이라는 도시에 주목했고, 자금을 조달할 기회가 조금씩 생겼습니다."

다 같이 어려운 상황이었으나 다른 인터넷 기업들은 각종 경로를 통해서 투자를 유치했다. 텐센트는 자금조달이 좀처럼 쉽지 않자 마화텅은 펭귄이 걸어가는 길이 순조롭지 않고 험하기만 한 것에 크게 실망했다.

마화텅이 가장 처음 생각한 자금조달 방법은 은행권을 이용하는 것이었다. 여러 은행을 방문한 후에 그는 은행과 인터넷이라는 신생업계 사이에는 커다란 간극이 존재한다는 것을 깨달았다. 은행들은 인터넷 사용자 수 따위에는 전혀 관심이 없었고 은행의 미래와 아무 관계가 없어 보였다. 수많은 무료사용자만 가지고 어떻게 돈을 벌 것인지, 회사의 미래를 어떻게 증명할 것인지 답답해했다.

여러 은행에서 모두 거절당한 마화텅은 국내투자자들은 회사의 고정자산을 중요하게 생각한다는 것을 깨달았다. 실체가 없는 사용자 수는 그들에게 아무런 의미가 없었다. 따지고 보면 무리한 일도 아니다. 세계적으로 유행하던 ICQ도 모르는 사람들인데 중국에서 생겨난 QQ를 어떻게 알겠는가!

자금조달이 생각만큼 잘 풀리지 않자 마화텅의 마음은 타들어갔다. 방법이 없다고 해서 가만히 앉아 있을 수도 없는 노릇이었다. 어떻게 해서든지 방법을 강구해서 펭귄이 밥을 배불리 먹고 힘을 내서 앞으로 나아가게 만들어야 했다. 마화텅은 해외 IT기업들의 자금조달 사례를 연구하면서 어쩌면 중국 밖에 더 많은 기회가 있을지도 모른다고 생각했다. 그는 사업계획서를 수정하고 해외로 눈을 돌렸다.

창업 당시 세운 규정에 따라 자금조달, 유통, 경영에 관한 권한과 책임은 모두 마화텅에게 있었지만 발등에 불이 떨어진 시급한 때에는 내 일, 네 일이 없었다. 창업 멤버들은 규정이고 뭐고 신경 쓰지 않고 백방으로 뛰어다니며 투자자를 찾았다. 그중 COO 쩡리칭이 회사에 큰 도움이 되었다.

쩡리칭은 텐센트의 기업가치가 550만 달러인데 그중 220만 달러, 즉 주식 40%를 팔아서 자금을 조달하자고 말했다. 이 220만 달러는 창업 멤버 다섯 명이 함께 분석하고 상의해서 결정한 숫자였다. 지분 40% 매각이 그들이 받아들일 수 있는 심리적 마지노선이었다.

마화텅과 동료들은 해외투자자들에게 효과적으로 보이도록 사업계획서를 여러 차례 수정했다. 혹시라도 문제가 생겨 일을 그르칠까 봐 매우 꼼꼼하게 확인과 수정을 반복했다. 주요 내용은 투자금을 받아 서버를 구축하고 대역폭을 넓혀 더 많은 사용자를 끌어들이겠다는 것이었다. 이는 당시 텐센트에게 가장 긴급한 일이었다. 그 후에 어떻게 수익을 낼 것인가에 관한 문제는 여전히 모호한 상태였다. 가입비를 받는다든가, 광고를 유치하겠다는 내용을 적어넣기는 했지만 이런 것은 다른 인터넷 기업도 모두 하는 것이지 텐센트만의 특장점이라고 할 수 없었다. 또 사업계획서에는 유료메시지, 동영상 메시지 등의 부가서비스에 관해서는 언급조차 되어 있지 않았다. 특히 수익을 가장 크게 낼 수 있는 네트워크 게임사업에 관한 계획도 전혀 찾아볼 수 없었다. 다시 말해 투자자의 입장에서 이 사업계획서는 믿을 만한 부분이 전혀 없는, 한마디로 '암담한' 것이었다.

오늘날 쩡리칭은 중국에서 가장 명망 높은 엔젤투자자 중 한 사람이지만 당시에는 자금조달이나 유통에 관해 전혀 아는 바가 없었다. 회사를 위해 나서기는 했으나 확실한 자금조달 라인이 있을 리 만무했다. 생각도 단순해서 그저 아는 사람 몇몇을 찾아가서 돈 있는 사람을 추천해달라는 식이었다.

쩡리칭이 가장 먼저 떠올린 지인은 류샤오쑹劉曉松이었다. 엄밀히 말해서 류샤오쑹은 완전히 외부인은 아니었다. 그는 텐센트의 창업 멤버들과 상당히 친근한 관계였다. 특히 장즈둥과 리밍에서 한때 동료로서 무척 친했고, 텐센트가 증자했을 때도 쩡리칭을 통해 자금을 지원한 적이 있었다.

류샤오쑹은 마화텅, 쩡리칭에 비해서 돈이 많은 편이었지만 그에게 몇 백만 달러를 투자해달라고 할 수는 없는 노릇이었다. 류샤오쑹은 텐센트의 상황을 듣고 투자할 만한 사람을 소개해주겠다고 먼저 제안을 해왔다. 쩡리칭은 무척 기뻐하며 투자유치에 성공하기만 하면 총 투자액의 5%에 달하는 주식을 류샤오쑹에게 넘겨주기로 했다.

얼마 후, 류샤오쑹은 IDG International Data Group 의 슝샤오거熊曉鴿에게 새로운 투자대상업체로 텐센트를 강력 추천했다. 이 외에 쩡리칭은 인맥을 총동원해서 홍콩 잉커와 접촉하기 시작했다.

IDG와 홍콩 잉커가 텐센트에 투자하겠다는 뜻을 내비쳤다. 그들이 투자를 결정한 것은 마화텅과 동료들이 여섯 번도 넘게 고친 20여 쪽의 사업계획서 때문이 아니었다. ICQ가 2억 8,700만 달러에 AOL에 팔린 이야기를 들었던 것이다. IDG와 홍콩 잉커는 QQ가 ICQ를 모방한 것이니 수억 달러는 아니더라도 수백만 달러 정도의 가치는 있으리라고 생각했다. 마침 ICQ가 전 세계에서 열풍을 일으키고 있을 때였으니 QQ 역시 중국에서 더 크게 성장할 수 있을 거라고 보았다.

특히 IDG 고위층 중 한 명이 마화텅과 대면하고 그에게서 깊은 인상을 받은 것이 큰 영향을 미쳤다. 그 자리에서 마화텅은 "텐센트의 핵심가치가 무엇입니까?"라는 질문에 이렇게 대답했다고 한다.

"아시다시피 이스라엘의 ICQ는 2억 달러가 넘는 돈에 매각되었습니다. 지금 우리 텐센트에도 그만큼의 사용자가 있으니 가치가 그 정도는 됩니다."

훗날 IDG 측은 바로 마화텅의 이 대답을 듣고 투자를 결정했다고 말했다.

IDG와 홍콩 잉커의 자금이 회사로 들어오자 마화텅은 기쁨을 감추지 못했다. 이러한 큰 기업의 투자는 텐센트가 기사회생할 수 있는 좋은 기회였다. 더 중요한 것은 지분을 40%만 내줬을 뿐 나머지 60%는 여전히 창업 멤버 다섯 명의 수중에 있다는 사실이었다. 다시 말해 이들은 여전히 결정권을 유지하고 있었다.

2000년 상반기, 첫 번째 자금조달 후 텐센트의 지분은 창업 멤버 다섯 명이 60%, IDG와 홍콩 잉커가 각각 투자액 110만 달러로 20%씩을 차지했다. 이때 조달한 220만 달러는 사실 IT기업에 대한 투자액으로는 정말 작은 액수였다. 대부분 기업은 수천만 달러가 넘는 자금을 투자받았다. 많은 돈은 아니지만 마화텅의 입장에서는 아무것도 없는 것보다는 나았다.

투자받은 돈으로 마화텅은 머릿속의 여러 가지 생각과 계획을 현실로 바꿀수 있었다. 그는 곧 IBM 서버 20만 메가를 구매하는 등 서버와 대역폭 같은하드웨어 설비와 기타 네트워크 환경 개선에 돌입했다. 얼마 후, QQ는 중국내 메신저 프로그램 중에서 기능이 가장 뛰어난 '최고의 상품'이 되었다. 나중에 마화텅은 이때 회사에 새로운 설비들이 들어오는 것을 보고 무척 기뻤다고 말하기도 했다.

IDG와 홍콩 잉커로부터 투자를 유치해야 하는 와중에 마화텅은 고질병이던 허리디스크 수술을 두 차례나 했다. 회사가 생사의 기로에 놓여 있는데 병실에 누워 동료들에게 일을 맡기고 있었으니 그의 마음이 편했을 리 없다. 특히 두 번째 수술이 끝났을 때는 누운 채로 노트북을 높이 들고 업무를 보기까지 했다. 이 시기에 마화텅은 창업가로서 겪을 수 있는 몸과 마음의 고생을 모두 '맛보았다'고 할 수 있다.

노력 끝에 자금조달에 성공한 그는 전심전력으로 메신저 개발에 더 매진했다. 그는 사람들이 아직 메신저의 가치를 모를 뿐, 미래에는 반드시 크게 각광받을 것이라고 믿어 의심치 않았다.

경영권을 사수하라

자금난에 허덕이던 텐센트가 마침내 투자유치에 성공해 숨통을 틔우게 되자신이 난 마화텅과 동료들은 더욱 열정적으로 일했지만 투자자들은 갈수록 좌

불안석이었다. 그들이 보기에 텐센트는 투자금으로 서버 몇 대만 구매했을 뿐 좀처럼 수익이 나지 않았다. 더 큰 문제는 수익이 날 사업을 계획하는 것 같지도 않았다. 그들은 텐센트의 행보가 탐탁지 않았다. 이 작은 펭귄이 아무리 물을 부어도 채워지지 않는 '밑 빠진 독' 같았다. 급기야 그들은 계속 이런 식이면 지분 100%를 줘도 부족하며, 한 푼도 남기지 않고 전부 써버린 돈을 모두 배상해야 할 거라고 경고했다.

돈이 떨어지자 마화텅은 다시 투자자들을 찾았다. IDG는 텐센트가 난관을 극복할 수 있기를 바라며 적극적으로 도울 방법을 찾았지만 상대적으로 홍콩 잉커의 태도는 모호했다. 마화텅은 홍콩 잉커가 무슨 생각을 하고 있는지 도무지 알 수가 없었다. 처음에는 텐센트와 함께 하겠다고 하더니, 얼마 지나지 않아 계속 같이 가야 할지 모르겠다며 이랬다저랬다 하다가 결국 대표 리쩌카이 李澤楷 가 사전투자 협정서에 서명하고 텐센트에 추가로 투자할 것을 약속했다.

사실 홍콩 잉커는 줄곧 텐센트의 가능성을 살피고 있었다. 그들은 텐센트의 사용자가 나날이 크게 증가하고 있으니 이를 영화업계와 결합해 큰 수익을 창출할 수 있을 거라고 생각했다. 실제로 홍콩 잉커는 홍콩 상업영화의 대부인 왕징 王晶 과 텐센트의 회담을 주선했으나 큰 성과가 없었다. 그러자 이번에는 중공왕 中公網 의 셰원 謝文 과 접촉했다. 셰원에 따르면, 원래 셰원은 먼저 홍콩 잉커와 투자협의서 초안에 합의했다. 여기에 베어링 펀드 The Baring Fund 까지 합세해 중공왕에 6,000만 달러의 투자금이 들어왔는데 그중 4,500만 달러를 텐센트를 인수하는 자금으로 쓸 생각이었다. 그런데 중공왕의 대표직에서 해고되는 바람에 텐센트 인수계획이 무산되었다고 한다.

또 리쩌카이는 아버지 리카싱이 설립한 홍콩 최대의 미디어 그룹인 TOM에 텐센트를 추천하기도 했다. 덕분에 TOM 그룹의 고위층이 텐센트와 몇 차례 만남을 가졌지만 결국 투자는 이루어지지 않았다. 이처럼 연거푸 투자를 거절당했지만 이미 수백만 달러를 투입한 IDG와 홍콩 잉커는 텐센트가 무너지는 것을 눈뜨고 볼 수만은 없었다. 그들은 투자가 물거품이 되지 않도록 최선을 다해서 마화텅을 돕고 아이디어를 제공했다.

그러던 중 생각지도 못한 일이 터졌다. 회사를 살리려고 온힘을 다해 일하고 있는데 뜻밖에도 '인터넷 버블'이 꺼지면서 전 세계 IT업계가 커다란 불황에 빠진 것이다. 텐센트도 예외가 아니었다. 얼마 후 텐센트는 통장 잔고가 거의 바닥날 지경에까지 몰렸다. 2차 자금조달에 실패한 마당에 불황까지 덮치자 마화텅은 걱정에 잠도 못 잘 지경이었다.

이때 한 미국인이 구원의 빛처럼 텐센트에 나타났다! 그는 데이비드 월러스틴 David Walleerstein 으로 MIH Myriad International Holdings 중국 지역 부대표였다. MIH는 남아프리카 지역에서 크게 성공을 거두고 주로 인터넷 기업을 전문 투자대상으로 하는 글로벌 투자기업이다. 막강한 자금력을 자랑하는 MIH는 먼 미래를 내다보고 가능성 있는 기업에 투자를 아끼지 않았다. 데이비드 월러스틴은 인터넷TV와 유료TV 사업을 담당했는데 연간 사업액이 수억 달러를 넘어섰고, 시장가치도 40여 억 달러에 달했다. 그들은 이전부터 중국 인터넷 기업에 주목하고 투자했으며 계속 가능성 있는 합작 파트너를 물색하고 있었다.

월러스틴은 아주 우연한 기회에 중국의 PC방 컴퓨터에 펭귄 모양의 작은 아이콘이 있는 것을 발견하고, 그는 곧 중국 네티즌들이 QQ라는 작은 소프트웨어로 대화를 나누는 것을 보며 텐센트의 무한한 잠재력을 직감했다. 그는 텐센트의 대표를 만나려고 시도했지만 쉽지 않았다. 뜻밖에도 이 작은 회사의 홈페이지에는 대표자 연락처나 이메일 주소가 없었던 것이다. 오로지 QQ 번호뿐이었다. 다시 말해 월러스틴이 컴퓨터에 QQ를 설치하기 전에는 이 사람을 만날 수 없다는 뜻이었다. 그는 이 메신저를 가급적이면 설치하고 싶지 않았는데 혹시 무슨 바이러스라도 옮길까 봐 걱정스러웠다.

2000년 6월, 월러스틴은 사방에 수소문해 마화텅의 전화번호를 알아냈고 즉시 전화를 걸었다. 그는 지금도 텐센트의 창업 멤버들을 처음 만난 때를 잊지 못한다고 한다. 당시 그들은 월러스틴이 자신과 MIH를 소개하자 미소를 지으며 거리낌 없이 회사에 대해 이야기하기 시작했다. 텐센트의 창업 멤버들은 회사의 목표가 무엇인지, 또 무엇이 필요한지 명확하게 알고 있었다.

뛰어난 안목을 지닌 월러스틴은 곧바로 MIH 본사에 텐센트를 소개했다. 2001년, MIH는 마침 자금이 필요했던 홍콩 잉커로부터 텐센트의 지분 20%를, IDG로부터 13%를 사들였다. MIH는 이 정도의 지분에 만족할 수 없었다. 그들은 텐센트의 가능성과 잠재력을 확신했기 때문에 단순한 주식투자자보다 더 큰 역할을 원했다.

2002년 6월, 텐센트의 지배주주인 창업 멤버들이 자금조달을 위해 지분을 MIH에 팔면서 지분구조에 새로운 변화가 발생했다. 지분비율과 경영권을 놓고 텐센트의 고위층과 MIH는 매우 꼼꼼하게 협상해 합의를 도출했다.

MIH가 일시적으로 지배주주가 되었을 때도 마화텅을 비롯한 창업 멤버들은 실질적인 경영권을 잃지 않을 수 있었다. MIH는 경영에 특별한 권한을 행사하지 않는 대표 2명을 파견했을 뿐이었다.

투자에 관해 마화텅은 매우 확고한 원칙을 고수했다. 그는 투자란 거저 얻는 돈이 아니므로 매우 신중하게 받아야 하며, 아무리 자금이 급하더라도 지배주주의 자리까지 내줘서는 안 된다고 보았다. 또 돈을 안 받았으면 안 받았지 절대 투자자들이 텐센트의 경영에까지 손을 뻗게 해서는 안 된다고 생각했다.

렌샹 회장인 류촨즈는 이렇게 말했다.

"이론적으로 말했을 때 자본은 기업의 장기적인 이익을 반영하지만 실제로는 자본을 보유한 것 자체만으로 기업의 장기적인 이익을 보장할 수는 없다. 경영은 자본의 힘만으로 되는 것은 아니기 때문이다."

류촨즈의 말처럼 마화텅은 회사가 아무리 심각한 자금난에 빠지더라도 마구잡이로 투자를 받아 지배주주의 자리를 위태롭게 하지 않았다. 여기에서 우리는 기업인 마화텅의 뛰어난 안목과 대담함을 확인할 수 있다. 그는 MIH로부터 충분한 투자를 유치하는 동시에 지분구조도 매우 안정적으로 만들었다. 이것은 텐센트가 성공을 거둔 중요한 바탕이었다.

어쩌면 홍콩 잉커는 텐센트의 성공을 목격하고 후회했을지도 모른다. 물론 110만 달러로 사들인 주식을 1,260만 달러에 팔았으니 결코 밑지는 거래라고 할 수는 없다. 게다가 인터넷 업계가 불황에 허덕이던 2001년에 말이다.

마화텅에게 있어 이 시기의 자금조달 과정은 한마디로 '복잡함' 그 자체였다. 그는 이에 대해 이렇게 말했다.

"무슨 일이든 최선을 다해 명확하게 마무리하는 것이 중요합니다. 회사의 발전에 유리한 투자도 있고, 불리한 투자도 있다는 것을 명심해야 합니다."

마화텅이 2차 자금조달을 위해 여기저기 뛰어다닐 때, 그동안 텐센트에 투자해온 오랜 주주 두 명이 마화텅에게 100만 달러를 빌려주었다. 그들은 모두 이것이 텐센트의 생명과 바꾸는 돈이라는 것을 잘 알고 있었다. 이 돈이 전부 떨어질 때까지 새로운 투자를 받지 못하면 그대로 끝이었다.

얼마 후 직원이 결제를 받기 위해 마화텅의 사무실에 들어갔다. 직원은 마화텅을 보는 순간 그가 또 사무실에서 밤을 샜다는 것을 알 수 있었다. 마구 헝클어진 머리에 누렇게 뜬 얼굴, 생기가 사라진 눈에 붉게 핏줄이 서 있었다. 당시 마화텅은 텐센트를 살려야 한다는 압박에 거의 정신이 팔린 지경이었음에도 끝까지 물러서지 않는 열정과 의욕으로 난관을 뚫고 오늘날까지 걸어왔다. 이 과정에서 마화텅은 기업을 경영하려면 반드시 돈을 벌고, 동시에 성장해야 한다는 것을 깨우쳤다. 이것이야말로 모든 창업가가 반드시 거쳐야 하는 길이다.

적자에서 흑자로

2000년 봄, QQ의 동시 접속자 수가 10만을 돌파했다. 마화텅은 인터넷으로 만난 친구 중 한 명에게 뉴스 사이트에 광고성 글을 써달라고 부탁했다. 얼마 후, 유명한 〈인민일보 人民日報〉 산하의 포털사이트 런민왕 人民網에 텐센트에 대한 뉴스가 올라왔다. 이 사건은 마화텅을 무척 흥분시켰다. 그는 어찌나 좋았던지 사람들을 만날 때마다 텐센트가 〈인민일보〉에 실렸다고 자랑했다.

2001년 8월, 텐센트가 마침내 확실한 수익창출 모델을 찾으면서 마화텅은 어느 정도 압박감에서 벗어날 수 있었다. 당시 텐센트는 광둥 지역에서 QQ를 통해 PC와 모바일 사용자 간 소통이 가능하도록 광둥모바일 廣東移動과 협약을 맺고 인터넷과 모바일을 연결했다. 컴퓨터에서는 QQ로, 모바일에서는 문자메시지 프로그램으로 메시지를 주고받는 것이었다. 이 새로운 기능은 모바일 시대의 사용자에게 매우 좋은 소식이 아닐 수 없었다.

광둥모바일과의 합작이 순조롭게 진행되면서 텐센트는 그동안 계속되던 적자를 단번에 흑자로 돌려세웠다. 특히 그해에 인터넷과 모바일에서의 경쟁이 치열했음에도 매우 빠른 속도로 시장의 50%를 점유했다. 일단 물꼬가 트이자 다른 아이디어도 샘솟았다. 마화텅은 계속 수익을 창출할 수 있는 수단을 모색했다. 텐센트는 컴퓨터용 메신저 사업 외에 광고, 모바일 메신저, QQ 유료회원 등으로 사업을 확장했다.

다양한 사업 중에서 가장 많은 돈을 벌어다준 것은 뜻밖에도 QQ 브랜드의 아웃소싱 사업이었다. 마화텅은 귀여운 QQ 펭귄 캐릭터를 제공하고 저작료로 이윤의 10%를 받았다. QQ 펭귄 캐릭터는 당시에 인기 있었던 헬로키티보다 2배나 많은 저작료를 벌어들였다. 마화텅은 이 작은 펭귄이 벌어다주는 돈을 보면서 이전에는 전혀 생각도 못했던 분야에서 생각지도 못한 황금을 캘수도 있겠다는 생각을 했다.

어떻게 해야 QQ를 활용해 더 많은 돈을 벌 수 있을지 고심하던 시기에 광저우의 한 회사가 직접 그를 찾아왔다. 그들은 QQ를 이용해서 이러저러한 사업을 벌일 계획이라며 꽤 큰 액수를 제시했다. 이 일로 마화텅은 다시 한번 돈한 푼 벌지 못할 것 같은 펭귄이 뜻밖에도 큰 힘을 가지고 있다는 사실에 새삼놀라웠다. 마화텅 자신은 의외라고 느꼈지만 사실 이러한 일들은 모두 그가 QQ를 키우기 위해 들였던 노력의 결과였다. 뿐만 아니라 당시 인터넷 환경이개선된 것도 큰 역할을 했다. 마화텅은 QQ로 돈을 벌면 그걸로 다시 텐센트를 크게 성장시키고 새로운 사업을 일으킬 수 있다고 생각했다. 그야말로 돈이 돈을 버는 셈이었다.

점차 텐센트는 새로운 QQ 관련 상품을 내놓으며 전국의 여러 지역에서 판매를 이어갔다. QQ는 단순한 메신저 프로그램에서 일종의 문화코드가 되어가고 있었다. QQ 문화가 확산되면서 사람과 사람 사이의 교류가 빈번해지고곧이어 '네트워크 연애', '네트워크 친구' 같은 신조어가 출현하기도 했다.

텐센트는 광고유치 사업에서도 크게 성장했다. 2000년 8월, QQ의 뉴스 코너에 처음으로 배너광고가 등장했다. 이후 3개월 동안 텐센트가 유치한 광고가 크게 늘어났다. 2000년 12월에 발표된 자료에 따르면 텐센트는 광고만으로 150만 위안을 벌어들였다. 인터넷 버블이 꺼져 불황이기는 했지만 2001년 2월에 광고량이 절반으로 감소한 것 외에는 별다른 영향이 없었으며 3월부터는 다시 상승곡선을 그렸다.

사람들은 이 작은 펭귄이 한 발, 한 발 걸어서 어느새 높이 올라간 것을 보고의문을 갖기 시작했다. '이렇게 작은 소프트웨어가 어떻게 기적을 일으켰지?', 'QQ의 성공 비결은 무엇일까? 사실 정답은 무척 단순했다. 바로 텐센트가 저가 정책을 취한 것이다. 광고 한 건당 텐센트가 받는 비용은 9만 위안으로 일주일 동안 약 1,000만 명에 대한 노출이 보장되었다. 이것은 모두 QQ가 많은 사용자를 보유하고 있기 때문에 가능한 일이었다.

이 외에 텐센트는 유료회원제를 도입했는데 이것은 또 하나의 '돈 찍어내는 기계'였다. 처음에 텐센트의 유료회원은 총 3,000여 명으로 이들은 1년에 120~150위안의 회원비를 냈다. 사실 정말 적은 수이지만 마화텅은 조급하게 생각하지 않았다. 그는 이에 대해 이렇게 말했다.

"유료회원이 적은 이유는 아직 기능이 완비되지 않았기 때문입니다. 전자상거래 시스템이 활성화되지 않아 회원비를 내려면 은행에 가서 송금을 하든 이카퉁一卡通 자동결제를 해야 합니다. 상당히 불편합니다. 대다수의 네티즌은 매월 20위안을 송금하려고 우체국이나 은행에 가고 싶어 하지 않습니다."

그의 말에서 알 수 있듯이 유료회원이 증가하지 않은 데는 지불수단의 영향이 컸다. 물론 지금은 상황이 다르다. 인터넷 뱅킹, 즈푸바오支付寶, 차이푸퉁財付通 등이 발전하면서 QQ의 모든 사용자가 손쉽게 회원비를 낼 수 있다.

텐센트는 2001년에 순이익 1,022만 위안을 달성하고, 다음 해인 2002년에는 전년도보다 10배 이상 많은 1억 4,400만 위안의 순이익을 올렸다. 또 2003년에는 전년도의 2배가량인 3억 3,800만 위안까지 끌어올렸다. 2004년에는 더 크게 성장했다. 이해에 텐센트는 사업금액이 11억 4,400만 위안(전년도 동기 대비 55.59% 증가)에 달했으며, 순이익으로 4억 4,600만 위안(전년도 동기 대비 38.6%)을 벌어들였다.

마화텅은 그제야 마음을 놓게 되었다. 그동안은 혹시라도 다시 자금이 바닥나 여기저기 돈을 구하러 다니게 될까 봐 한 푼, 한 푼 신중하게 사용했다.

그는 마침내 자신이 세운 기업이 성과를 거두고 있다는 느낌을 받았다. 사업이 성장하면서 마화텅은 네티즌의 주목을 받는 IT인사가 되었고, 각종 부호 순위에 이름을 올리며 중국 경제계의 떠오르는 별이 되었다.

돈을 많이 벌고, 사회적 지위가 높아졌다 하더라도 마화텅은 초심을 잃지 않았다. 그는 매일 저녁 컴퓨터를 켜고 QQ의 접속자 수를 보거나 서버 상태를 확인하지 않으면 하루가 마무리된 것 같지 않다고 말하기도 했다.

오늘날 마화텅은 만인의 주목을 받는 성공한 사업가이다. 사람들은 그에게서 기업 경영인으로서의 높은 안목과 지혜를 보고 갈채를 보내고 있다. 하지만 이렇게 영광스럽고 휘황찬란한 겉모습 뒤에 숨겨진 시련과 좌절을 정확히 이해하는 사람은 많지 않다.

몰입이 성공을 만든다

사업 초기에 심각한 자금난에 시달리던 마화텅은 '오는 사람 안 막는다'는 자세로 돈만 벌 수 있다면 무슨 일이든 할 심산이었다. 그 과정에서 시야가 점점 넓어지고 여러 분야에서 돈을 벌 수 있는 기회를 발견하기도 했다. 사람들은 QQ가 마화텅에게 돈을 벌어다주었다고 말하지만 사실은 그가 QQ의 잠재적 가치를 알아차리고 기회를 찾은 것이었다.

2000년 말, 차이나모바일China Mobile, 中國移動이 무선 인터넷 서비스 '몬터넷Monternet'을 시작했다. 당시만 해도 이 새로운 서비스가 인터넷 기업에 기회를 제공하고 그들을 성공으로 이끌 거라고 생각하는 사람은 많지 않았다. 그중에서도 가장 큰 수혜를 받은 사람은 바로 마화텅이었다.

당시 QQ는 소비욕구가 큰 인터넷 사용자 수억 명을 보유하고 있었지만 여전히 확실한 수익창출 모델을 찾는 중이었다. 그러던 중에 차이나모바일 산하의 광둥모바일과 협약을 맺고 인터넷 QQ와 모바일 사이에 메시지 송수신이 가능하도록 하며 새로운 수익창출에 관한 힌트를 얻었다.

그는 곧 모바일 QQ 개발을 지시했다. 얼마 후 모바일 QQ는 몬터넷 서비스를 이끄는 중요한 소프트웨어 중 하나가 되어 많을 때는 몬터넷 서비스 수입의 70%를 차지하기도 했다.

2002년과 2003년에 텐센트는 더욱 박차를 가해 사업을 확장했다. 유료번호 서비스 'QQ항行', 아바타 꾸미기 서비스 'QQ쇼秀'를 성공적으로 출시했고, 벨소리 다운로드, 친구 사귀기, 'QQ남녀' 등의 서비스를 시작했다. 또 온라인 게임업체 성다盛大와 손잡고 인터넷 게임개발에 착수했다.

당시 마화텅은 이 작은 펭귄이 할 수 있는 모든 일을 시도했다. 그는 왜 그렇게 일에 파묻혀 사느냐는 질문을 받고 "사용자가 QQ를 떠날지도 모르니 더 열심히 일해야죠"라고 대답했다. 나중에 광대역 인터넷이 크게 발전하면서 PC방에서 인터넷 게임이 유행할 당시를 훗날 마화텅은 이렇게 회상했다.

"나는 그때부터 더 큰 위기감을 느꼈습니다. 마이크로소프트의 메신저인 MSN이 중국에서 서비스를 시작했거든요. 마치 앉아서 죽기를 기다리든지, 스스로 죽음을 택하는 수밖에 없을 것 같았습니다."

마화텅은 사용자들이 QQ를 떠나지 않게 하기 위해 인터넷 게임 등의 다양한 방법을 강구했다. 마화텅에게 한 우물을 파지 않고 이 사업, 저 사업에 손댄다고 나무라는 사람도 있었다. 하지만 그는 '할 수 있는데 왜 하지 않는가?

라고 생각했다. 그의 경영전략은 매우 정확했다. 그때 텐센트가 메신저 사업만 하려고 했다면 오늘날 텐센트의 흔적은 찾을 수 없었을 것이다.

인터넷 게임사업이 QQ의 사용자를 잡아두기 위한 것이었다면 포털사이트 사업은 인터넷 광고시장을 개척하기 위한 것이었다. 광고주들은 가장 영향력 있는 사이트에서 광고하기를 원했고, 포털사이트가 가장 적격이었다. 마화텅은 포털사이트의 잠재력을 알아보고 사업을 밀어붙였던 것이다. 그 과정에서 문제도 불거졌다. 사용자들은 이미 QQ의 젊고 오락성 강한 콘텐츠에 익숙해 있었는데 포털사이트는 정확한 뉴스와 정보를 제공하고 다양한 연령대의 사용자를 포함해야 했다. 이런 까닭에 마화텅은 QQ의 이미지를 새롭게 만들어야 더 높은 수준의 포털사이트를 만들 수 있다고 생각했다. 또한 포털사이트와 메신저를 정확하게 구분해서 사용자가 정보를 얻고 싶을 때는 포털사이트를 이용하고, 메신저가 필요할 때는 QQ만 할 수 있도록 했다. 사용자에게 반감을 일으키지 않으려는 생각에서였다.

여러 차례 수정과 보완을 거쳐 드디어 포털사이트 '텅쉰왕qq.com'이 탄생했다. 마화텅은 텅쉰왕을 중국 최고의 브랜드로 만들기 위해 직접 카테고리를 편집하고, 자금과 직원을 대량 투입했다. 이 때문에 대형 포털사이트 사이에 이직 사태가 벌어질 정도였다. 또한 종합 포털사이트의 이미지를 더욱 부각시키기 위해 '2010년 상하이엑스포'라는 놓칠 수 없는 기회를 선택했다.

텐센트는 상하이엑스포 위원회와 협약을 맺고 '인터넷 엑스포' 플랫폼의 구성 및 운영을 담당했다. 또 상하이엑스포의 네트워크 시스템과 전자상거래 플랫폼 구축까지 책임졌다. 마화텅은 이러한 활동을 통해 사람들이 텐센트가 단순히 메신저 서비스 기업이 아니라는 것을 알아주기 바랐다.

매우 치밀한 경영전략으로 텐센트의 포털사이트는 큰 성공을 거두었다. 인터넷 게임의 성적도 좋으니 이제 남은 것은 부가서비스 영역이었다. 사용자에게 부가서비스가 무엇인지 아느냐고 물어보면 제대로 대답할 수 있는 사람은 많지 않을 것이다. 만약 그들에게 'Q머니'에 대해 물어본다면? 분명히 모두 잘 알고 있다고 대답할 것이다. 이처럼 '없어져도 모를 것 같은' 자잘한 서비스들과 인터넷 게임의 발전은 텐센트의 포털사이트와 전자상거래 사업을 성공시키는 데 탄탄한 배경이 되었다.

2001년, 텐센트는 1년에 120위안의 가격으로 Q카드를 출시하고, 얼마 지나지 않아 유료서비스인 'QQ쇼', 'QQ바둑' 서비스를 시작했다. QQ쇼는 '아바타 꾸미기'로 사용자가 원하는 외모와 의상, 헤어스타일, 장신구 등을 선택할 수 있었다. 사용자들은 무료의상을 입은 초라한 아바타 대신 예쁜 옷을 입은 친구의 아바타를 따라 '쇼'를 시작했고, QQ쇼 소비는 유행처럼 번졌다.

출시 전, 텐센트는 내부심사회의에서 80페이지가 넘는 PPT로 열띤 토론을 했다고 한다. 당시 텐센트는 QQ쇼의 성공 가능성을 반신반의했다. 오늘날 QQ쇼는 텐센트에서 가장 돈을 잘 버는 사업 중 하나이며 마화텅이 부가서비스라는 낯선 땅에 안착하게 해준 '공로자' 중 하나다.

마화텅은 자신만의 원칙으로 '세 번 자문'을 꼽았다. 기업을 경영하면서 중요한 결정을 내릴 때 스스로 세 가지 질문을 던지는 것이다.

"내가 잘 할 수 있는 영역인가?"

첫 번째 자문이다. 경쟁업체들은 종종 비용이나 수익에 주목하느라 고객의 니즈를 무시하는 실수를 저지르지만 마화텅은 인터넷 세상에 대한 매우 정확한 인식과 판단으로 회사를 앞으로 이끌었다. 그는 손을 댄 사업에 편집증에 가까운 흥미를 보이며 뜨거운 열정으로 일을 추진했다. '기술이 핵심'이라는 원칙을 잃지 않고 기술개발과 실력을 향상시키는 데 집중했다.

"하지 않으면 사용자들이 불편함을 느낄까?"

두 번째 자문이다. 소프트웨어 개발의 가장 큰 가치는 개발자의 즐거움이 아니라 실용성에 있다. 마화텅은 자신은 그저 인터넷을 좋아하는 사람이고, 인터넷광들이 무엇을 필요로 하는지 잘 알고 있기에 자기 자신과 인터넷광들을 위해 필요한 물건을 만드는 것일 뿐 다른 이유는 없다고 말한 바 있다.

"이 일로 경쟁우위를 선점할 수 있을까?"

세 번째 자문이다. 1999년 후반에 텐센트는 인터넷 호출업계에서 어느 정도 자리를 잡았지만 그 분야는 이미 지고 있는 해였다. 반면에 QQ의 사용자 수는 100만 명을 돌파했고 계속 증가했다. 하지만 QQ는 텐센트가 벌이는 사업의 작은 부분일 뿐이었다. 그때만 해도 마화텅은 QQ가 지닌 거대한 시장가치나 잠재력을 알아보지 못했다. 기술이나 자금조달에서의 자신감도 부족했다. 결국 텐센트는 '세 마리 토끼를 동시에 잡기로' 했다. QQ의 기술적 완성과 새로운 버전 개발에 에너지를 쏟아붓고, 자금조달을 위해 투자자를 찾고, 인터넷 호출 분야에서 최대한의 수익을 얻을 수 있도록 한 것이다.

마화텅의 선택은 옳았다. 그가 운이 좋아서 성공했다고 말하는 사람도 있지만 그는 자신의 성공에 관해 이렇게 말했다.

"나는 살면서 일 외에 다른 것에는 흥미를 느껴본 적이 거의 없습니다. 나는 어떤 일에 관심이 생기면 몰입합니다. 몰입이야말로 전진하는 동력입니다."

마화텅이 오늘날의 텐센트를 만든 것도, 텐센트가 오늘날의 마화텅을 만든 것도 아니다. 마화텅의 몰입이 텐센트의 기적을 이룬 것이다.

텐센트 상장으로 부자가 된 사람들

2001년부터 2003년까지 텐센트는 규모와 수익 면에서 크게 성장했다. 2003년 8월, 창업 멤버들이 MIH에 팔았던 지분을 조금 되사면서 지분구조에 다시 변화가 생기며 상장 전 MIH와 텐센트 측이 각각 50%의 지분을 갖게 되었다.

2003년의 재무제표를 살펴보면 텐센트가 더는 자금부족에 시달리지 않았다는 것을 알 수 있다. 또 텐센트는 2004년 1분기에 전년도 동기보다 87% 늘어난 1억 위안의 수익을 올렸다. 이처럼 자금이 넉넉했지만 마화텅은 투자유치를 제한하지 않았으며 오히려 자금조달 경로를 다원화하고자 했다. 얼마 후 텐센트는 정식으로 상장을 준비하기 시작했다.

사실 이미 텐센트와 QQ의 이름이 전국 방방곡곡에 휘날리고 있었기 때문에 자금조달이 어렵지 않았다. 상장 준비 작업 역시 계획대로 순조롭게 진행되었다. 상장 지역에 관해 마화텅은 이렇게 말했다.

"컨설팅 기업 중 여섯 곳은 홍콩을, 네 곳은 나스닥을 추천했습니다. 그리고 세 곳은 양쪽에 동시에 상장하라고 했습니다. 덕분에 생각이 더 복잡해지기만 했어요. 홍콩에 상장한 기업의 평균 주가수익률 PER 은 미국보다 낮았습니다. 그렇지만 우리가 홍콩의 벨웨더 bellwether 라면 어떨까 싶더군요."

마화텅은 고심 끝에 선전에서 강 하나만 건너면 도착할 수 있는 홍콩을 선택했다. 2000년에 시나, 소후, 넷이즈가 모두 나스닥에 상장했으니 꽤 의외의 선택이었다. 그는 이에 관해 홍콩은 나스닥에 비해 조건이 더 까다로웠기 때문이라고 말했다. 당시 홍콩 증권거래소는 연속 3년 동안 흑자 경영에 성공한 기업에만 상장 자격을 부여했다. 여타 중국의 인터넷 기업 중에 이 자격을 획득할 수 있는 기업은 텐센트 한 곳뿐이었다.

2004년 6월 7일, 텐센트의 지주회사인 텐센트홀딩스Tencent Holdings가 중국 최대 인스턴트 메신저 QQ의 공급업체로서 중국 홍콩 성장기업시장 GEM에 IPO(기업공개)를 하고 해외투자자를 대상으로 주식을 매각했다. 이 소식은 중국 인터넷 업계를 크게 뒤흔들었다. 텐센트가 그동안 상장 준비 작업을 철저하게 비밀리에 진행했기 때문이었다. 언론 역시 놀라워하며 급히 헤드라인을 고쳐 쓰고 기사를 내보냈다.

2004년 6월 16일, 텐센트홀딩스는 홍콩 증권거래소에 정식으로 상장했다. 주당 3.7달러의 상상가격으로 계산했을 때 텐센트는 단번에 62억 2,000만 HKD(홍콩달러)의 시장가치를 보유하게 되었다. 이번 상장으로 마화텅 주변에는 그를 포함해 억만장자 다섯 명, 천만장자 일곱 명이 생겼다.

지분구조는 이러했다. 마화텅이 14.43%(액면가 기준 8억 9,800만 HKD), 장즈둥이 6.43%(액면가 기준 4억 HKD), 다른 세 명의 고위층 쩡리칭, 쉬천예, 천이단이 모두 9.87%(액면가 기준 6억 1,400만 HKD)를 보유했다. 이 외에 텐센트의 다른 고위층 일곱 명이 모두 6.77%의 지분(액면가 기준 4억 2,200만 HKD)을 가지게 되었다.

상장 후 다시 한번 중국에서 이 작은 펭귄이 얼마나 영향력 있는지 드러났다. 개인투자자들은 텐센트의 상장 소식을 크게 반겼다. 평소에는 매우 이성적으로 생각하고 함부로 투자하지 않던 사람들도 텐센트의 주식에만은 예외였다. 투자자들 사이에서 높은 인기를 보인 텐센트의 주식은 순식간에 신청량이 146배나 초과했다.

상장으로 가장 큰 이득을 본 쪽은 MIH 그룹이었다. 그들은 몇 년간은 겨우 4,000만 달러를 투입해서 텐센트의 지분 중 절반을 차지했다. 지금도 MIH는 텐센트 덕분에 20억 HKD가 넘는 거액의 혜택을 누리고 있다.

마화텅은 상장 후 끌어모은 자금을 어디에 쓰려고 했을까? 답은 텐센트의 IPO 문건에서 찾을 수 있다. 그는 자금 중 8억 1,800만 HKD를 인터넷과 엔터테인먼트 사업에 투입할 생각이었다. 주요 매수 대상은 인스턴트 메신저, 전자상거래, 음악 분야의 중소업체였다. 또한 제3의 기술개발업체와 서비스 제공업체를 매수할 가능성도 배제하지 않았다. 그리고 남는 2억 5,000만 HKD는 현재 진행 중인 사업을 확장하는 데 쓰기로 했다.

증권 애널리스트들은 텐센트가 2003년에 흑자를 거두었기 때문에 굳이 IPO로 자금을 조달하지 않아도 현금유동성을 충분히 확보하고 있었다고 지적했다. 그동안 벌어들인 돈만으로 인스턴트 메신저나 엔터테인먼트 분야의 중소형 기업을 매수할 수 있었던 것이다. 뿐만 아니라 텐센트는 2004년 1분기부터 흑자 경영을 유지하고 있었기에 텐센트의 상장을 오직 자금조달을 위한 것으로 해석할 수는 없다.

투자은행들은 텐센트의 대주주가 주식을 현금화하기 위해 상장했다고 분석했다. 이 분석대로라면 당시의 지분구조와 경영상황을 살펴봤을 때 MIH

는 투자를 회수했어야 한다.

왜 마화텅은 커다란 고깃덩어리를 홍콩의 개인투자자들에게 선사한 것일까? 지금도 정확한 이유는 알 수 없다. 다만 나스닥이 아닌 홍콩에 상장한 것은 이후로도 중국에서 사업을 키우겠다는 경영전략을 여실히 드러내고 있다. 또한 상장 전과 비교했을 때 경영구조가 크게 안정되었으며 기업의 규모화와 사업발전 역시 더욱 완성되고 과학적인 시스템을 갖추게 되었다. 만약 텐센트가 끝까지 상장하지 않았다면 결국 뒷심이 부족해서 오늘날의 성공을 거두지 못했을지도 모른다.

상장 후, 텐센트 내부에서 직원들에게 주식을 지급하는 문제가 대두되었다. 2009년, 마화텅은 잡지 〈베이징청년주간 北京靑年週刊〉과의 인터뷰에서 이렇게 말했다.

"창업 멤버와 주주들은 모두 중요합니다. 첫째, 자금조달, 둘째, 이미지 상승, 셋째, 지분유동과 권한 때문이죠. 하지만 그보다 더 중요한 것은 바로 최고의 인재를 영입하는 일입니다."

상장은 텐센트에 많은 돈을 안겨주었지만 몇 가지 작은 걱정거리도 함께 가지고 왔다. 중국의 인터넷 기업 중에는 비교적 일찍 상장해서 창업 '공신'들이 큰돈을 번 경우가 많았다. 그런데 이들이 수중에 돈이 생기자 일을 제대로 안 하면서 문제가 발생했다. 또 새로 들어온 직원들 역시 아무리 열심히 일해 봤자 열심히 일하지도 않는 창업 공신들보다 대우를 적게 받는다는 생각에 의욕을 잃었다.

2009년 6월에 마화텅은 〈21세기경제보도 21世紀經濟報道〉와의 인터뷰에서 오래 근무한 직원들을 크게 두 부류로 나눌 수 있다고 말했다.

"열정을 잃고 열심히 일하지 않는 사람들이 있습니다. 이들은 이미 부자이기에 일반적인 상여금으로는 의욕이 나지 않죠. 그들은 어서 회사를 나가 창업할 생각뿐이죠. 반면 열정적이며 열심히 일하는 사람들이 있습니다. 이들은 별다른 자극이 없어도 꾸준히 발전합니다. 안타깝지만 본인이 의욕이 없는 사람들은 우리도 어찌할 도리가 없어요."

마화텅은 상장 후, 몇 년 동안 꾸준히 직원들에 대한 상여금으로 자사주를 지급했다. 2007년 12월, 마화텅은 스톡옵션 계획을 발표했다. 독립적인 수탁인이 주식을 매입하고 회사가 비용을 지불한다는 내용이었다. 이 계획은 2007년 12월 13일부터 효력이 있고 유효기간은 10년이었다. 이사회는 지급되는 주식을 전체 발행 주식의 2% 이내로 제한하고 개인에게 지급되는 주식은 전체 발행 주식의 1%를 넘지 않도록 규정했다.

텐센트 이사회는 이듬해인 2008년 8월 29일에도 장기근속 직원 184명에게 자사주 1만 주를 상여금으로 지급한다고 밝혔다. 이를 통해 필요한 인재가 회사를 떠나는 것을 막으려고 했다. 또 2009년 7월 10일, 텐센트 이사회는 다시 한번 총 1,250명에게 1만 주를 상여금으로 지급했다. 텐센트의 이러한 통 큰 행보에 업계는 놀라움을 감추지 못했다.

마화텅은 펭귄 왕국을 상장이라는 새로운 발전단계에 올려놓은 후 불거진 여러 문제를 해결하기 위해 자사주 지급이라는 새로운 정책을 도입한 것이다. 그는 눈앞의 장애물을 치워야만 인터넷이라는 망망대해를 떠도는 거대한 펭귄 왕국을 이끌고 더 멀리 나아갈 수 있다는 것을 잘 알고 있었다.

4

비 내리기 전에
부는 바람

정보도둑을 잡아라

QQ가 네티즌들의 필수 메신저가 되면서 부작용이 따랐다. 어디에서도 그 모습을 드러내지 않는 유령이 시시각각 QQ 사용자의 뒤를 노린 것이다. 그 유령은 바로 '정보도둑' 즉 해커였다. 특히 숫자로 구성된 QQ 번호QQ ID는 사람들이 선호하는 번호를 가진 경우 해커들이 그 계정을 탈취해 되팔기 위해 표적으로 삼았고 Q머니를 많이 구매해놓은 사용자도 그들의 먹잇감이 되었다.

정보도둑은 QQ의 발전 과정에서 몇 차례나 성행했는데 피해자가 된 많은 QQ 사용자들은 분통을 터트리다 못해 절망감까지 느꼈다. 이 해커들이 단순히 사이버세상의 재산뿐 아니라 소중한 친구목록, 채팅방 기록까지 모두 가져갔기 때문에 피해를 입은 사람들은 일상생활에 큰 지장을 받기도 했다.

정보도둑이 겁 없이 활개를 치고 다니면서 텐센트에 접수되는 신고가 날로 늘어났다. 사용자들은 텐센트가 아무런 조치도 취하지 않은 탓에 더욱 사태가 악화되고 있다고 맹렬하게 비난했다. 마화텅의 입장에서 이런 비난은 정말이지 억울한 일이었다. 그라고 해서 정보도둑을 완벽하게 없애고 싶지 않겠는가? 수많은 QQ 사용자들 사이에 숨어 있는 해커들을 찾아내 응징하기란 좀처럼 쉬운 일이 아니었다.

더 큰 문제는 해커들의 뒤에 전문적인 사기꾼들이 있어 더 큰 범죄로 이어질 수 있다는 것이었다. '사이버세계의 재산을 어떻게 보호할 것인가?'에 관한 심도 있는 논의가 필요했다.

2013년 1월 17일, 선전시 제5회 인민대표대회 제5차 회의 난산南山 분회 토론을 마치고 나오던 마화텅이 기자들에게 둘러싸였다. 당시 그는 텐센트의 2013년 주요 업무 방향을 '정보보안 강화'라고 밝혔다. 실제로 그해에 텐센트의 직원 2만 명 중 2,000명이 정보보안 업무를 담당했다. 이 외에 텐센트는 다양한 장치로 보안에 신경 썼다. 로그인을 할 때는 인증번호를 입력하도록 했고, 혹시 QQ 번호를 도둑맞았다면 계정신고를 통해 되찾을 수 있도록 했다.

이러한 조치에도 정보도둑들은 쉽게 없어지지 않았다. 그들 중에는 인증번호 시스템을 무너뜨릴 수 있을 정도로 실력이 뛰어난 사람도 많았고, 온종일 텐센트 시스템을 보고 있다가 텐센트가 비밀번호를 바꾸면 즉각 방법을 연구해 비밀번호 크랙 해킹을 시도했다. 이런 비밀번호 크랙 프로그램은 조작이 매우 간단해서 쉽게 보급되었다.

정보도둑 탓에 수많은 QQ 사용자가 번호를 도둑맞고 곤혹스러운 상황에 처하자 이를 위해 마화텅은 여러 장치와 보안시스템을 설치하고 싶었지만 이러한 것들이 오히려 사용자들을 불편하게 만들 수 있었기에 망설일 수밖에 없었다. 예를 들어 본인인증 작업을 여러 단계에 걸쳐 진행하거나 가입을 제한하는 등의 조치가 그러했다. 마화텅은 고민 끝에 그동안의 방식으로 보안을 강화하고, 관련 범죄에 대한 법제정을 촉구하기로 했다.

드디어 정보도둑들에 대한 텐센트의 반격이 시작되었다. 기술과 사법의 두 가지 방면에서 터트리는 '동시 공격'이었다. 우선 인증번호 보안을 강화하고, 접속 빈도 보안, 전체 개인정보 보안장치를 더해 사용자 정보를 물 샐 틈 없이 꽁꽁 싸맸다. 한 계정, 혹은 하나의 IP에서 짧은 시간에 너무 많은 친구를 추가하거나 삭제한다든지, 비밀번호를 여러 차례 수정하면 기능을 아예 중지하는 식이었다. 이 방법은 정보도둑을 매우 효과적으로 잠재웠다. 또 '자판 입력 기록'과 트로이 목마 프로그램 등을 사용하는 정보도둑을 겨냥해 'nProtect'를 도입해 비밀보안기술을 강화했다.

마화텅은 기회가 될 때마다 공개적인 자리에서 텐센트가 사법기관과 공조해 QQ 정보도둑 행위를 근절하기 위해 노력 중이라고 밝혔다. 네티즌에게는 경로가 확실하지 않은 프로그램이나 텐센트 외의 다른 사이트에서 보낸 QQ 이벤트 정보는 정보도둑들이 흔히 쓰는 방법이니 함부로 사용하거나 신뢰해서는 안 된다고 당부하기도 했다.

관련 법률과 규제 및 처벌에 관한 규정이 부족한 것도 정보도둑 행위가 빈번하게 일어나는 이유 중 하나였다. 상대적으로 중국보다 인터넷이 빨리 보급된 외국에서는 법적인 뒷받침이 명확하게 갖추어졌기에 이러한 정보도둑 행위가 많지 않았다. 마화텅은 하루빨리 중국에서도 정보안보에 관한 입법이 추진되기를 바랐다.

정보도둑 행위는 지식재산권 침해를 일으킬 수도 있었다. 중싱 中興, 화웨이 華爲 같은 유명한 기업들도 지식재산 침해를 겪었다. 수억 위안과 수년의 시간을 들여 개발한 프로그램이 지식재산 침해로 인해 한순간에 무용지물이 되는 일도 있었다. 하지만 해커의 이러한 불법 행위와 싸우면서 오히려 더 큰 손해를 입는 경우도 많았다.

관련 자료에 따르면 선전시는 2012년 한 해에 2만 9,758건의 특허 신청을 받아 이 분야 전국 2위에 올랐다. 선전시는 중국 전역에서 가장 많은 발명 특허가 등록된 도시로서 시정부는 그동안 주요 경제 분야인 첨단산업의 지식재산권을 전방위로 보호해왔다. 그럼에도 지식재산권 침해를 없애지는 못했다.

해커들의 지식재산권 침해가 좀처럼 근절되지 않자 선전 시정부와 시검찰원은 '인터넷과 지식재산권 형사법류보호에 관한 세미나'를 주최했다. 이 자리에는 선전의 첨단기술 기업들이 참석해 인터넷과 지식재산권에 관한 보호와 형법상 처벌을 강화할 것을 호소했다.

첨단기술 기업의 지식재산 침해 범죄에서 사업기밀에 대한 해킹의 비중이 커졌다. 대부분 첨단기술 기밀에 관한 것이었다. 화웨이나 중싱 같은 통신업체에서는 이런 일이 심지어 비일비재했다. 그중 법정까지 간 경우로는 왕즈쥔 王志駿, 류닝 劉寧, 친쉐쥔 秦學軍 이 화웨이의 산업기밀을 빼돌린 사건, 장쉐정 張學政, 차이린촨 蔡林川, 가오안 高岩 이 중싱의 기술기밀을 빼돌린 사건이 있었다. 이런 사건들은 피해 금액이 수천 만 위안에 달해 중국 경제계를 크게 들썩이게 했다.

지식재산권 침해 행위는 점점 지능적으로 변화하며 해커들의 나이도 더 어려졌다. 그들은 대개 좋은 교육을 받은 고학력자로 뛰어난 기술을 자랑했다. 해킹은 전형적인 '지능범죄'이자 '화이트칼라범죄'로 이런 사람들 중에는 아예 대상 업체에 입사해 태연하게 일하며 증거를 없애 사법적 처벌을 피하기도 했다. 이 때문에 지식재산권 침해를 사법적으로 처벌하는 것은 좀처럼 쉽지 않았다.

화웨이 사건에서 왕즈쥔과 류닝 같은 사람들은 매우 전문적인 '최첨단 기술 엔지니어'였다. 해당 분야 전공자이자 석사 이상의 학력을 보유하고 있었다. 그들은 화웨이의 직원으로 신기술 연구개발 프로젝트의 모든 단계에 참가했다. 이 사건은 중국 전역에서 벌어졌으며 여러 기술평가 보고서와 관련되어 있어 사건경위가 상당히 복잡했다. 그 바람에 범죄발생부터 사건수사, 체포, 재판, 판결까지 총 11년이나 걸렸다!

마화텅은 잡지 〈중국기업가 中國企業家〉와의 인터뷰에서 이렇게 말했다.

"텐센트가 인터넷 사업을 제대로 하려면 네티즌하고만 접촉해서는 안 됩니다. 이제는 공안 公安 이나 사법당국 같은 외부와도 손을 잡아야 합니다. 한번은 우리가 정보도둑 조직을 10개도 넘게 적발했습니다. 광둥성 역사상 가장 큰 정보도둑 사건이었죠. 그런데 9개월에 걸쳐 조사한 끝에 잡았는데 가장 큰 조직을 없애지도 못했어요. 우리는 사법기관이 아니니까요. 얼마 안 있어 또 여러 조직이 날뛰더군요. 어린이들은 사이버세계의 물건을 훔치는 것이 범죄

인지도 모릅니다. 우리는 이 문제를 해결하려고 노력하는 중입니다. 가장 걱정되는 문제는 역시 인터넷 보안입니다. 텐센트는 보안을 위해 정말 많은 일을 하고 있습니다. 나는 우리가 해커를 막는 분야에서만큼은 일류라고 확신합니다. 사람들은 아마 개념조차 모를 겁니다. 이야기해도 몰라요. 경험한 적이 없으니까.”

마화텅에게 정보도둑 소탕은 지능범죄와 인터넷 보안 사이의 힘겨루기였다. 또 해킹은 텐센트의 성장과정에서 피하기 어려운 일이었다. 다른 각도에서 보면 이 유령 같은 ‘인터넷 도둑’은 텐센트가 끊임없이 보안을 개선하고 완성해 사용자에게 최상의 서비스를 제공하도록 만든 자극제이기도 했다.

유료화 소동

오늘날 QQ는 중국인의 일상생활에 깊숙이 파고들었다. 중국 네티즌은 컴퓨터를 켜면 습관적으로 QQ에 로그인하고 메시지를 확인한다. QQ는 매우 쉽고 편리하다. 또 채팅뿐 아니라 온/오프라인 상태에서도 문서전달이 가능해 직장인들에게도 큰 환영을 받고 있다. QQ메일, QQ뮤직, QQ게임, QQ농장 등 다양한 부가서비스도 많은 사용자를 매료시켰다.

만약 어느 날 갑자기 QQ가 유료서비스로 전환된다면 어떨까? 사람들은 계속 QQ를 사용할까? 지금의 중국인들은 이것이 절대 있을 수 없는 일이라고 여기겠지만 QQ 유료화는 2001년에 실제로 일어난 일이다. 당시 많은 사용자가 QQ를 계속 이용할지에 대해 심각하게 고민했다.

2000년에 나스닥 주식시장이 붕괴되면서 전 세계 인터넷 기업들은 무시무시한 '엄동설한'을 마주했다. 곧이어 '도미노 현상'이 일어나면서 IT산업 전체가 불황에 들어섰다. 이 시기에 마화텅은 자금조달 문제로 안간힘을 쓰는 동시에 명확한 수익창출 모델을 찾기 위해 머리를 굴리고 있었다. 이 두 가지는 인터넷 기업이 흑자를 거두기 위해 반드시 해결해야 하는 문제였다.

기존 경제구조에서 한계효용Marignal Benefit은 차츰 감소한다. 반면에 인터넷 산업에서는 아주 오랫동안 한계효용이 0을 유지하며 총효용이 극대화된다. 그러다가 임계점을 넘어서면 갑자기 드라마틱하게 증가하기도 한다.

QQ도 이러했다. 2001년 중반, 새로운 가입자가 기하급수적으로 늘어나 텐센트는 더는 감당할 수 없는 지경에까지 도달했다. 마화텅은 어쩔 수 없이 가입 속도를 늦추기로 하고 2001년 2월부터 점진적으로 신규가입이 어렵도록 하나씩 제한장치를 만들었다. 그러나 가입 서비스를 완전히 막은 것은 아니었기에 여전히 매일 많은 가입자가 발생했다.

사용자가 늘어나면 늘어날수록 마화텅은 마음이 불편했다. 매달 고정으로 들어가는 비용이 200만 위안인데 그중 서버 같은 설비관리와 증설에만 4분의 3이 들어갔기 때문이다. 결국 마화텅은 2002년 3월부터 사용자들이 선호하는 QQ 번호를 판매하는 'QQ 예쁜 번호 서비스QQ靚號'를 시작했다. 다시 9월이 되자 폭발적으로 늘어나는 가입을 억제하기 위해 'QQ항' 서비스를 정식으로 시작했다. QQ항은 특정 번호로 시작되고, 몇 가지 부가서비스를 함께 누릴 수 있는 유료번호 서비스로 가격은 월 2위안으로 결정되었고 원래 있었던 무료번호와 1회용 번호 신청은 중지되었다. 또 텐센트는 같은 해 11월에 법적효력이 있는 경고문을 발표해서 사용자들끼리 QQ 번호를 사고파는 행위를 근절했다.

2002년 말, QQ 사용자에게 '청천벽력' 같은 소식이 전해졌다. 텐센트가 무료번호와 장기사용번호(유료) 발급을 중단하고, 앞으로 월 2위안의 QQ항 번호만 발급하겠다고 발표한 것이다. 소식이 전해지자 중국 인터넷에서는 그야말로 난리가 났다.

네티즌들은 인터넷에서 여러 가지 정보와 자료를 무료로 얻는 것에 이미 익숙한 터라 텐센트의 점진적인 유료화 행보를 크게 비난했다. 그들은 로그인할 때마다 뜨는 팝업광고와 정신없이 반짝이는 배너광고가 보기 싫어도 QQ가 무료여서 참고 있었는데 이제는 사용자에게까지 돈을 받는다는 게 공정하지 못하다고 성토했다. 그들은 텐센트가 부분적으로 유료화를 진행하다가 QQ 서비스 전체를 유료로 전환할까 봐 걱정했다.

2001년 7월 말에는 한 네티즌이 텐센트를 통렬하게 비난하는 글을 올렸다. 네티즌의 심경을 잘 대변한 이 글은 인터넷을 타고 사방으로 전파되었으며 언론매체에까지 소개되었다. 대략의 내용은 다음과 같다.

텐센트 QQ, 정말 잘났군!

지금 당신이 QQ에 신규가입을 시도한다면 결과는 무척 실망스러울 것이다. 얻을 수 있는 결과라고는 '서버에서 가입이 거부되었으니 이후에 다시 시도하시기 바랍니다'라는 안내문뿐이기 때문이다. 그렇다고 순진하게 다시 시도할 필요는 없다. 아무리 해봤자 결국 가입에 실패할 것이 뻔하다. 텐센트는 최근에 169 유료전화정보 서비스와 휴대폰 가입 서비스를 내놓았다. ……텐센트의 말을 빌리자면 '트래픽이 폭주해서 서버가 감당할 수 없기' 때문이란다. 접속이 몰리는 아침 8시부터 새벽 2시까지는 신규가입이 어렵다는 이야기다. 나는 오전 9시, 오후 3시, 밤 11시, 새벽 3시에 QQ 신규가입을 시도해보았다. 내가 얻은 결과는 역시 '서버에서 가입이 거부되었으니 이후에 다시 시도하시기 바랍니다'라는 안내문뿐이었다. 그런데 재미있게도 이 안내문은 번개처럼 빠르게 뜬다. 그렇다면 서버속도가 그다지 느리지 않다는 이야기가 아닌가! 서버가 느리면 안내문도 느리게 떠야 할 텐데 말이다.

사용자 입장에서는 무료였던 것이 갑자기 유료로 변했으니 쉽게 받아들이지 못하는 것이 당연할 수도 있다. 하지만 마화텅은 회사가 서버비용을 더는 감당하지 못할 정도라면 적당한 유료화는 타당하다고 생각했다. 그 역시 사용자의 불만을 잘 알고 있었지만 사용자 습관 때문에 생긴 일시적인 반응이며 유료전환 과정에서 충분히 일어날 수 있는 일이라고 보았다.

상황은 마화텅의 생각보다 심각해졌다. 네티즌뿐 아니라 언론매체에서까지 QQ 유료화를 반대하고 나섰다. 2001년 8월 20일에 발행된 잡지 〈정품구물지남 精品購物指南〉에 '유료이메일을 따라 하려는 텐센트의 어리석음'이라는 글이 실렸다. 이 글을 계기로 언론과 텐센트의 치열한 설전이 시작되었다.

이틀 뒤인 8월 22일, 텐센트는 성명을 발표하고 〈정품구물지남〉에 실린 글을 정면으로 반박했다. 텐센트는 이 성명에서 신규가입 제한은 네티즌 한 명이 여러 개의 QQ 번호를 보유하는 바람에 서버가 과열되고 쓸데없이 낭비되는 비용이 컸기 때문에 취한 조치였으며, 회사를 살리려는 마음으로 고심 끝에 내린 결정이니 네티즌이 이해해주기를 바란다고 해명했다. 성명 마지막에는 앞으로도 텐센트와 사용자가 모두 좋은 결과를 얻을 수 있도록 최선의 서비스를 제공하겠다고 덧붙였다.

텐센트의 성명은 효과가 있었다. 언론매체에서는 텐센트에 대한 오해와 과도한 비난을 인정하고 기업경영 측면에서 봤을 때 텐센트의 조치가 충분히 합리적이라고 거들었다. 또 과도한 비용 때문에 회사를 무너뜨릴 수는 없으니 QQ 유료화를 지지한다는 내용의 글도 등장했다.

기업대표인 마화텅은 각종 정책과 전략을 결정하고 실행할 권리가 있고 여기에 대해 사용자는 그것을 '받아들이거나' 아니면 '떠날' 수 있었다. 논란도 컸지만 결국 이 역시 살아남아야 한다는 압박과 치열한 경쟁과 마주해 선택한 부득이한 결정이었다.

2002년 5월, 인터넷에 QQ가 곧 전면 유료화를 실시한다는 루머가 떠돌면서 잠잠해졌던 비난여론이 다시 일어났다. 7월, 마화텅은 한 언론매체와의 전화 인터뷰에서 오직 신규가입자에 대해서만 유료화할 것이며 일부 무료번호와 1회용 번호 서비스는 계속 유지할 것이라고 네티즌을 안심시켰다. 다만 모두가 선호하는 기억하기 쉬운 번호에 대해서는 월 10위안의 비용을 부가할 예정이라고 덧붙였다. 또한 텐센트는 사용자의 입장에서 '헛돈' 썼다는 느낌이 들지 않게끔 돈을 지불하고 가입한 신규가입자에 대해 그에 상응하는 부가서비스를 제공하고 정보보안 장치를 더욱 강화할 것이고, '해외사용자'도 가입할 수 있도록 하겠다고 밝혔다.

그럼에도 네티즌의 QQ 유료화에 대한 불만은 좀처럼 사그라지지 않았다. 중국의 한 IT 웹사이트가 시행한 조사에 따르면 조사 대상자의 약 81%가 QQ가 전면 유료화를 시행한다면 다른 메신저 프로그램을 사용하겠다고 말했다. 이는 신규가입자뿐 아니라 전체 사용자를 대상으로 유료화하면 사용자가 대량유출될 거라는 의미였다.

실제로 텐센트가 유료가입을 시행하던 시기에 랑마정보朗瑪信息의 메신저 UC에 22만 명의 신규가입자가 몰렸다. UC는 원래 사용자가 만 단위도 안 되었는데 QQ가 유료화 풍파를 겪는 중에 새로운 경쟁상대로 떠오른 것이다. 이후에도 UC는 빠르게 발전해 QQ를 위협하는 존재로까지 성장했다. 이를 목격한 마화텅은 계속 유료화를 추진하다가는 경쟁업체를 키워 도처에 적들이 도사리는 상황을 만들 거라는 생각에 결국 전략을 수정하기로 결정했다.

2003년 6월, 마화텅은 모바일 QQ 3주년을 축하하는 자리에서 새로 개통하는 모바일 QQ 사용자에게 장기사용 가능한 QQ 번호 하나를 무료로 발급하겠다고 공표했다. 이것은 결국 QQ가 다시 무료로 전환한다는 의미였다.

2003년 8월, QQ는 정식으로 무료가입 서비스를 시작했다. 이 서비스에는 연속 7일 동안 로그인하지 않으면 번호를 다시 회수한다는 규정이 있었다. 일주일 후, 텐센트는 1개월 동안 로그인 기록이 없으면 번호를 회수한다는 규정을 내놓았다. 이 규정은 다시 3개월 동안 로그인하지 않으면 번호를 회수하는 것으로 바뀌었다. 그리고 마지막으로 범죄목적 등의 악의적인 가입 및 오랫동안 로그인하지 않은 QQ 번호를 회수한다는 최종 규정이 확정되었다.

마화텅은 무료와 유료 사이를 오가며 유료가입에서 얻을 수 있는 수입이 생각보다 많지 않다는 사실을 깨달았다. 여기서 얻는 수익은 사용자가 대거 빠져나가면서 입은 피해액보다 적었다. 그는 이번 풍파를 겪으며 다시 한번 텐센트의 비즈니스 모델을 명확히 확정했다.

2010년 5월, 마화텅은 이에 관해 다음과 같이 말했다.

"텐센트의 비즈니스 모델은 다른 기업과 달리 무료로 서비스를 대량으로 제공하는 것입니다. 텐센트는 활성 사용자만 5억이 넘으니 중국 네티즌 대부분이 우리 고객이라고 할 수 있습니다. 텐센트는 무료로 기본 서비스를 제공하고 다양한 부가서비스를 개발해 주요 수익을 낼 것입니다."

전 세계적으로도 상당히 독창적이라고 할 수 있는 마화텅의 비즈니스 모델을 두고 업계 전문가들은 이것을 '마화텅 모델'이라고 부른다. '마화텅 모델'의 핵심은 크게 두 종류의 서비스로 구성된다. 하나는 기본 서비스고 다른 하나는 부가서비스다. 기본 서비스는 반드시 무료로 제공해야 하며, 부가서비스는 다양하게 만들고 수준을 높여야 한다. 물론 마화텅도 처음부터 이 모델을 뚝딱 만들어낸 것은 아니다. 이것저것 시도해보면서 수정과 보완을 거듭해 텐센트를 위해 가장 적합한 사업방식을 찾아낸 것이다.

마화텅은 유료화 소동을 통해 QQ는 '돈이 열리는 나무'가 아니라 '돈이 열리는 나무'를 잘 심고 기를 수 있는 토양과 비료라는 사실을 정확히 깨달았다.

산후QQ 사건

2006년은 네티즌과 인터넷 기업이 모두 바쁘고 떠들썩한 해였다. 수많은 소프트웨어가 출현했고, 전자상거래가 크게 유행했으며, 유명 블로거가 화제의 중심에 서는 등 인터넷 세상은 마치 5일장이 열린 것처럼 들썩거렸다. 하루가 멀다 하고 새로운 인터넷 문화가 소개되자 네티즌은 무엇을 선택하고 무엇을 버려야 할지 혼란스러워했다. 마치 이른 아침 장바구니를 들고 시장에 간 주부가 수많은 노점 중 어디로 가야 할지 몰라 서성이는 것처럼 말이다.

이해에 '산후QQ'는 한창 마무리 작업을 진행 중이었다. '산후QQ'는 텐센트의 QQ를 불법복제한 소프트웨어로, 산후 집약판 설치 프로그램 및 플러그인 형태의 산후 강화팩이 포함되어 있었다. 산후QQ의 프로그램은 운영과정 중에 텐센트의 QQ 메인코드를 수정할 수는 없었다.

산후QQ를 개발한 천서우푸 陳壽福 는 베이징이공대학 北京理工大學 컴퓨터 센터의 교수로 인터넷에서는 닉네임 'Soff'로 잘 알려져 있었다. 그는 이전에 IPQQ 개발과정에 참여해 몇 년 동안 일한 적이 있었다.

텐센트가 천서우푸의 불법복제 행위를 알고 경고하자 그는 친필각서를 보내 충돌을 피하고자 했다. 향후 텐센트의 QQ와 관련한 수정판을 배포하지 않을 것이며 이미 배포한 부분도 모두 삭제하고 더는 어떠한 불법적인 복제나 수정 행위를 하지 않을 것을 약속한다는 내용이었다. 이 각서로 충돌이 일단락된 것처럼 보였지만 천서우푸는 불법복제 행위를 멈추지 않았다.

천서우푸는 플러그인 형식의 QQ셴IP 顯IP에 다시 흥미를 느꼈고, 플러그인 형식은 직접적으로 저작권을 침해하는 것이 아니기 때문에 다시 산후QQ 연구에 착수했다. 이후 산후QQ는 몇 차례 개선작업을 거쳐 '눈부신' 기능을 탑재하게 되었다. 새로운 산후QQ를 사용하면 친구의 IP 주소 및 위치를 쉽게 알 수 있었고, 텐센트가 제공하는 광고를 차단할 수 있었으며, MSN 스타일의 알림음을 설치할 수도 있었다. 이 밖에 강화팩에는 다양한 맞춤형 플러그인 프로그램이 포함되어 있었다. 이러한 기능 덕분에 산후QQ는 짧은 시간에 네티즌들 사이에서 크게 인기를 끌었다. 테스트 버전과 정규 버전 모두 업데이트를 진행할 때마다 신규 및 기존 사용자 모두에게 주목을 받았다. 덕분에 천서우푸는 중국 인터넷 업계에서 이름을 날렸다.

마화텅은 새로운 산후QQ에 어떻게 대응해야 할지 난감했다. 텐센트의 QQ를 가져다가 수정한 것이 아니기 때문에 저작권 침해라고 보기에도 애매했다. 마화텅이 해결방안을 고심하는 와중에도 산후QQ는 우월한 기능을 자랑하며 대량으로 다운로드되었다. 심지어 텐센트의 QQ 다운로드량을 넘어서기까지 했다.

천서우푸는 플러그인 및 GAIM, Luma QQ 등의 다양한 아이디어를 잇달아 떠올리며 완전히 새로운 QQ를 만드는 데 집중했다. 텐센트의 공식 QQ를 복제하고 수정하는 피동적인 개발방식은 그에게는 너무 따분했다. 그는 친구이자 프로그래머인 Qulful이라는 인물과 손잡고 더욱 강력한 기능을 탑재한 산후QQ 4.0을 만들어냈다. 산후QQ 4.0은 기술적인 면에서 하나의 이정표가 되는 버전이었다. 이전의 산후QQ가 텐센트의 QQ 내부를 일일이 확인해 IP 주소를 찾는 단순한 크랙 과정이었다면 산후QQ 4.0은 텐센트의 QQ 네트워크팩을 직접 가로채서 그 안에서 바로 상대방의 IP 주소를 얻을 수 있었다. 산후QQ의 기술력이 높아지고 업데이트를 거듭하자 마화텅은 더는 두고 볼 수 없었기에 펭귄을 지키기 위한 공식적인 방법을 찾기 시작했다.

2006년 9월, 텐센트는 천서우푸를 저작권 침해와 불공정경쟁 혐의로 고소했다. 얼마 후, 몇 차례의 심의와 조정과정이 지나고 법원은 마침내 텐센트의 손을 들어주었다. 정식 판결문은 한참 후에 외부에 공개되었지만 결과는 그 이전부터 널리 퍼져나갔다.

업계에서도 이 사건을 크게 주목했다. 특히 다른 QQ 복제 프로그램을 만들던 개발자들은 숨죽이며 이 상황을 예의 주시하고 있었다. 텐센트가 어느 정도까지 용인하는지 용인하지 않는지 가늠해보기도 했다. 마화텅은 이런 종류의 문제에 대해 전혀 좌시하지 않을 것이라는 강경한 태도를 보였고, 모든 일을 법정 안에서 해결하겠다는 뜻을 분명히 밝혔다.

사실 마화텅이 참을 수 없었던 진짜 이유는 바로 천서우푸의 산후QQ가 텐센트의 수익을 건드렸기 때문이었다. 이와 같은 불법복제 프로그램은 정식 텐센트 QQ의 사용자 수를 감소시킬 수 있었다. 또한 QQ의 광고를 차단함으로써 텐센트와 광고주의 이익에도 악영향을 미쳤다. 또 산후QQ 같은 복제 프로그램은 제멋대로 다른 플러그인 프로그램을 끼워서 제공했기 때문에 모르고 다운받았던 사용자들이 피해를 입는 경우도 많았다. 이런 사용자들이 대부분 그 화를 텐센트 탓으로 돌리면서 일이 더욱 심각해졌다.

텐센트의 지식재산권을 침해하는 행위인 것을 뻔히 알면서도 왜 복제 프로그램이 계속 나왔을까? 이유는 간단하다. 바로 개발자들이 중간에서 수익을 얻기 때문이다. 산후QQ만 해도 주로 플러그인 프로그램을 끼워 팔아서 꽤 많은 수익을 얻었다. 플러그인 프로그램 제작업체는 시장에서 인기 있는 소프트웨어와 접촉해 좋은 조건으로 끼워 팔기를 시도했다. 많으면 하나에 몇 마오毛, 적으면 하나에 몇 편分을 받았다. 이렇게 이야기하면 단가가 낮아 보여도 중국 네티즌이 수억에 달하는 것을 기억해야 한다. 수십 만 명이 다운로드 후 설치하기만 해도 수천, 수만 위안의 수입이 발생할 수 있었다. 더욱이 산후QQ 같이 인기 있는 소프트웨어는 그 액수가 더 컸다. 산후QQ의 연수입은 대략 백만 단위로 계산해야 할 정도로 많았다.

또 다른 QQ 복제 소프트웨어를 만들던 개발자들은 산후QQ 사건을 지켜보며 겉으로는 강 건너 불 보듯 아무렇지 않은 척했지만 남몰래 계산기를 두드려가며 대책을 모색했다. 마화텅은 산후QQ 외에 유명한 복제 소프트웨어 퍄오윈飄雲QQ나 산후QQ 강화팩에 자잘한 소프트웨어를 끼워 팔던 업체들이 또 다른 불법복제 소프트웨어를 제작할 것에 대비해 산후QQ를 본보기 삼아 불순한 무리의 뿌리까지 뽑아 없애고자 했다.

재판의 최종 결과는 불법복제 소프트웨어 제작자들의 등골을 서늘하게 했다. 천서우푸는 저작권 침해로 징역 3년에 추징금 117만 위안, 벌금 120만 위안의 엄벌에 처해졌다. 2010년 3월, 천서우푸가 비교적 건강한 모습으로 출소하면서 인터넷을 뜨겁게 달구었던 산후QQ 사건은 완전히 막을 내렸다.

한편 산후QQ 사건을 목격한 퍄오윈QQ의 개발자들은 더 이상 이 일을 계속할 수 없다고 판단해 2007년 10월 11일에 주요 개발자인 'RunJin'과 '크레이지젠틀맨'이 퍄오윈QQ의 개발에서 손을 떼겠다고 발표했다. 산후QQ에 이어서 또 하나의 복제 소프트웨어가 역사의 무대에서 내려온 것이다. 물론 아직도 여러 QQ 복제 소프트웨어가 존재한다. 하지만 그들의 미래는 암담하기만 하다. 텐센트의 이익을 조금이라도 건드리는 날에는 마화텅이 절대 손 놓고 가만히 있을 사람이 아니기 때문이다. 아마 그는 이전보다 더 강경한 태도로 그의 펭귄을 위협하는 무리를 송두리째 뽑아 없앨 것이다.

나무가 높이 자라 숲을 벗어나면 바람을 가장 먼저 맞는 법이다. 산후QQ 사건은 텐센트의 QQ가 중국 네티즌에게 가장 환영받는 메신저라는 의미이기도 했다. 복제 소프트웨어는 업계에서 경쟁자들보다 한발 앞섰다면 반드시 건너야 하는 난관이었다.

반독점? 도박조장?

보잘것없던 텐센트가 중국 인터넷 업계 최고의 기업으로 성장했지만 여전히 몇 가지 '꼬리표'를 떼어내지 못하고 있었다. 몇몇 사람들은 텐센트가 '독점기업'이며 '모방'으로 돈을 벌었다고 비난했다. 마화텅은 '독점'이라는 단어를 무척 싫어했다. 누군가 텐센트에 '독점기업'이라는 꼬리표를 붙이려고 한다면 마화텅은 아마 크게 화를 낼 것이다. 실제로 텐센트는 이 문제로 몇 차례 소송을 벌이기도 했다. 이 경우 텐센트는 항상 원고였기 때문에 먼저 움직여 상대를 제압하는 방식에 익숙했다. 그런데 2006년, 이번에는 뜻밖에도 피고의 자격으로 법정에 서게 되었다.

2006년 5월, 텐센트는 베이징 제1중급인민법원에 모바일 인터넷 기업인 장중掌中을 고소했다. 텐센트는 2005년 7월부터 모바일 메신저 가입이 줄어들었는데 이것이 장중의 메신저 프로그램인 PICA가 '중간에서 방해했기' 때문이며 이는 지식재산권 및 저작권에 대한 심각한 침해라고 주장했다.

2004년에 설립된 장중은 모바일 뉴스 및 정보서비스 기술사업에 집중하는 기업으로 이들은 2005년 초에 QQ와 상당히 유사한 메신저인 PICA를 내놓았다. 또한 사용자들은 PICA를 통해 QQ에 로그인하는 것이 가능했다.

텐센트는 일을 크게 만들고 싶지 않아 장중을 고발한 일을 공개하지 않았다. 하지만 5개월 후, 본인의 뜻과 관계없이 마화텅은 결국 언론의 주목을 받게 되었다. 장중이 거꾸로 텐센트를 독점과 불공정거래 혐의로 고발하겠다고 대외에 선포한 것이다. 주요 언론이 이 사건을 보도하면서 중국 곳곳에서 이 쌍방고발 사건이 화제가 되었다.

장중은 텐센트가 QQ에 다른 메신저의 '상호접속서비스'를 막는 장치를 설치했다고 주장했다. 또 이런 행위가 '전신조례 電信條例'의 "다른 전신사업자와의 상호접속을 거부할 수 없다"는 조항과 '반부정당경쟁법 反不正當競爭法'의 "운영자는 반드시 성실한 신용의 원칙을 따르며 공인된 상업적인 도덕을 준수해야 한다"는 조항을 모두 위반했다고 주장했다. 이뿐 아니라 장중은 텐센트가 여러 수단을 동원해 PICA 및 PICA와 '상호접속서비스'를 하려는 경쟁업체를 압박해 영업을 방해했다고 주장했다.

'상호접속서비스'란 다이렉트 채팅 서비스인 야후 메신저와 MSN이 연동된 서비스로 서로 사용하는 메신저가 달라도 메시지를 주고받을 수 있으며 친구 추가가 가능하게끔 하는 서비스이다. 당시 중국의 수많은 메신저 개발 업체들이 이 서비스에 가입했는데 유독 가장 성공한 텐센트만 참여하지 않은 상태였다. 장중의 도발은 텐센트를 '상호접속서비스'에 참여시키려는 고단수의 전략이었다. 그동안 야후 메신저와 MSN이 텐센트를 말로 '압박'했다면, 장중은 법률을 들고 나와 텐센트에 싸움을 건 것이다. 하지만 마화텅도 호락호락한 사람은 아니었다.

텐센트 측은 즉각 변호사를 고용해 적극 대처했다. 최종 변론에서 텐센트 변호사는 장중 외의 다른 메신저 업체에서도 텐센트에 '상호접속서비스' 참여를 요구한다면 사용자 입장에서 고려해보겠다는 의사를 밝혔다. 또한 공평하고 합리적인 동반성장 원칙에 따라 참여 가능성도 없지 않다고 덧붙였다.

베이징 제1중급인민법원은 텐센트 측의 태도가 합리적이며 융통성 있다고 보고 장중에 PICA로 QQ의 사업운영을 방해하는 행위를 즉각 중지하라고 판결했다. 또 텐센트에 200만 위안을 배상할 것을 명령했다. 승리를 거둔 텐센트는 여론을 의식해 '상호접속서비스'에 참여하겠다고 약속했다. 그러니 최종 결과는 텐센트의 입장에서 좋다고도 나쁘다고도 말할 수 없었다.

이 소송이 2007년 2월에 마무리되고 얼마 지나지 않아 텐센트는 다시 한번 골치 아픈 법정 싸움을 맞이하게 되었다. 2006년 7월 어느 날, 인터넷에 '텐센트의 도박조장에 관해 선전시 지도부에 보내는 공개서한'이라는 글이 올라왔다. 도박조장이라니! 절대 텐센트가 그냥 넘어가서는 안 되는 문제였다.

몇 개월 후, 중국 CCTV의 프로그램인 '집중취재焦点訪談'에서 텐센트에 대한 비난을 쏟아붓기 시작했다. 텐센트가 Q머니나 Q포인트点로 변형된 형태의 인터넷 도박을 조장한다는 것이었다. 이 두 가지는 텐센트 계열 사이트에서 쓰는 일종의 사이버화폐로, 네티즌들은 이 '화폐'를 이용해서 텐센트가 내놓은 물건이나 서비스를 구매할 수 있었다.

QQ게임, 예를 들어 블랙잭, 파이브카드 스터드, 중국식 카드게임인 싼자파이三家牌 같은 게임을 하려면 '게임머니'가 필요한데 게임머니는 게임에서 이기거나 Q머니를 게임머니로 전환해서 얻을 수 있었다. Q머니는 사용자가 돈을 주고 구매할 수 있는데 '1 Q머니'가 인민폐 1위안이었다. '1 Q머니'는 통상 '게임머니 1만 점'으로 바꿀 수 있었다. 다시 말해 인민폐 1위안으로 게임머니 1만 점을 살 수 있었던 것이다. 만약 수십 위안, 수백 위안을 쓴다면 사이버세상에서 부러움을 받는 '백만장자'가 될 수도 있었다.

게임머니가 곧 Q머니이고, Q머니가 인민폐이니 QQ게임에서 도박판을 벌이려고만 한다면 현실에서의 도박과 다를 바가 없었다. 이렇듯 게임머니가 걸린 게임들은 도박성이 다분하기 때문에 게이머들이 유혹에 빠지기 쉬웠다. 블랙잭, 파이브카드 스터드에 참여한 게이머들이 거는 판돈이 크면 그에 해당하는 인민폐의 액수도 덩달아 커지는 셈이었다. 이렇다 보니 게이머들은 게임머니를 모으는 데 혈안이 되었다. 기업경영의 측면에서 보자면 텐센트가 확실히 '네티즌의 마음'을 사로잡는 탁월한 전략을 취했다고 할 수 있다.

많은 게이머가 인민폐를 주고 산 Q머니를 게임머니로 바꿔 '허영심'을 채웠다. 몇 만, 몇 억 단위의 게임머니로 자신이 돈을 '물 쓰듯이' 쓴다는 생각에 기분이 좋아졌던 것이다. 하지만 게임머니를 잃고 따면서 인민폐의 액수도 점점 올라가고, 이 돈은 결국 텐센트의 주머니로 들어갔다.

뿐만 아니라 게임머니를 다시 Q머니로 바꿔 텐센트가 판매하는 상품 및 서비스를 구매할 수도 있었다. 이렇게 '게임머니-Q머니-상품 및 서비스'로 전환하는 과정은 현실 세계의 '거래'와 다를 바가 없었다. 사실 텐센트에서 파는 상품의 가격은 현실에서의 단위보다 몇 배나 높아서 따지고 보면 결국 인민폐를 주고 구매하는 것인데도 사용자들은 실제 돈을 썼다는 느낌을 받지 못했다. 단지 '직접' 허리춤의 지갑을 꺼내 돈을 지불하지 않았을 뿐인데도 말이다. 이것은 텐센트가 생각한 고도의 판매전략이었다.

또한 텐센트는 매번 '도박판', 그러니까 게임이 벌어질 때마다 '인센티브'를 챙겼다. 예를 들어 어느 '도박판'에서 한 게이머가 100만 게임머니를 잃었고, 다른 한 게이머는 100만 게임머니를 획득했다면 텐센트는 그중 10%를 인센티브로 떼어갔다. 즉 승리한 게이머가 실제 가져가는 게임머니는 90만이었다. 액수가 크거나 승패가 확실할 때만 떼어가는 것이 아니라 결과가 무승부일 때도 판돈의 10%가 텐센트의 주머니로 들어갔다.

이렇듯 다양한 사례 탓에 바로 '텐센트의 도박조장에 관해 선전시 지도부에 보내는 공개서한' 같은 글이 화제가 되었다. 이 글이 올라온 후 '텐센트 도박'과 관련한 검색어가 각종 대형 포털사이트에 오르락내리락 했다. 언론에서도 '끝까지 파헤친다'는 태세로 경쟁적으로 보도했고, 급기야 중국 CCTV까지 텐센트의 '도박조장'을 취재한 것이다. CCTV가 개입하자 사태의 심각성을 깨달은 텐센트는 '도박성'이 강한 파이브카드 스터드 등의 게임서비스를 중지했다. 또한 Q머니의 사용에 관해 "게임머니는 Q머니로 직접 구매할 수 없으며 게임아이템을 샀을 때 무료로 제공된다"는 '해석'을 발표했다. 실제로도 그렇기는 했다. Q머니는 단지 게임머니로 '전환'만 가능할 뿐 직접 구매할 수는 없었다. 하지만 이것이 직접 구매하는 것과 무슨 차이가 있겠는가?

사실 마화텅도 이를 잘 알고 있었다. 결국 그는 이 일이 너무 시끄러워지는 것을 막기 위해 게임머니를 Q머니로 전환할 수 없도록 해서 반드시 Q머니를 사서 게임머니로 전환하는 것만 가능하도록 했다. 마화텅이 이런 조치를 취한 것은 불순한 의도를 가진 자들이 Q머니와 게임머니의 자유로운 상호전환을 통해 '암거래'를 했기 때문이었다.

　게임머니를 Q머니로 전환하는 것을 막자 이런 종류의 거래들이 모두 사라졌다. 새옹지마라더니 얼마 전까지만 해도 언론의 '폭격'을 맞았던 텐센트는 '암거래'를 뿌리 뽑고, QQ게임을 더 건전하고 깨끗하게 만들었다.

　QQ가 명실상부한 중국 최고의 메신저이기는 하지만 '잘못은 반드시 드러나는' 도리를 피할 수는 없었다. 이후로도 텐센트는 이런저런 시련과 풍파를 겪었지만 이것은 꼭 스스로 문제를 일으켜서가 아니라 최고의 자리에 있기 때문에 마주해야 하는 고난이었다. 마화텅이 어떻게 할 수 있는 일도 아니었으며, 어쩔 수 없이 받아들여야 하는 숙명이었다.

텐센트를 흔드는 바람

대외적으로든 대내적으로든 마화텅은 매우 근면성실하고 진실한 사람으로 정평이 나 있다. 그는 '허풍'을 치는 법이 없고, 경쟁업체를 함부로 평가하지 않았기 때문에 언론에 '꼬투리'가 잡히는 일이 거의 없다. 또 언제나 신중하고 조용히 일을 처리하며 '내가 사장이니 겁날 것이 없다'는 식의 거만한 태도는 찾아볼 수 없다. 그러다 보니 마화텅은 주변에서 항상 좋은 평가를 받았다.

　이러한 그도 경쟁자로부터 '일격'을 당한 일이 있었으니 바로 오랜 경쟁업체인 MSN과 부딪힌 일이다. 원래 MSN은 거대한 중국 시장에서 QQ에 뒤진 것을 순순히 인정하는 분위기였다. 하지만 텐센트가 MSN의 전 기술 총감독인 슝밍화熊明華를 공동 CTO로 영입하자 상황이 달라졌다. 그들은 화를 참지 못하고 '비겁한' 수단, 바로 '직원 빼가기'로 텐센트를 공격했다.

2006년의 어느 날, 정보교류 사이트인 톈야룬탄 天涯論壇에 '텐센트가 대폭적인 임금삭감과 직원 해고를 준비 중'이라는 내용의 글이 올라왔다. 어조로 보아 글쓴이는 분명히 텐센트의 직원이었다. 그는 마화텅으로부터 이메일을 받았는데 "이전에 분기별로 지급하던 수당을 연말수당으로 전환한다. 60%로 삭감할 예정이며, 나머지 40%는 다음 해에 지급한다"는 내용이었다고 폭로했다. 또 이 글에는 텐센트가 곧 '하위 5% 컷오프'를 실시해 능력이 부족한 직원들을 모두 해고한다는 내용도 포함되어 있었다. 글쓴이는 텐센트가 예년의 성장세를 유지하는 데 실패하자 직원들에 대한 주식배당까지 중지하려 한다고 비난했다. 이 글은 인터넷에서 큰 파란을 일으켜 네티즌들이 갑론을박을 펼치면서 텐센트와 마화텅에 대한 여론이 순식간에 나빠졌다.

텐센트 직원들은 이 일을 알고 분통을 터트렸다. 마화텅과 고위 임원들에 대한 불만을 노골적으로 드러내는 사람들도 있었다. 사실 텐센트처럼 유명한 기업이라면 경영과정 중에 이런저런 '스캔들'이 있기 마련이다. 그중에도 이번 '임금삭감, 직원 해고'처럼 민감한 주제는 더 많은 사람이 관심을 보이는 흥미로운 이야깃거리였다. 대체 어떻게 된 일일까?

MSN이 텐센트의 직원 중 상당수를 스카우트하는 '기습 작전'을 벌이자 텐센트는 기가 막혔지만 슝밍화 영입에 대한 일종의 '인과응보'라고 생각하고 참았다. 다만 또다시 이런 일이 발생하는 것을 방지하기 위해 대책을 세웠는데 그것이 바로 새로운 수당지급 방식과 하위 5% 컷오프였다. 수당을 연말에 한꺼번에 지급하면 직원들이 분기별 수당을 받고 나가버리는 일을 막을 수 있었다. 또 업무실적이 현저히 떨어지는 직원들을 해고하면 내부에 '치열한 경쟁' 분위기를 조성해 회사 전체의 발전을 도모하는 데 효과적일 거라고 생각했다. 이는 매우 좋은 아이디어였고, 순조롭게 실행한다면 텐센트에 무척 유리했을 것이다. 하지만 마화텅이 공식적으로 이를 발표하기 전에 내부 자료가 퍼지면서 일이 틀어져버렸다.

마화텅은 상황이 악화되면 직원들의 사기가 무너지고, 어쩌면 호시탐탐 기회를 노리는 MSN까지 여론몰이에 나설지도 모른다고 생각했다. 텐센트가 큰 타격을 입을 것이 분명했다. 현실적으로 마화텅의 계획은 과한 것이 아니었다. 특히 하위 5% 컷오프는 회사 내부의 핵심 역량을 기르고, 텐센트를 더 강하게 만들기 위해서 구상한 계획이었다. 그런데 뜻밖에도 외부에 '직원 해고'로 비춰지니 당황하지 않을 수 없었다.

얼마 후 마화텅은 원래 계획이 순조롭지 않자 공식 입장을 내놓았다. 그는 텐센트가 결코 '임금삭감, 직원 해고'를 정책으로 삼는 것이 아니며 오로지 회사 전체의 발전과 성장에 가장 적합한 계획을 세울 뿐이라고 강조했다. 또한 이를 통해 조직을 더욱 완벽하고 튼튼하게 정비해서 새로운 발전의 길을 모색하고 명실상부한 글로벌 기업이 되기를 바란다고 말했다.

텐센트가 오늘날까지 걸어온 길을 살펴보면 높고 낮은 언덕을 만날 때마다 속도를 더 빠르게 높였다는 것을 알 수 있다. 마화텅은 문제에 부딪힐 때마다 매우 냉철한 태도로 해결방법을 찾아 위기로부터 회사를 구해내는 침착하고 냉정한 리더의 풍모를 보였다. 바로 이런 리더가 있었기에 텐센트는 수많은 위기를 넘고 시련을 견디며 지금의 모습으로 발전할 수 있었다.

인터넷 범죄는 누구의 책임인가?

나무가 너무 크고 높이 자라 숲에서 벗어나면 바람을 가장 많이 맞는 법이라고 했다. 마화텅이 작은 펭귄이었던 텐센트를 '펭귄 왕국'으로 키운 후, 텐센트를 향해 부는 '바람'도 그치지 않았다.

사용자가 계속해서 늘어나면서 QQ는 사기꾼들의 표적이 되었다. 사기꾼이 점점 많아지면 결국 QQ가 가장 큰 피해를 볼 수밖에 없었다. 이에 마화텅은 공식석상에서 '보안 및 안전한 인터넷'이 텐센트의 최대 과제이자 자신이 가장 걱정하는 바라고 여러 차례 강조했다. 실제로 텐센트는 2006년 연간 사업보고에서 사용자의 안전을 확보하는 일을 최우선과제로 선정했다.

2007년에 인터넷에서 벌어진 사기행위를 분석해보면 그 규모가 작게는 100위안에서 많게는 수천 위안까지로 다양하다. 피해자의 절반 이상은 스무 살부터 서른 살 사이로 회사원과 학생이 대부분이었다. 사기꾼들은 보통 QQ 같은 메신저를 이용해 유명한 회사 혹은 대형 사이트의 이름으로 이벤트에 당첨되었다는 메시지를 불특정 다수에게 보냈다. 이를 믿고 사람들이 연락을 하면 고액의 당첨금, 노트북, 컴퓨터 등의 경품을 보내주겠다며 '공증비', '수수료', '보험료' 등의 명목으로 돈을 받아 챙겼다.

일례로 한 사용자가 QQ에서 '깜짝 이벤트 당첨' 소식이 적힌 팝업 쪽지를 받았다. 노트북을 주는 경품 행사에 당첨되었으니 연락을 달라는 내용이었다. 이 사용자는 쪽지에 적힌 번호로 전화를 걸었고 설명을 듣느라 '서비스 센터'와 거의 두 시간 동안 통화했다. 하지만 노트북은 받지 못했다. 오히려 고생해서 번 6,000위안이 넘는 돈을 사기당했다. 또 2008년에 원촨汶川 지진이 일어났을 때는 사기꾼들이 '텐센트 성금 사이트'의 가면을 쓰고 '공익'을 호소하며 성금을 걷었다. 물론 이 성금은 지진 피해자들에게 전달되지 않았다.

2005년 12월, 마화텅은 잡지 〈중국신문주간 中國新聞週刊〉과의 인터뷰에서 이렇게 말했다.

"나는 인터넷이라는 사회에 좋은 면도 있고 나쁜 면도 있다고 생각합니다. 우리는 나쁜 면을 억제하려고 많은 노력을 했지만 사기 행위를 뿌리 뽑을 수는 없었습니다. 대개 인터넷 사기꾼들은 현실 세계에서처럼 인성의 약점을 이용해 우선 신뢰를 쌓은 후 피해자들의 뒤통수를 칩니다. 엄밀히 말해서 이것은 기술적인 문제가 아니라 사람과 사람 사이의 소통에 관한 문제입니다. 어느 사회에서나 있을 법한 일들이 인터넷에서도 일어나는 거죠."

실제로 그러했다. 사실 메신저는 그저 인터넷에서 통신을 할 수 있는 플랫폼에 지나지 않는다. 보이스피싱으로 사기를 당했다고 그 책임을 통신사에 물을 수는 없지 않은가? 마화텅은 네티즌들에게 도구와 플랫폼을 제공했을 뿐이기에 이메일 서비스를 제공하는 업체처럼 그 내용을 직접적으로 관리, 감독할 방법이 없었다. 기술적인 수단을 취한다면 대량 발송 쪽지, 스팸 메시지 등에 어느 정도 제한을 두는 수밖에 없었다.

텐센트는 꾸준히 사이버범죄를 방지하기 위해 최선을 다해 홍보와 교육을 펼치고 QQ 사용자 인터페이스와 대화창에 몇 가지 기술적인 업그레이드와 서비스를 개선해 안전성을 높이는 등 다양한 방법을 강구했다.

2007년 3월, 마화텅은 '인터넷과 지식재산권에 대한 형법상 보호에 관한 세미나'에 참석해 이렇게 말했다.

"현재 컴퓨터 및 인터넷 분야에 신종 범죄가 판을 치고 있습니다. 그들은 사용자의 '인터넷 서비스 사용 계정' 등을 확보해 권리를 침해합니다. 이러한 행위는 인터넷 질서를 흐트러뜨리며, 대중에 심각한 악영향을 미칩니다. 우리는 이러한 행위가 법을 위반한 것이며, 범죄가 빈번히 일어나는 것을 인식하면서도 제대로 규제하지 못하고 있습니다. 여기에는 사회환경, 법률 시스템, 기술, 관리, 교육 등의 다양한 원인이 있습니다. 예를 들어 지금까지의 법률로는 인터넷 불법행위에 대해 범죄사실을 입증하기 어렵습니다. 또 입증한다고 해도 처벌수준이 너무 낮기 때문에 범죄자들을 제대로 벌하지도, 범죄를 예방하지도 못합니다. 동시에 인터넷 도덕기준이 확립되지 않아서 네티즌에 대한 홍보와 교육이 부족합니다. 인터넷에서 다른 사용자의 권리를 침해하는 범죄자들, 예를 들어 해커나 바이러스 개발자들을 '컴퓨터 천재'로 우상화하기도 합니다. 이것은 우리 사회에 절대 존재해서는 안 되는 잘못된 생각입니다."

실제로 인터넷 범죄는 현실 사회의 안정을 깨뜨리고 인터넷의 건강한 발전을 저해한다. 그러므로 인터넷 기업들은 법률적 수단을 충분히 이용해서 관리를 강화하는 등 효과적으로 인터넷 질서를 보호해야 한다.

2007년 1월 8일, 텐센트는 유명한 인터넷 서비스 업체인 넷이즈, 킹소프트Kingsoft, 성다, 주청九城과 '반 인터넷 사기행위 연맹'의 성명을 공동 발표했다. 그들은 이 성명에서 인터넷 범죄행위를 근절하고 사용자의 사이버재산에 대한 보호를 강화하기 위해 한층 더 엄격한 법률과 처벌을 도입할 것을 주장했다. 또한 다른 기업들도 적극적인 태도와 혁신적인 정신으로 치졸한 사이버범죄와 전쟁을 벌여야 한다고 강조했다.

현재 텐센트는 경영의 무게중심을 '인터넷 보안, 안정화, 품질 확보'에 두었다. 특히 마화텅은 보안을 최우선과제로 생각하고 있다. 이에 텐센트는 킹소프트 등 중국 최고의 안티바이러스 솔루션 업체와 손을 잡고 'QQ보안센터'를 공동설립했다. 그리고 관련 정부부처와 공동으로 인터넷 사용자의 이익을 침해하는 불법사이트 및 광고업체를 적발하고 가능한 모든 제재를 가하고 있다. 또한 안정화와 관련해서 백업 시스템을 개선해 서비스 품질의 신뢰성을 보장했다. 이 외에 사이버범죄 예방 및 근절을 위해 '24시간 감시센터'를 운영해 이상현상이 발견되는 즉시 조치를 취하고 있다.

현재 텐센트는 사용자 스스로 안전의식을 높이고, 적극적으로 방어할 수 있도록 사이버교육 서비스 'QQ 안전셀프 클래스'를 운영 중이다. 이 서비스는 인터넷에서 발생하는 다양한 유형의 범죄 및 이에 적합한 대응과 신고방법을 제시하고, 재미있는 만화로 누구나 쉽게 이해하고 적용할 수 있게 했다.

사용자들은 'QQ 안전셀프 클래스'를 통해서 어떻게 사기를 당하고, 바이러스에 감염되는지 알 수 있으며 예방방법을 익힐 수 있다. 텐센트가 사용자의 안전한 인터넷 생활을 위해 어떠한 노력을 하고, 실제적인 조치를 취하는지도 알 수 있다. 특히 인터넷을 갓 시작한 사람이라면 자신과 재산을 보호하는 방법을 얻을 수 있기 때문에 상당히 유익하다.

'3Q대전'의 발발

2010년 춘제春節는 예년과 다를 바 없는 중국 최대의 명절이었다. 하지만 인터넷 보안 소프트웨어 업체인 '치후360奇虎360'의 직원들은 이때를 결코 잊지 못한다. 춘제 전날, 텐센트는 새로운 QQ 업그레이드 버전을 새로 배포하면서 특별한 고지 없이 그 안에 'QQ닥터'를 끼워 넣었다. 이로써 사용자의 컴퓨터 대부분에 QQ닥터가 설치되었다.

치후360의 입장에서 텐센트가 보안 관련 소프트웨어를 출시한 것이 그리 크게 놀랄 일은 아니었다. 왜냐하면 이미 텐센트는 인터넷의 거의 모든 분야에 구석구석 손을 뻗고 있었기 때문이다. 다만 생각보다 시기가 빨랐을 뿐이었다. 당시 치후360은 보안 소프트웨어를 무료로 배포하는 획기적인 마케팅으로 업계의 역사를 다시 쓰며 회사의 이름을 조금씩 알리는 중이었다. 하지만 그래봤자 텐센트에 비해서는 이제 막 걸음마를 시작한 것에 불과했다.

2010년 1월에 텐센트의 시장가치는 이미 400억 달러를 넘어섰다. 한때는 야후와 이베이를 앞서 전 세계 인터넷 기업순위에서 구글의 뒤를 이어 2위를 차지하기도 했다. 연수입은 수백 억 인민폐를 넘었으며 6억 명의 사용자 및 중국 최대의 클라이언트를 보유하고 있었다. 반면에 치후360은 갓 창업했을 때의 텐센트와 비슷한 수준으로 이제 겨우 한 발씩 어렵게 다지는 중이었다.

사실 이 일은 뭐 그리 크게 확대될 일이 아니었다. 그런데 2010년 5월, QQ닥터가 갑자기 'QQ컴퓨터관리사'로 명칭을 바꾸고 그 기능이 치후360의 '360안전가드'와 상당히 유사해지면서 문제가 생겼다. 같은 해 9월 추석 즈음에 텐센트는 세 번째 공세를 시작했다. 바로 2선, 3선 도시에까지 특별한 고지 없이 QQ 설치 프로그램에 'QQ컴퓨터관리사'를 끼워 넣은 것이다.

마화텅이 'QQ컴퓨터관리사'와 QQ를 함께 묶어 배포한 전략은 매우 효과적이었다. 치후360은 텐센트의 행보를 보고 두려움에 휩싸이기 시작했다. 이

전에 텐센트가 'QQ농장'을 내놓아서 이전에 전 국민적인 인기를 끌던 '즐거운 야채서리' 게임이 무너졌고, 'QQ바둑'으로 인해 '다 같이 바둑을'이 흔적도 없이 사라진 것을 똑똑히 기억했기 때문이다. 그렇다면 이제 치후360의 '360안전가드'도 같은 운명을 맞지 않겠는가? 치후360은 앉아서 당하느니 적극적으로 대응하기로 했다.

9월 27일, 치후360은 자사의 '프라이버시 보호기'로 메신저 프로그램의 사용자 정보침해 여부를 조사한 결과, QQ의 침해 행위가 의심된다고 발표했다. 텐센트는 펄쩍 뛰며 관련 내용을 강력하게 부인했고, 오히려 치후360의 검색기가 정당하지 않은 방법으로 사업을 확장하고 있다고 반격했다.

치후360은 살아남기 위해서 텐센트에 시장을 빼앗기지 않으려고 안간힘을 썼다. 그들은 텐센트가 따라 할 수 없는 제품을 개발하기로 결정하고, 9월 말에 '코코보디가드'라는 소프트웨어를 출시하며 '끼워 팔기 아웃', '더 이상 QQ 광고를 보지 않아도 됩니다' 등의 광고문구로 공격적인 마케팅을 했다. 실제로 이 소프트웨어는 사용자가 QQ의 광고를 차단할 수 있는 기능이 있었다. 이 기능은 텐센트 비즈니스 모델의 기본을 건드린 것과 같았다.

11월 3일, 텐센트는 '수많은 QQ 사용자에게 드리는 글'을 발표했다. 간단하게 말해서 치후360의 소프트웨어를 사용할 거면 QQ를 삭제하고, QQ를 계속 사용할 거면 치후360의 소프트웨어를 삭제하라는 내용이었다. 무시무시한 '3Q대전'의 발발을 알리는 신호탄이었다. 3Q대전이란 치후360의 '3'과 텐센트 QQ의 'Q'에서 따온 명칭으로 중국 IT업계 최고의 전쟁이었다.

이처럼 텐센트가 '양자택일'을 요구하자 사용자 대부분은 치후360을 삭제하는 쪽을 선택했다. 안티바이러스 소프트웨어는 다른 것도 많지만 메신저는 편리성과 습관 때문에 QQ를 버릴 수 없었기 때문이다.

텐센트가 '양자택일'을 발표하고 하룻밤 사이에 4,000만 명이 넘는 사용자가 그동안 컴퓨터를 보호해주던 '360안전가드'를 삭제했다. 이제 '360안전가드'가 설치된 컴퓨터는 2억 대에도 못 미쳤다. 작은 펭귄의 힘은 실로 대단했다. 이것은 텐센트가 말 한마디로 치후360을 다시 일어서지 못할 정도로 깔아뭉갠 셈이었다. 물론 사용자 중 일부는 "그동안 '360안전가드'가 컴퓨터를 여러 차례 보호해주었는데, 이제는 내가 보호하겠어!"라며 텐센트를 비난했지만 결국 치후360은 버티지 못하고 11월 4일에 팝업창을 띄워 '코코보디가드' 전량 회수 계획을 발표했다.

11월 21일, 중국 공신부 工信部 가 공식적으로 '3Q대전'에 개입했다. 얼마 후 관련 정부기관의 조정을 통해 텐센트와 치후360은 공개 사과문을 발표하고, 앞으로 QQ와 '360안전가드'를 함께 사용할 수 있도록 하는 데 약속했다.

치후360처럼 창업한 지 얼마 되지 않은 기업이 보기에 텐센트는 마치 하늘을 떠받치는 기둥인 '불주산 不周山'과 같은 존재였다. 하지만 업계에서 물러났으면 물러났지 발전과정 중에 피할 수는 없었다. 텐센트는 거대한 사용자 집단을 대상으로 소프트웨어를 홍보하고, '끼워 팔기'까지 가능한 기업이었다. 이것은 인터넷 산업에서 흔히 볼 수 있는 일이었다.

조금의 틈도 보이지 않고 업계를 좌지우지하려는 마화텅이 다소 무정해보일 수도 있다. 그러나 이런 지위와 영향력은 수차례 고난과 시련을 겪으면서 이룬 것을 인정해야 한다. 기업가는 어느 정도의 성공을 이루었을 때만 또 다른 비즈니스 행위를 도모할 수 있으며 이는 크게 비난할 바가 못 된다.

'3Q대전'에는 '법적 분쟁'도 있었다. 2010년 10월 14일, 텐센트는 '프라이버시 보호기'가 자사의 권리를 침해했다며 치후360을 불공정경쟁 혐의로 고소했다. 2011년 4월, 법원은 치후360에게 텐센트에 40만 위안을 배상하라고 판결했다. 2011년 6월, 텐센트가 이번에는 '코코보디가드'를 문제 삼아 다시 한번 치후360을 고소했다. 이번에도 법원은 치후360에게 텐센트에 500만 위안을 배상하라고 판결했다. 2011년 10월에는 치후360이 시장지배 지위남용 혐의로 텐센트를 고소했지만 결과는 역시 치후360의 패배였다. 치후360은 결국 소송비용 전체를 부담해야 했다.

중국 인터넷 업계에서 최초로 벌어진 기업 간 분쟁이었던 3Q대전은 4년 만에 막을 내렸다. 이 세 차례에 걸친 법정싸움은 업계, 사용자, 법조계까지 모두 관심을 보이며 한동안 계속 회자되었다. 이 일은 중국 인터넷 기업의 혁신 정신을 자극했고, 중국의 경제개방과 공정한 경쟁환경 형성, 나아가 창업가의 생존환경과 성장전략에까지 영향을 미쳤다.

업계 내부에서는 '3Q대전'은 결과보다 과정에 중요한 의미가 있다고 본다. 치후360은 생존을 위해 업계의 일인자를 상대로 긴 시간 도전하고 항쟁했다. 만약 치후360과 텐센트의 정면충돌이 없었다면 마화텅은 아마 계속해서 '모방과 끼워 팔기'라는 전략을 택했을 것이다. 다행히 텐센트는 '3Q대전'를 통해 수많은 사용자의 목소리를 듣게 되었고, 즉각 기존의 전략을 수정했다.

그런 의미에서 '3Q대전'은 공정경쟁 환경을 조성하고, 인터넷 업계가 혁신이라는 본질로 회귀하도록 만들었다는 데서 긍정적인 의의를 찾을 수 있다.

03

핑크 다이아몬드 시대
"사랑받고 또 사랑받으리"

5
최고가 된
펭귄

몬터넷으로 모바일을 시작하다

마화텅은 텐센트를 이끌고 황금을 캐내는 데 마침내 성공했다. 그 과정에서
자신의 능력과 예민한 감각을 발휘해 성공을 거두기도 했지만 시기와 환경의
수혜를 입은 경우도 꽤 있었다. 대표적인 예가 차이나모바일의 무선 인터넷
서비스인 '몬터넷'이다.

몬터넷이 무엇인지 알려면 우선 SP에 대해 알아야 한다. SP는 '서비스 프로
바이더Service Provider'의 약자로 모바일 인터넷 및 콘텐츠 앱 서비스를 제공
하는 업체를 말한다. 이들은 사용자의 수요개발을 토대로 휴대폰 사용자들에
게 적합한 서비스를 제공한다.

모바일 인터넷 초기에 SP는 크게 두 가지 유형으로 나눌 수 있었다. 하나는 포털형 SP다. 이것은 포털사이트가 제공하는 SMS 서비스로 유명 포털사이트들은 벨소리, 이미지, 뉴스, 게임 등의 콘텐츠까지 포함했다. 다른 하나는 전문형 SP로 SMS 전문업체가 제공한다. 콘텐츠 자체는 포털형 SP와 상당히 유사하지만 구체적으로 보면 더 새로운 기술과 창의적인 서비스를 제공했다.

사실 이 두 가지 외에 유형이 한 가지 더 있었는데 바로 특화형 SP다. 텐센트가 특화형 SP의 대표적인 예라고 할 수 있다. 텐센트는 기존의 SMS 업체와 달리 이미지, 벨소리, 게임 등의 사업은 하지 않았다. 대신 주요 에너지를 가장 경쟁력 있는 QQ 메시징 서비스에 집중했다. 이때는 통신업체의 주요 업무 중 하나가 SMS였다.

2000년 4월, QQ 사용자가 500만의 관문을 뚫었다. 다음 달인 5월에는 동시 접속자 수가 10만을 넘었으며, 6월이 되자 폭발적인 속도로 사용자가 총 1,000만으로 불어났다.

2000년 8월에는 인터넷 버블이 꺼지면서 많은 포털사이트가 무너졌다. 간신히 살아남은 몇몇 사이트도 목숨만 부지할 뿐 제대로 일어서지 못하는 상황이었다. 이처럼 업계 사방에서 장송곡이 울려퍼졌지만 마화텅은 차이나모바일 산하의 광둥모바일과 협약을 맺고 새로운 사업을 펼쳤다.

몬터넷은 새로운 수익창출 모델로 고심하던 마화텅을 구해낸 것과 다름없었다. 수많은 콘텐츠 서비스 업체와의 치열한 경쟁 속에서 마화텅은 '모바일 QQ'로 유리한 고지에 올라섰다. '모바일 QQ'는 모바일 통신업체의 GSM, SMS, WAP 시스템과 텐센트의 QQ 시스템을 연계해 휴대폰 사용자들이 인터넷 QQ 사용자와 메시지를 주고받을 수 있게 하는 사업이었다. 모바일 QQ 는 최초의 3G 상품이었다고 할 수 있다. 수익은 통신업체가 20%, SP가 80% 씩 나눠 가졌다.

텐센트는 2001년에 중국의 모든 성省과 시의 모바일 통신업체와 협약을 맺는 데 성공했다. 마화텅은 텐센트의 첫 번째 흑자모델이 무선 부가서비스 사업이었는데 그중 주로 모바일 QQ가 효자 노릇을 했다고 말한 바 있다.

사실 차이나모바일에서도 '몬터넷'이라는 혁신적인 모바일 인터넷 서비스 가 기존의 인터넷 기업들을 구원할 거라고 생각하지 않았다. 하지만 2001년 말, 500개가 넘는 무선 콘텐츠 제공 업체가 몬터넷에 들어왔다. 이렇게 보면 중국 인터넷에서 처음 큰돈을 벌어들인 것은 바로 '몬터넷'을 기반으로 한 사 업이었다고 할 수 있다.

유명한 포털사이트인 소후닷컴은 2002년 1월부터 3월 사이에 SMS 사업 에서 벌어들인 돈으로 사업수익을 10만 위안에서 100만 위안까지 크게 끌어 올렸다. 이는 상장 후에 처음 발견한 한 줄기 빛과도 같았다. 네티즌들이 '무 료'에 익숙했기 때문에 자료와 정보제공, 이메일, 검색 등으로는 수입을 거의 올릴 수 없던 터였다. 소후닷컴뿐 아니라 넷이즈나 시나도 마찬가지였다.

모바일 QQ를 시작한 첫날부터 마화텅은 곧 연구에 착수해 사용자 경험을 계속해서 개선하고자 했다. 2002년 11월, 제3차 '서호논검'에 참석한 마화텅 은 모바일 QQ의 발전 전망에 대해 이렇게 말했다.

"텐센트는 이제 막 차이나모바일과 MMS 서비스를 시작했습니다. 생동감 있는 컬러 이미지가 휴대폰으로 발송 및 수신될 수 있는 거죠. 앞으로도 텐센트는 계속해서 더욱 특징적인 서비스를 제공할 것입니다. 궁극적으로 휴대폰과 컴퓨터 사이의 경계가 사라지도록 만들 것입니다. 그러려면 소통 방식이 더욱 다양화되어야 합니다. 이제 SMS, MMS, 모바일 QQ는 몬터넷의 핵심 역량이 되었습니다. 몬터넷 사업의 거의 7할을 담당하고 있죠"

2003년이 되면서 마화텅은 모바일 사업 부문과 부가서비스 시장에서 텐센트에 가장 알맞은 흑자 모델을 찾았다고 생각했다. 이후로 그는 계속해서 연구와 개발에 박차를 가해 통신, 엔터테인먼트, 친구 사귀기, 게임 등의 방면에서 총 20개 종류의 사업을 펼쳤다. 나중에 차이나모바일이 '동감지대動感地帶, M-Zone'라는 브랜드로 모바일 인터넷 서비스를 시작하면서 텐센트의 모바일 사업도 새로운 방향을 찾았다.

그런데 초기에 모바일 사업은 제대로 된 규범이 없고, 통신업체의 입김이 거셌기 때문에 몇몇 위험상황이 발생할 소지가 있었다. 실제로 마화텅은 한동안 일부러 모바일 사업의 발전을 제한했다. 이야기는 이러하다. 통신업체는 2004년부터 모바일 부가서비스 중 자신들의 기준에 부합하지 않는 부분을 관리감독했다. 실제로 몇 가지 수단으로 제재가 시행되자 대형 인터넷 기업들의 사업확장이 차질을 빚기도 했다. 통신업체들은 메시징 서비스뿐 아니라 더 많은 부가서비스를 제공해 모바일 인터넷을 더 키우고자 했다. 텐센트 같은 기업은 통신업체와의 관계에서 '을'의 입장이다 보니 발언권이 거의 없었다. 할 수 있는 일이라고는 끊임없이 접촉해 소통하는 것뿐이었다.

상대가 자신을 억누르려고 할 때는 너무 많은 이익을 보려고 해서는 안 된다. 몇 차례 통신업체와 이야기를 나눈 마화텅은 결국 '게임사업 부문'을 강화하겠다는 내용을 발표했다. 물론 그동안 집중해오던 메시징 사업을 포기한 것은 아니었지만 결국 텐센트도 점점 모바일 사업의 중심을 부가서비스 쪽으로 옮기면서 콘텐츠 제공업체 SP의 역할을 더 많이 담당하게 되었다. 그 과정이 좋았든 좋지 않았든 모바일 QQ가 많은 수익을 안겨준 것은 사실이다. 나중에는 회사 전체에서 거둔 이윤의 절반을 차지할 정도였다. 뿐만 아니라 차이나모바일 역시 모바일 QQ로 데이터 부가서비스 사업의 수준을 높였다.

차이나모바일은 '모바일 정보 전문 업체'로 거듭나면서 자체적으로 SMS 프로그램인 페이신 飛信 을 출시했다. 모바일 QQ와 경쟁하는 모양새가 되었지만 중국 모바일 업계의 '최강자'인 차이나모바일이 내놓았음에도 페이신의 사용자는 당황스러울 정도로 적었다. 체면을 구긴 차이나모바일은 페이신과 모바일 QQ의 상호접속을 제안해왔다. 이 제안은 마화텅의 흥미를 전혀 끌지 못했다. 이미 텐센트의 모바일 QQ가 시장의 60% 이상을 차지하고 있는데 무엇 때문에 700만 사용자를 페이신과 나누겠는가?

2006년 12월 29일, 업계 인사들이 전혀 예상하지 못한 일이 일어났다. 이날 텐센트는 홍콩에서 뜻밖에도 차이나모바일과 손잡고 '페이신 QQ'를 개발해 모바일 QQ 사용자들이 페이신으로 넘어갈 수 있도록 하겠다고 발표했다. 두 회사는 이후 반년이 넘게 접촉하며 관련 협의를 진행했다.

2008년, 페이신 QQ의 사용자가 마침내 1,000만 명을 넘어섰다. 그동안 차이나모바일은 사용자 수를 증가시키고 서비스 경험을 쌓기 위해 계속 텐센트와 합작했지만 페이신의 발전 속도가 점점 빨라지면서 모바일 메신저 분야에서 차이나모바일의 시장점유율이 텐센트를 위협할 정도가 되었다. 깜짝 놀란 텐센트는 통신업계의 최강자에게 시장을 빼앗기지 않기 위해 새로운 시장을 개척했다. 몇 년 지나지 않아 텐센트는 통신업계의 지각변동을 일으킬 만한 상품을 출시했다. 바로 위챗이다.

위챗의 성공

2011년 1월 21일에 처음 선보인 위챗we chat은 스마트 기기 전용 메신저 프로그램이다. 대부분의 스마트 기기 애플리케이션과 마찬가지로 통신업체와 기기의 컨트롤 시스템을 넘어서 무선 인터넷을 통해 빠른 속도로 정보를 송수신한다. 위챗은 데이터 소모가 적으며 흔들기나 드리프트 보틀 등의 재미있는 서비스 플러그인이 포함되어 사용자들을 매료시켰다.

위챗은 나오자마자 수많은 모바일 기기 사용자들의 주목을 받았으며, 빠른 속도로 성장하더니 2012년 3월 29일에 사용자 수 1억을 돌파했다. 출시 433일 만의 쾌거였다!

사용자들은 위챗의 음성메시지 기능을 사용하면 스마트폰이 마치 소형 무전기처럼 변신하는 것에 열광했다. 하지만 좋아하는 사람만 있는 것은 아니었다. 통신업체들은 안 그래도 SMS와 MMS 사업이 서산에 지는 해 같은 마당에 설상가상으로 위챗이 나타나 음성통화까지 위협하니 어쩔 줄을 몰랐다. 그들에게 위챗은 정말 거대한 충격이었다.

오늘날 위챗은 모바일 메신저 업계에서 사용자 수 4억을 자랑하는 '최강자'로 자리 잡았다. 모바일 인터넷 업계에서 성공을 꿈꾸는 창업자들에게 위챗은 앞을 가로막은 커다란 산과 같은 존재다. 아마 시장에서 정면으로 맞닥뜨린다면 감히 쳐다보지도 못하고 납작 엎드려야 할 것이다.

사실 위챗이 처음 출현했을 때만 해도 사람들은 모바일용 '친구 사귀기' 도구 정도로만 생각했으며 실제로도 그러했다. 위챗에 각종 콘텐츠를 제공하는 창업가들이 들어와 정보를 제공하고 이곳을 성공의 발판으로 삼으면서 마치 작은 불씨가 큰 산을 태우는 것과 같이 크게 발전하기 시작했다. 위챗은 웨이보微博에 비견할 만한 엄청난 성공을 거두었다. 심지어 웨이보 사용자 중 상당수가 위챗으로 넘어오기도 했다.

웨이보와 비교했을 때 위챗은 발전 가능성과 상품가치가 훨씬 크다. 모바일 인터넷은 사람들이 일상에서 짧게 끊어진 자투리 시간을 알차게 이용할 수 있도록 만들어졌다. 현대인은 일과 생활의 리듬이 무척 빠르며, 아마 앞으로는 더 빨라질 것이다. 컴퓨터 앞에 앉아 한가롭게 자료와 정보를 검색할 시간이 없다. 위챗은 그러한 사용자의 환경에 맞춰져 버스를 기다리는 동안 무료한 시간을 유익하게 즐겁게 보낼 수 있다. 위챗은 사용자의 생활 파트너가 되어 그들의 생활 방식을 바꾸었고 오늘날 중국에서는 컴퓨터에서 웨이보를 삭제하고 오로지 휴대폰으로 위챗을 하는 이들도 많다.

웨이보가 일반 방송이라면 위챗은 일종의 '요약 방송'이다. 위챗은 대중이 진짜 원하는 정보와 자료를 더 정확하게 알려준다. 컴퓨터든 모바일 기기든 사람들이 인터넷에서 원하는 것은 하나, 바로 정보다. 현대사회는 정보가 거의 '폭격' 수준으로 쏟아지고 있어 문제가 되고 있다. 오늘날 사람들이 진정 원하는 것은 단순히 많은 양의 정보가 아니라 '가치 있는 정보를 찾을 수 있는 시간과 에너지'다. 이에 착안한 위챗은 정보구독 기능을 더해 사용자와 그에 어울리는 콘텐츠를 정확히 매칭시켜 대중의 정보수요를 충족시켰다. 정보구독 기능이 위챗만의 독창적인 방식은 아니지만 PC 시대의 이메일 구독은 이미 쇠락한 지 오래고, 사람들은 언제 어디서든 필요한 정보를 얻을 수 있는 도구와 수단을 원했다.

위챗은 창업가, 스타트업 기업들을 받아들여 그들이 사용자를 위해 다양한 상품과 콘텐츠를 제공하는 장이 되었다. 이처럼 위챗이 폐쇄에서 개방으로 형식을 전환하자 애플리케이션 제작자들은 다가올 변화에 왠지 모를 공포를 느꼈다. 사실 마화텅은 '3Q대전' 이후 '개방'을 텐센트의 발전기조로 삼아왔다. 그가 말하는 개방은 절대적 의미라기보다 관용적인 마음가짐으로 플랫폼을 건립해 인터넷 내부에 흩어진 각종 요소를 유기적으로 결합한다는 의미다.

위챗에 비해 전문적이고 풍부한 자료와 정보를 제공하는 강력한 서비스도 많다. 예를 들어 넷이즈 뉴스나 뒤칸웨두 多看閱讀 등이 대표적이다. 이런 것들은 모두 기존의 유선 인터넷 콘텐츠가 모바일 기기로 연장된 형태일 뿐, 창업가들과는 아무 관계가 없다. 반면에 위챗은 모바일 메신저일 뿐만 아니라 4억에 달하는 사용자를 보유한 '모바일 집합 플랫폼'이라고 할 수 있다. 개인이든 기업이든 제공하는 내용이 독창적이고 풍부하다면 위챗 안에서 많은 팬을 거느리고 유명세를 누릴 수 있다. 한마디로 위챗은 산해진미가 차려진 식탁에 비유할 수 있다. 만약 사용자가 이 요리들에 만족하지 못하면 전부 없애고 다시 차릴 수도 있다. 위챗이 현재의 애플리케이션 중 절반 이상을 사라지게 만들 거라고 예측하는 사람도 있다.

멀지 않은 미래에 위챗은 더 많은 콘텐츠를 받아들여서 사용자들이 그 안에서 먹고 마시고 즐길 수 있도록 만들 것이다. 또한 더 다양하고 전문적으로 각 사용자에게 적합한 맞춤형 콘텐츠를 제공할 것으로 보인다. 텐센트가 아직 구글 글래스Google Glass 같은 상품을 내놓지는 못했지만 마화텅의 머릿속에는 분명히 진화된 형태의 'Q봇'이 있을 것이다. 앞으로 위챗, QQ, Q봇이 결합한다면 어떻게 될까? 그것이 만들어내는 거대한 영향력은 마화텅 본인조차도 예상하기 어려울 것이다.

위챗이 영원히 성장세를 유지하며 선두에 설 것이라는 의미는 아니다. 도무지 아래로 내려올 기미가 보이지 않던 블로그, QQ, 웨이보도 이미 과거의 이야기가 되지 않았나? 컴퓨터의 QQ 메신저로 이야기를 나누던 시절을 떠올려 보자. 사람이 정보를 얻을 수 있는 시간과 에너지는 한계가 있다. 당신의 QQ 친구가 열 명 남짓이고 참여하는 QQ 그룹도 그 정도밖에 되지 않았다면 정보를 얻기 위해 적극적으로 사람을 찾고 이야기를 나누었을 것이다. 하지만 수백 명씩 참여한 QQ 그룹이 100여 개에 달한다면 그에 일일이 대응할 수 없기에 대부분 자신의 상태를 '자리 비움' 혹은 '바쁨'으로 해놓을 것이다. 많은 QQ 그룹이 문을 닫은 것도 비슷한 이유다.

위챗도 비슷하다. 열 개가 넘는 위챗 공개모임에 '관심'을 표한 사용자는 온종일 휴대폰 알림에 시달린다. 이 때문에 사용자는 일과 생활에 집중하지 못하고 심지어 불안감을 느낄 수도 있다. 알림을 꺼놓을 수는 있지만 이는 정보 과잉으로 사용자가 겪는 괴로움을 근본적으로 해결할 수는 없다. 한 사용자가 '관심'을 보이는 공개모임이 평균 15개이고 각 모임이 하루에 하나의 정보를 '푸시'한다고 하면 4억 명의 위챗 사용자들은 매일 적어도 총 60억 개의 정보를 주고받는 셈이다. 이러한 엄청난 파급력 때문에 창업자들은 위챗 플랫폼 안으로 들어와 자신의 꿈을 실현하고자 한다. 품질이 뛰어난 상품과 좋은 정보를 푸시하는 것만으로 성공할 수 있기 때문이다.

마화텅은 화웨이, 중싱, 하이얼海爾 등 중국의 유명 기업들이 이미 '저우추취 走出去'(해외진출)를 실현했으나 인터넷 기업들은 세계화에 성공하지 못했다고 여겼다. 그는 이 문제에 관해 다음과 같이 말한 적이 있다.

"과거 중국의 인터넷 사업모델은 대부분 미국을 모방해 들여온 것이어서 저우추취의 가능성이 낮았습니다. 그런데 모바일 인터넷의 파도가 몰려왔을 때 해외 인터넷 강자들은 오히려 준비를 게을리했어요. 게다가 기존의 PC나 웹 서비스 사업에서 생긴 습관이 모바일 사업추진을 방해하는 현상이 생겼죠. 이 때문에 그들은 획기적인 모바일 전용 상품을 내놓기가 어려워요. 현재 모바일 인터넷과 휴대폰 기술 발전은 아시아가 서방보다 빠릅니다. 이것은 중국 인터넷 기업에 천재일우의 기회라고 할 수 있습니다."

위챗은 본격적인 미국 진출에 앞서 홍콩, 대만 및 동남아시아 국가에서 먼저 성공 가능성을 타진해 보았다. 위챗은 대규모 광고와 스타 마케팅을 벌여 인지도를 높이고 사용자군을 형성하는 데 성공했다. 미국에서는 상황이 낙관적이지 않았다. 위챗은 미국에서 이제 막 시작하는 수준이며 사용자도 유학생 등의 중국인뿐이다. 현재로서는 미국 진출 성공 여부가 불확실하다.

위챗은 마화텅의 세계화 구상 중에 가장 믿을 만한 무기다. 그는 위챗의 수준과 혁신의 속도가 이미 유럽이나 미국의 상품을 넘어섰다고 생각한다. 개방적인 플랫폼, 창업 비즈니스 모델의 접목, 친구 그룹의 활성화 등은 모두 여타 상품들과 구분되는 텐센트만의 독창적인 아이디어라고 할 수 있다.

위챗이 크고 빠르게 발전하면서 통신업체가 제공하는 SMS, MMS 같은 전통적인 방식의 서비스는 큰 타격을 입었다. 이런 상황은 곧 '위챗 유료화 소동'으로 이어졌다.

2013년 2월 말부터 통신업체가 위챗에 비용을 물린다는 루머가 업계를 뒤흔들어 놓았다. 3월 31일, 안 그래도 뒤숭숭한 분위기를 중국 공신부 부장 먀오웨이苗圩까지 나서서 더 혼란스럽게 만들었다. 그가 '제2차 링난포럼嶺南論壇'에 참가해 "통신업체의 합리적인 요구를 지지한다"고 발언한 것이다. 그는 그 한마디가 수많은 네티즌의 반대와 성토의 목소리를 일으킬 거라고 생각도 못했을 것이다. 네티즌들은 위챗을 이용할 때 데이터 비용을 이미 지불하는데도 위챗을 유료화한다면 돈을 이중으로 쓰는 것이니 소비자의 이익을 침해하는 것과 마찬가지라고 주장했다.

2013년 4월 23일, 중국 공신부의 언론 대변인 장펑張峰이 궈신증권國新證券에서 열린 언론간담회에서 이 문제에 관해 언급했다. 그는 인터넷 및 모바일 통신분야에서 사업을 유료화하는 문제는 어느 한쪽에서 결정하는 것이 아니라 시장에서 결정되는 것이라고 말했다. 그리고 공신부는 "경영인이 시장의 요구에 따라 자주적으로 결정하는 것을 지지한다"고 밝혔다. 이로써 소동이 마무리되고, 업계는 다시 평온을 되찾았다.

'위챗 유료화 소동'은 텐센트 때문에 나날이 수입이 감소하는 통신업체들이 급한 마음에 내놓은 미봉책이었는데 수많은 중국 네티즌의 반감만 불러일으켰을 뿐이었다. 마화텅의 입장에서도 텐센트와 통신업체의 관계는 상당히 미묘했다. 그는 텐센트의 위챗이 통신업체의 SMS와 개념이 완전히 다른 상품으로 전통적인 방식의 서비스에 속하지 않는다고 생각했기에 앞으로도 텐센트와 통신업체는 협력할 뿐 경쟁하지 않는다고 보았다.

돈 찍어내는 기업

마화텅의 펭귄은 탄생하고도 몇 년 동안이나 '맨발로 밥을 먹으러 다니며' 힘들게 살다가 텐센트가 자금조달에 성공하면서 마침내 '가난한 집'을 벗어나 '부잣집 아이'가 되었다. 이후에도 이 작고 귀여운 펭귄은 많은 돈을 벌어들였으며 급기야는 돈을 '찍어내기'까지 했다. 바로 앞서 언급했던 Q머니이다. Q머니에 대해 더 자세히 살펴보자.

QB라고도 불리는 Q머니는 텐센트 계열 사이트에서 사용 가능한 사이버머니로 1 Q머니를 인민폐 1위안에 살 수 있으며, 텐센트 계열 전자상거래C2C 사이트인 '파이파이拍拍'에서는 10% 할인받아 구매할 수 있었다. Q머니는 QQ항에서 좋은 번호를 사거나 QQ멤버십 등의 서비스 비용을 지불할 때 주로 사용되었다.

Q머니는 2002년 5월에 처음 선보였다. QQ 사용자가 워낙 많기도 했고, 충전 방법도 매우 편리하다 보니 사용자들 사이에서 짧은 시간에 큰 인기를 끌었다. 그들은 Q머니로 각종 사이버상품을 구매하고, QQ 멤버십의 혜택을 누렸다. 얼마 후 Q머니는 중국 최고의 '유행 상품'이 되었다.

Q머니의 엄청난 인기는 인터넷 초기에 지불수단이 많지 않았던 것과 관련이 있다. 게임아이템을 사려면 직접 은행에 가서 송금해야 하는 불편함을 덜

고자 Q머니가 기존의 거래방식을 대체한 것이다. 사용자는 Q머니만 내고 편리하게 아이템을 구매하고, 텐센트는 벌어들인 Q머니를 다시 게이머에게 팔아 현금화했다.

그런데 2005년 즈음부터 Q머니가 QQ 밖에서 거래되는 이상현상이 포착되기 시작했다. 일부 네티즌이 Q머니를 게임아이템의 '현금등가물'이나 각종 웹서비스를 구매하는 '유통화폐'로 사용한 것이다. 심지어 Q머니를 팔아 인민폐로 바꾸는 사람도 생겨났다. 몇몇 중소형 포럼이 운영자의 보수를 Q머니로 지급했는데, 이들이 Q머니를 팔아 인민폐를 취한 것이 대표적인 예다.

이런 현상이 계속되자 일부 금융전문가들이 우려의 목소리를 내기 시작했다. 학자들은 Q머니의 존재가 중국의 금융질서 전체에 충격을 줄 수 있다고 지적했다. 공식 화폐인 인민폐는 '인민폐 관리 조례'에 근거해 유통량이 조절되는 반면, 사이버머니인 Q머니는 만들어내는 데 한계가 없는 점을 지적했다. Q머니를 인민폐와 마찬가지로 사용하는 행위는 현실의 금융질서에 악영향을 미칠 거라고 경고했다. 또 앞서 사례에서 본 것처럼 일부 도박성을 띤 QQ 게임머니와 Q머니의 상호교환이 자유롭다 보니 Q머니가 '검은 돈'의 성격을 띠게 된 것도 문제였다.

Q머니가 한 계정에서 다른 계정으로 넘어가는 구체적인 과정은 이러했다. 우선 판매자가 Q머니를 게임머니로 전환한 다음 구매자와 게임을 하고 '일부러' 져주는 방식으로 게임머니를 넘겼다. 구매자가 그 게임머니를 다시 Q머니로 전환해 계정 이동이 완성되었다. 이에 마화텅은 Q머니와 계정을 하나로 묶어 관리하라고 지시했지만 아무리 애를 써도 Q머니 거래를 뿌리 뽑지는 못

했다.

이런 Q머니는 대체 어디서 나온 것일까? 게임아이템과 바꾼 Q머니를 제외하면 대부분 '정보도둑'들이 해킹으로 갈취한 것이었다. 이들은 트로이목마 바이러스 같은 것을 이용해 사용자 개인의 QQ계정을 해킹해 Q머니를 빼냈다. 하룻밤 사이에 수천 Q머니를 가져가는 사람도 있었다. 기가 막힌 것은 이런 해킹에 무슨 대단한 기술이 필요한 것이 아니라 아주 간단한 프로그램으로 몇 가지 조작만 하면 쉽게 이루어진다는 것이었다.

노골적인 범죄행위 외에 '비교적 합법적'으로 Q머니를 모으는 방법도 있었다. 아주 쉽게 전화 한 통만 하면 되는데, 회사 사무실 전화로 텐센트의 자동음성서비스에 연결해 자신의 계정에 Q머니를 충전하고 이렇게 충전한 Q머니를 타오바오 같은 사이트에서 싼값에 팔아 현금화했다. 회사가 전화비로 비용을 지불하는 것이라 이런 행위는 회사의 돈을 개인이 편취하는 것이지만 표면적으로 잘 드러나지 않아서 법적인 제재를 받지 않았다. 텐센트의 자체 조사에 따르면 Q머니 판매자 중 대부분이 이런 방식으로 Q머니를 충전했다.

타오바오의 Q머니 판매자는 중국 전역의 성과 시에 널리 퍼져 있다. Q머니를 사용하는 사람이 워낙 많고, 텐센트를 신뢰하다 보니 사용자들은 큰 걱정 없이 Q머니를 거래해왔다. 이들은 사들인 Q머니를 어디에 쓰는 것일까?

한 네티즌은 100 Q머니로 하드디스크 장비를 샀다고 한다. 이 밖에도 Q머니는 여러 포럼의 누적 포인트가 될 수 있고, 필요한 물건을 사는 데도 쓰이며, 웹 광고비용으로도 지불되었다. 선풍적인 인기를 끌었던 가수 선발 프로그램 '차오뉘超女'의 경우 시청자들에게 Q머니만큼의 투표권을 주었는데 파이널

라운드가 있던 날, 열광적인 팬들은 좋아하는 가수를 응원하기 위해 타오바오에서 Q머니를 대량 구매해 투표했다. 당시 타오바오 판매자들은 Q머니를 40%, 많게는 60%나 할인해 판매하고 있었다. 조사에 따르면 그날 하루에만 50만 위안이 넘는 Q머니가 거래되었다고 한다.

네티즌들은 금융전문가들의 우려에 대해 '일부러 겁주는 소리'라고 생각했다. Q머니가 현실에서 인민폐와 동일하게 사용되지 않을뿐더러 Q머니 거래에는 일종의 '신뢰'의 문제가 엮여 있기 때문이다. 즉 거래에 참여한 양측 중 한쪽이 인터넷 거래의 위험부담을 안아야 한다는 의미다. 직접 만나서 거래하는 것이 아니라면 판매자와 구매자 쌍방이 모두 믿을 만한 '중개 사이트'를 찾아야 한다. 예를 들어 게임아이템과 Q머니를 교환한다고 하자. 양측은 이 두 가지를 직접 전달하지 않고 '중개 사이트'에 넘긴다. 그러면 중개 사이트가 게임아이템과 Q머니를 정확하게 전달하는 것이다.

이러한 중개 사이트에는 게이머들이 파는 아이템의 가격이 Q머니로 표기되어 있다. 이뿐 아니라 온라인 게임업체가 새로운 게임을 출시할 때도 내부 테스트 및 공식 계정에서 아이템의 가격을 Q머니로 표시했다. 이렇다 보니 게이머들은 Q머니를 더 싸게 많이 얻고자 했다. 물론 수백 혹은 수천 위안에 달하는 상품을 Q머니로 거래하는 일은 드물며 단가가 낮은 인터넷 상품에만 사용되었다.

이처럼 인기가 좋은 Q머니를 대체 얼마나 발행해야 할까? 텐센트가 그 숫자를 발표할 일은 결코 없을 것이다. 왜냐하면 그들도 도무지 예측할 수 없기 때문이다.

해커와 Q머니 판매자들로 인해 Q머니는 원래의 범위를 넘어 점점 더 넓게 유통되고 있다. 금융경제학의 정의에 따르면 화폐란 고정적으로 일반 등가물을 충당하는 특수상품이다. 중국에서는 인민폐가 국가가 발행 및 지정하는 유일한 화폐다. 그렇다면 Q머니는 인터넷이라는 가상세계에서 유통되는 '화폐'라고 할 수 있을까? 이 문제에 관해서는 전문가들 사이에서도 의견이 분분하다.

일부 전문가들은 Q머니가 가상세계의 화폐라고 할 수 없으며 그저 네티즌들끼리 인정하는 일종의 '상징'일 뿐이라고 본다. 그들은 Q머니가 인민폐에 영향을 주는 일은 근본적으로 불가능하다고 생각한다. Q머니 유통이 증가했다고 해서 인민폐를 더 많이 발행하지는 않기 때문이다. Q머니는 단지 사용자들이 구매하는 양을 기준으로 만들어지는 것일 뿐 국가의 금융시스템과는 아무런 관계가 없으니 유통량이든 법적인 위치든 비교할 상대도 안 된다는 논리다.

반면에 Q머니가 가상세계에서 이미 화폐의 경계선에 들어섰다고 주장하는 전문가들도 있다. 이들은 앞으로 텐센트의 해외진출과 발전 가능성을 따져봤을 때 Q머니가 '세계 화폐'의 역할을 하는 것도 충분히 가능하다고 본다.

Q머니가 정말로 제2의 인민폐가 되려면 다음과 같은 조건 세 가지가 필요하다. 인터넷 경제의 발전, 텐센트의 Q머니 발전모델 확정, 법률 규정 마련이다.

현재 중국의 많은 인터넷 기업이 자사 사이트에서 사용 가능한 사이버머니를 발행하고 있다. 그러나 관련 법규가 없고 국가의 관리감독이 소홀한 탓에 총발행량을 계산하는 것조차 불가능하다. 이 때문에 어떤 학자들은 인터넷 인플레이션이 일어나 네티즌의 이익을 침해하고, 결과적으로 인터넷 거래에 대한 신뢰가 하락할 것이라고 경고했다.

또 법조계에서는 국가 중앙은행인 인민은행 人民銀行 이 나서서 사이버머니와 거래상황을 주목해야 한다고 보았다. 이들은 사이버머니 발행 주체의 자격을 법으로 규정하고 관련 법안을 마련하는 것을 촉구했다. 예를 들어 발행 업체의 자산상황을 면밀하게 확인하고 자격 수준을 높여 아무나 사이버머니를 만들어낼 수 없도록 하자는 것이다. 또 심사보고제도를 실행해 사이버머니가 정상적인 궤도로 운영될 수 있도록 사이버머니와 인민폐의 상호교환을 막아야 한다고 보았다.

이와 관련해 마화텅은 Q머니가 게임머니와 상호전환될 수 없도록 관련 규정을 변경했다. 게임머니는 사용자가 Q머니로 아이템을 사면 증정되는 방식으로만 지급되도록 했다. 이로써 Q머니의 사용자 간 유통경로를 끊어놓겠다는 생각에서였다. 또한 마화텅은 인터넷에서 판매되는 Q머니가 대부분 해킹으로 얻어낸 것이므로 텐센트의 기술수준 및 보안장벽을 더욱 강화하도록 지시했다. Q머니 거래로 사이버세계의 질서를 어지럽히는 행위를 근절하겠다는 의지를 보인 것이다.

신나는 QQ 부가서비스

Q머니가 한창 논란의 대상이 되는 상황에서도 텐센트는 멈추지 않고 부가서비스 상품을 출시했다. 한계가 없는 인터넷에 매료된 네티즌들은 텐센트의

부가서비스에 열광했다. 마화텅은 이 기회를 놓치지 않고 다시 한번 기적을 창조했다.

사실 해외에서는 이전부터 인터넷 가상공간 사업에 대한 연구와 보도가 꾸준히 있었다. 하지만 외국의 언론들은 대체로 이런 종류의 부가서비스로 10억 달러 이상의 수입을 얻을 수 있는 완벽한 사업모델은 존재하지 않는다고 단언했다. 아마 그들은 머나먼 중국에서 마화텅이란 인물이 성공한 것을 상상조차 못했을 것이다.

QQ의 부가서비스 중 가장 인기 있는 것은 QQ쇼다. 사실 이것은 마화텅이 독창적으로 생각해낸 것이 아니다. 처음에는 넷이즈의 딩레이가 시작한 사업인데 아무래도 사용자 수가 QQ만큼 되지 않으니 도통 수익이 나지 않았다. 이때 마화텅은 딩레이에게 "우물을 절반 정도 팠는데 물이 나올 기미가 안 보이면 그만 파야 한다"고 조언했다.

2002년 어느 날, 텐센트 생산관리부장 쉬량許良이 시장조사를 위해 한국에 갔다. 그는 한국의 싸이월드에서 '아바타 꾸미기'가 큰 인기를 끄는 것을 발견했다. '아바타avatar'는 산스크리트어로 '분신'이라는 뜻이지만 인터넷에서는 가상이미지를 가리킨다. 미국의 공상과학 영화 〈아바타〉의 제목으로도 친숙한 단어다. 싸이월드의 사용자는 자신의 아바타의 헤어스타일, 의상, 장신구, 표정 등을 선택할 수 있었는데 기본으로 제공되는 몇 가지 외에는 모두 돈을 지불하고 구매하는 것이었다. 쉬량은 QQ 사용자에게 아바타를 이용해 정보를 전달하게 한다면 완전히 새로운 수익모델이 될 거라고 직감했다.

쉬량이 올린 QQ쇼 기획안을 받은 마화텅은 무척 마음에 들어 하며 가능성을 충분히 보았다. 이 부가서비스가 사용자의 감성을 자극해 아바타를 정말 자신의 모습으로 인식할 것이라고 생각했다. 사용자들은 타인의 눈에 비치는 자신의 이미지를 더 아름답게 만들어 존재감을 드러내고 싶어 할 것이기에 아바타 꾸미기는 좋은 수익모델이었다.

마화텅은 처음부터 QQ쇼의 성공을 확신했지만 텐센트 같은 대기업을 이끄는 사람으로서 무턱대고 결정할 수는 없는 노릇이었다. 맹목적으로 유행을 좇거나 끝없이 혁신만 부르짖는 것도 옳지 않았다. 그는 발전을 거듭해 성공을 이루려면 반드시 업계의 가장 좋은 사례를 먼저 연구하고 다시 그것을 뛰어넘는 무언가를 만들어야 한다고 생각했다. 이를 위해 마화텅은 여러 차례 조사와 회의를 반복하며 아이디어를 다듬어갔다. 또 그는 한국과 중국이 문화적으로 매우 유사하므로 유럽이나 미국에 비해 참고할 것이 훨씬 많다고 보고 한국 시장을 꾸준히 연구했다.

마화텅은 이에 대해 다음과 같이 설명했다.

"미국의 인터넷 기업들은 대부분 광고를 통해 수익을 얻습니다. 이런 수익모델은 중국에 맞지 않습니다. 한국도 마찬가지죠. 한국의 기업들은 광고 대신 부가서비스를 개발해 이윤을 창출합니다."

기업가로서 마화텅은 언제나 다양한 분야에 촉각을 곤두세우고 있다가 새로운 사물을 발견하면 지체하지 않고 즉시 테스트했다. 바로 이러한 태도가 그로 하여금 새로운 기적을 창조하도록 만들었다.

2003년 1월, QQ쇼가 정식으로 서비스를 시작했다. 마화텅은 QQ쇼가 '아바타 꾸미기'이므로 실세계에서의 사람들의 선호를 가상세계에도 끌어오고 싶었다. 이를테면 사람들은 브랜드를 선호하고, 어떤 브랜드의 옷을 입는지에 따라 그 사람의 성격과 태도, 개성까지 드러낼 수 있다는 점에 착안해 QQ쇼에 유명 브랜드의 옷을 들여놓기로 결정했다.

텐센트는 나이키 같은 세계적으로 유명한 기업과 접촉해 최신 스타일의 옷, 장신구 등을 받아와 QQ쇼 아이템으로 똑같이 만들어 사용자 아바타가 무료로 '입어볼 수 있도록' 했다. 최신 패션으로 유행의 선두에 서고 싶은 젊은 사용자들은 자신의 아바타에 너도 나도 신상품을 입혀 보았다. 이는 곧 최신 디자인을 제공한 기업들의 홍보 효과로 이어져 그들을 기쁘게 했다. 그는 QQ의 엄청난 사용자 수 덕분에 돈 한 푼 안 들이고 대기업들의 디자인을 얻을 수 있었다. 마화텅이 QQ쇼에 들어온 브랜드에 광고비를 받겠다고 했을 때도 흔쾌히 지불했다. 이렇게 QQ쇼는 마화텅에게 거대한 수익을 안겨주었다.

이 외에도 마화텅은 QQ쇼와 엔터테인먼트 사업을 결합해 상품을 개발했다. 2005년, 텐센트는 영화 〈무극無極〉 제작사와 손잡고 영화의 배역을 본뜬 아바타 시리즈를 출시했다. 마화텅은 인터넷이 중국인의 일상에 점점 더 깊이 파고들고 있으므로 사용자의 엔터테인먼트 분야에 대한 수요를 만족시키는 것도 무척 중요하다고 보았다. 그중에서 영상 분야는 가장 쉽게 접할 수 있고 효과도 컸다. 이전에도 마화텅은 QQ 사용자가 더 다양한 엔터테인먼트를 즐길 수 있도록 'QQ 사계절 즐겁게' 시리즈 이벤트를 내놓은 적이 있었다. 여기에서 QQ는 세계적인 걸작 영화 콘텐츠를 이용해 다양한 사업을 펼쳤다.

현재 QQ쇼 서비스는 승승장구하고 있다. QQ쇼는 사용자에게 직접 아바타의 스타일을 결정할 수 있는 권리를 제공했을 뿐 아니라 그들의 '허영심'까지 만족시켰다. 실제로 마화텅도 아바타 꾸미기를 즐긴다고 한다. 그의 QQ 아바타는 장발을 기른 청년으로, 나팔 청바지를 입고 선글라스를 착용했다고 한다.

QQ쇼는 사업확장 속도가 무척 빠른 편이었다. 만약 모든 사용자가 아이템 구매에 1~2위안을 쓴다면 그 액수가 천문학적일 것이다. 물론 QQ쇼가 텐센트만의 독창적인 상품은 아니다. 하지만 짧은 시간에 이 정도의 성과를 낼 수 있는 사람은 중국 대륙에서 오로지 마화텅뿐이다. 그만큼 주도면밀하게 2차 개발을 진행하고 사용자의 심리를 깊이 탐구하고 꼼꼼히 살펴서 사업을 운영하는 사람은 없을 것이다. QQ쇼는 단순히 모방한 상품이 아니라 작은 혁신의 승리라고 할 수 있다.

물론 QQ쇼에 대한 사용자의 반응이 모두 좋기만 한 것은 아니었다. 어떤 사용자들은 아바타를 직접 꾸밀 수 있는 기회를 반기며 더 멋지고 아름답게 만드는 반면 이것이 사용자의 심리를 이용한 교묘한 '상술'이며 '돈 낭비'라고 생각하는 사람도 있었다. 마화텅은 이런 사용자의 마음을 헤아려 QQ쇼를 차단할 수 있는 설정도 만들었다. 이렇게 하니 QQ쇼를 좋아하지 않는 사용자는 '벌거벗은' 자신의 아바타를 마주하지 않아도 되었다.

QQ쇼를 시작으로 모바일 부가서비스 영역에 새로운 비즈니스 모델이 있다는 것을 깨달은 텐센트는 이어서 Qzone과 QQ펫 등의 부가서비스를 내놓았다.

Qzone은 사용자가 자신의 글과 사진을 공유하고 사교활동을 할 수 있는 가상공간인 블로그의 일종으로 사용자들은 Qzone을 처음 시작할 때 간단한 스킨과 꾸미기팩 같은 것을 무료로 받을 수 있다. 방문객 수를 올리고 자신의 인터넷 공간을 더욱 아름답게 꾸미기 위해 추가로 다양한 아이템을 구매할 수도 있다. Qzone은 블로그 서비스 중 최초의 흑자 모델이 되어 마화텅에게 큰 이윤을 안겨주었다.

비판적인 사람들에게는 Qzone이 QQ쇼보다 훨씬 '돈 낭비'처럼 보일 수 있다. QQ쇼는 기껏해야 옷이나 장신구, 간단한 배경 같은 것을 팔지만 Qzone은 크게는 테이블이나 의자 같은 가구부터 작게는 꽃과 풀 같은 것까지 팔았다. 이처럼 시선을 잡아끄는 아이템들은 수많은 사용자에게 구매욕구를 불러일으켰다. 여기에 마침 블로그가 선풍적으로 유행하면서 Qzone은 그야말로 대성공을 거두었다.

QQ펫은 마화텅이 현대인의 심리적 수요를 고려해 만들어낸 부가서비스다. 그는 작고 귀여운 펭귄을 누구에게나 사랑받을 수 있는 애완동물로 만들었다. 사용자들은 펭귄을 한 마리씩 분양받아 애지중지하며 펭귄을 위해 기꺼이 지갑을 열었다. QQ펫 역시 텐센트에 막대한 돈을 벌어다주는 대표 상품이 되었다.

마화텅은 텐센트가 메신저뿐 아니라 여러 가지 부가서비스를 만들고, 온라인 게임 등 새로운 사업영역으로 확장하는 것이 위기감 때문이라고 말한 적 있다. 그는 포털사이트 텅쉰왕을 운영해 사용자를 유지하고, 온라인 게임으로 고객 흡인력을 강화할 수 있다고 믿었다. 그렇기에 사용자의 소비수요를 만족시키는 부가서비스를 끊임없이 개발했다.

6
지금은 QQ시대

QQ 없이 살 수 있나요?

텐센트의 QQ는 서비스를 시작한 날부터 중국 인터넷 사용자들에게 주목받으며 열광적인 반응을 이끌었다. 이 신기한 메신저 프로그램과 컴퓨터, 휴대폰의 효과적인 결합은 이제 중국인의 일상생활에 없어서는 안 되는 요소가 되었다. 민감한 대중의 수요를 만족시키기 위해 마화텅은 한시도 쉬지 않고 작은 펭귄을 새롭게 만들고 있다. 텐센트는 꾸준히 업그레이드 버전으로 QQ의 기능과 편의성을 강화한다.

QQ가 최근 10년 동안 중국의 가장 위대한 발명품이라는 사람도 있다. 한 시대를 바꾸었고, 사람들의 생활과 사고방식을 완전히 바꾸었기 때문이다.

현대인의 생활 리듬이 빨라지고 대부분의 시간을 컴퓨터와 마주하고 있다 보니 지금은 전화로 감정을 소통하는 사람이 매우 드물다. 종종 수화기를 들고 있어도 할 말이 없다고 이야기하는 사람도 있다. 하지만 QQ는 다르다. 돈 한 푼 들이지 않고 수시로 이야기를 나눌 수 있으며 동시에 여러 가지 일을 할 수 있고 시공간의 제약을 받지 않는다. 혹시라도 문자에 익숙하지 않다면 음성과 영상 채팅을 이용하거나 쪽지를 보낼 수도 있다. 바로 이런 특징이 전통적인 통신수단의 부족한 점을 메웠다고 할 수 있다.

사용자들은 QQ를 통해 채팅하면서 인간관계의 범위를 넓히고 낯선 사람과 교류하며 연락이 끊어졌던 옛 친구와 다시 만난다. 영상채팅을 하며 거리가 아무리 멀어도 심지어 국경을 넘어서까지 대화 상대의 희로애락을 느낄 수 있다. 음성메시지를 이용해 전화를 거는 것처럼 속마음을 털어놓을 수도 있다. Qzone에서는 사진을 찍어 올리고 짧은 글을 덧붙여 사람들과 공유할 수도 있다. 이러한 QQ 문화가 발달하며 사용자들은 자신의 생각과 감정을 묘사하는 데 익숙해졌고, 매일의 느낌을 적고 친구들과 짧은 댓글을 주고받으며 답답했던 마음을 해소할 수도 있게 되었다.

QQ가 사람들에게 선사한 편리함은 셀 수 없을 정도로 많다. 일할 때는 QQ로 문서나 메일을 전달해서 효율을 높인다. QQ를 이용해서 언제 어디서나 새로운 뉴스를 검색하며, 이를 다시 QQ 그룹에 공유한다. 사람들은 일하러 가든 놀러가든, 컴퓨터든 휴대폰이든 시시각각 QQ로 친구들의 근황을 살핀다. 젊은 사람들뿐 아니라 노인들도 QQ 사용법을 배워 사람들과 교류를 한다. 여가 시간에는 QQ게임으로 카드나 바둑을 즐기고, QQ로 사랑하는 사람을 만나 인터넷 시대의 러브스토리를 만들기도 한다. 실제로 QQ에서 만난 사람은 더 순수하며 플라토닉한 사랑이 가능할 거라고 믿는 사람이 많다고 한다.

일상에서 일과 학업에까지, 현실에서나 사이버세계에서나 QQ는 거의 모든 사용자를 만족시킨다. 사람들은 갈수록 QQ에 더 의존하고 있다. 휴대폰 번호나 은행 계좌번호는 없어도 QQ 번호가 없으면 안 된다는 말이 농담이 아니게 된 것이다. 사람들은 계속 오고 가겠지만 QQ는 영원할 것이라고 말하는 이들도 있다. 앞으로 첨단기술이 계속 발전하면서 QQ 역시 끊임없이 다양하고 강력한 기능을 갖추게 될 것으로 보인다. 새로운 것을 갈구하는 사용자의 갈증을 없애는 동시에 그들을 위해 더 나은 서비스를 제공할 것이다.

조사에 따르면 현재 QQ는 유선전화와 휴대폰의 뒤를 이어 중국인의 제3의 통신수단이 되었으며 사용빈도로는 이미 이 두 가지를 넘어섰다고 한다. 유선전화와 휴대폰이 사람과 사람 사이의 공간을 넘어 더 밀접한 교류를 가능하게 했다면 QQ는 완전히 새로운 소통방식을 제시했다고 할 수 있다. 공간뿐 아니라 시간의 한계를 넘어 소통의 범위를 확장했다.

유럽과 미국에서는 MSN과 스카이프 등의 메신저가 주로 사용되는 반면에 중국에서는 QQ의 사용자 수가 절대적이다. '중국-인도 주민 소통 지수 조사'에서 "현재 사용 가능한 통신수단 중에 세 가지만 선택할 수 있다면 어떤 것을 선택하시겠습니까? 어떤 것이 가장 소중한가요?"라는 질문에 휴대폰(91.1%), 유선전화(82.3%), 텐센트 QQ(21.5%)라는 결과가 나왔다.

한편 인터넷에서 유사한 조사가 하나 더 있었다. "자동차 등의 교통수단과 휴대폰 등의 통신수단 중 한 가지만 선택할 수 있다면 무엇을 선택하겠습니까?"라는 질문에 대다수의 사람들은 휴대폰을 선택했다. 자동차를 버렸으면 버렸지 휴대폰과는 헤어질 수 없다는 이야기다. 이 결과는 휴대폰 같은 통신수단이 현대인의 생활에서 떼어낼 수 없는 구성요소가 되었다는 사실을 알려준다. 또한 스마트폰과 모바일웹이 발전하면서 휴대폰 안의 QQ 역시 없어서는 안 되는 존재가 되었다.

중국인들은 QQ로 친구들과 이야기를 나누면서도 그것이 인터넷 상품임을 종종 잊는다. 마치 집 안의 찻잔, 의자, 부엌세간 같은 생활용품이라 여기는 것이다. 원하든 원하지 않았든 QQ는 마치 물이나 전기처럼 조금씩 모든 이의 생활 속에 침투해 우리의 정신과 물질을 풍부하게 만들어주었다.

생활을 바꾸는 위챗

위챗이 크게 인기몰이를 하며 일상에 파고들자 많은 기업이 그 안에 숨어 있는 거대한 가능성을 인식하기 시작했다. 모바일 메신저로서 위챗은 중국인의 일상생활에 점점 중요한 역할을 차지했다. 위챗은 다양한 부가서비스로 사용자의 마음을 사로잡았다. 멀지 않은 미래에는 위챗으로 직장을 구하고, 마트를 둘러보며, 심지어 결혼까지 하는 일도 낯설지 않을 것으로 보인다.

출시되자마자 선풍적인 인기를 끈 위챗의 택시 예약 애플리케이션은 수많은 사용자에게 최대의 편리성을 제공했다. 바쁘거나, 도로사정에 밝지 않은 사용자들이 시간과 에너지를 아끼는 데 큰 도움을 주었다. 또 택시를 꼭 탈 승객들만 연결시켜서 기사들이 손님을 찾느라 도로 위에서 시간을 허비하는 일이 없도록 했다. 이는 곧 사회의 다양한 자원들을 효과적으로 결합하는 효과를 가져왔다.

또 위챗은 위챗페이wechat pay 등 소비의 새로운 형태를 제공함으로써 사용자들의 일상을 더욱 편리하게 만들었다. 어쩌면 구체적인 혜택이 크지 않다고 생각할 수도 있지만 사용자가 외출했을 때만 생각해보더라도 위챗만 있으면 일상생활이 인터넷과 긴밀하게 연결된 것이니 매우 편리하다.

불과 몇 년 전만 해도 휴대폰으로 택시를 예약하고, 돈을 지불하며, QR코드를 스캔하는 일 따위는 상상도 못했지만 지금은 위챗의 탄생과 함께 매우 자연스럽고 흔한 광경이 되었다. 익숙한 사람이나 익숙하지 않은 사람이나 위챗이 중국인의 일상에 큰 변화를 가져왔다는 데는 이견이 없을 것이다.

특히 위챗의 QR코드 스캔 기능이 나날이 보급되면서 많은 소비자가 새로운 쇼핑 형식에 눈을 뜨고 있다. 상품 관련 정보를 얻을 수 있을 뿐 아니라 진품 여부까지 확인이 가능하다.

위챗이 처음 탄생했을 때 이것이 세상을 바꿀 거라고 이야기했다면 분명히 비웃음을 샀을 것이다. 그러나 지금은 다르다. 위챗은 정말로 사람들의 생활 관념에 영향을 미치고 있으며 더욱 다양하고 새로운 기능으로 전 세계를 '스캔'하고 있다. 앞으로도 강력한 기능을 바탕으로 오프라인과 온라인, 사람과 기계, 현실과 인터넷을 유기적으로 결합할 것이다. 특히 위챗페이는 모든 쇼핑의 과정을 하나의 과정으로 통합해 선순환 구조를 형성할 것으로 보인다. 블로그 시대를 지나 '사람과 사람의 커뮤니케이션' 시대를 표방한 웨이보까지 겪은 사용자들은 이 새로운 커뮤니케이션 방식을 거부감 없이 받아들이고 있다. 위챗의 돌풍은 한때 크게 유행했던 커뮤니케이션 플랫폼들을 몰락시키고 있다. 위챗은 심지어 QQ의 지위까지 넘보고 있다.

PC 기반 메신저인 QQ에 비해 위챗은 언제 어디서나 정보를 공유할 수 있다는 장점이 있다. 또 휴대폰으로 찍은 사진이나 동영상을 곧바로 친구목록에 있는 사람들에게 전송할 수 있다. 이런 식으로 자신의 생활을 시시각각 공유하니 더욱 생동감 있으며 일상생활을 기록하는 데 유용하다. 이것은 QQ와 비교했을 때 매우 큰 장점이다.

사용자들은 친구들에게 자신의 소소한 일상을 '보여주는 데서' 기쁨을 얻는다. 여기에는 분명히 사람들로부터 주목받고자 하는 심리가 깔려 있을 것이다. 사람들은 휴대폰에 각종 사진편집 애플리케이션을 설치하고 수정을 거듭해서 자신의 사진을 꾸민다. 그러다 보니 위챗에는 온통 미남미녀들뿐이다. 또 사진 밑에 쓴 짧은 글조차 신중을 기해서 몇 번씩 고쳐 쓴 후 올린다. '좋아요'를 받는 사진이 많아질수록 일종의 '존재감'이 생겨나 그들의 마음을 가득 채울 것이다. 어떤 사람은 '좋아요' 숫자로 '나에게 이렇게 친구가 많다니! 모두 나를 주목하고 있어. 나는 모두의 사랑을 받는 존재야!'라고 만족할 것이다.

이와 동시에 위챗은 비밀보안 기능이 꽤 뛰어난 편이다. 느낌과 댓글을 자동으로 숨길 수 있고, 검색결과에 노출시키지 않을 수도 있으며 친구에게만 공개할 수도 있다. 이는 Qzone에서 모든 느낌과 댓글이 항상 노출된 것과 완전히 다르다. 위챗을 사용하면 다른 사람들이 엿보지 못하도록 할 수 있다. 완벽한 사생활 보장 덕분에 위챗은 일상생활을 기록하는 장으로서 환영받았다.

물론 위챗에도 몇 가지 결점이 있다. 가장 대표적인 것이 폐쇄성이다. 친구목록에 있는 사람들끼리만 교류하다 보니 정보와 뉴스가 대부분 비슷한 주제

뿐이고, 중복되는 내용이 많을 수밖에 없다. 사용자가 시야를 울타리 밖의 먼 곳으로 돌리는 것이 쉽지 않다.

한 미국인은 이에 대해 이러한 사교방식이 인간관계의 범위 안에서 통용되는 화제들만 걸러내다 '이기주의의 순환'을 일으킨다고 비판했다. 또 사람들이 '인터넷 여과장치'라는 보이지 않는 '껍질' 안에서 외부에 있는 낯선 사물에 대해 두려움을 느끼고 있다고 지적했다. 꽤 일리 있는 말이다. 자신을 둘러싼 껍질인 '인터넷 여과장치'를 쉽게 벗어 던질 수 있는 사람은 거의 없을 것이다. 하지만 위챗이나 다른 메신저를 모두 없앤다 해도 세상의 모든 지식과 정보를 손바닥 안에 쥐는 것은 불가능하다. 애초에 인간은 일정한 '껍질' 안에서 살 수밖에 없다. 다만 위챗의 효과가 현실 세계보다 더욱 두드러질 뿐이다.

달리 생각해보면 위챗이 사람들을 '친구목록'에 한데 묶었기 때문에 생각과 흥미가 같은 사람들끼리 서로 집중하고 중요한 정보를 충분히 받아들일 수도 있었다. 이것은 그 사람의 생각과 행위에 모두 중요한 영향을 미친다.

위챗의 인기가 날로 높아가면서 사람들은 점점 더 휴대폰에 의존하게 되었다. 친구들끼리 마주 앉아도 고개를 숙이고 휴대폰을 만지작거리는 사람이 많아진 것이다. 이런 현상에 대해서도 의견이 분분하다. 어떤 사람들은 매우 비극적이라며 이러한 사교방식이 인간관계의 본질을 뒤집는 것이라고 말한다. 또 위챗으로 낯선 사람과 가까워지는 동시에 가까운 사람과는 멀어질 수 있다고 경고한다. 반면에 어떤 사람들은 위챗이 새로운 사교방식일 뿐이며 인간관계의 본질을 건드린다는 생각은 기우일 뿐이라고 말한다.

지금 이 순간에도 위챗과 관련해서 많은 화제와 논쟁이 진행 중이지만 단한 가지 확실한 것은 당신이 위챗을 사용하든 사용하지 않든 그것을 버릴 수도 떠날 수도 없다는 사실이다.

아빠 펭귄과 엄마 펭귄의 러브스토리

마화텅은 매우 예의 바른 성격으로 경력이 많은 엔지니어이자 '인터넷광'이다. 처음 창업했을 무렵 그는 최소 하루 세 시간, 가장 빠져 있을 때는 10시간이 넘게 인터넷을 했다. 나중에 텐센트의 사업이 번창하면서 다른 일을 할 수 없을 정도로 바빠졌을 때도 매일 한 시간 정도는 인터넷을 했다. 텐센트가 개발한 상품에 무슨 문제가 있는지 살피기 위해서였다. 마화텅은 사용자의 피드백을 가장 중요하게 생각해서 일일이 읽어보고 참고했다.

그는 원래 성격이 내성적이고 과묵했으며 친구들과 어울리는 것을 별로 좋아하지 않았다. 여기에 집에 처박혀서 연구만 하는 이공계 남성이라는 특성까지 더해져 연애할 시간이 도통 없었다. 그러니 자신이 만든 작은 펭귄이 중매쟁이가 되어 1,000리나 떨어진 곳에 있는 인연을 데려와줄 것을 생각이나 했겠는가?

2004년 5월 어느 날, 텐센트 홍콩 지사의 직원 한 명이 선전 본사에 와서 업무를 진행했는데 이 직원이 QQ 사용법을 모르자 마화텅이 자신의 개인번호로 QQ에 로그인하는 과정을 보여주면서 방법을 가르쳐주었다. 이때 마화텅은 평소 꺼두었던 친구추가 기능을 잠시 켜서 다른 사람들이 자신을 친구로 추가할 수 있도록 했는데 가장 먼저 어느 낯선 여성이 마화텅을 친구추가하고 말을 걸었다.

"하이! 누구세요?"

마화텅은 즉시 대답했다.

"저는 아빠 펭귄입니다."

그녀는 당연히 이 말을 믿지 않았고 그저 농담일 거라고 생각했기 때문에 유머러스하게 받아쳤다.

"그럼 저는 엄마 펭귄이에요."

이 여성은 끈질기게 물었다.

"말해주셔도 되잖아요? 누구세요?"

마화텅이 할 수 없이 자신을 평범한 기술자라고 소개하자 그녀도 시원스럽게 자기소개를 했다. 그녀의 이름은 왕단팅王丹婷으로 하얼빈사범대학哈爾濱師範大學 관현악과의 강사로, 여러 차례 콘서트를 연 얼후二胡 연주가였다.

이후 마화텅과 왕단팅은 QQ 친구가 되었다. 그러나 각자 일이 바쁘다 보니 QQ에서도 이야기할 시간이 많지 않았다. 또 이야기를 나누더라도 사생활과 무관한 취미, 관심거리 등만 화제로 삼았다. 당시 마화텅은 왕단팅에 대해 '타자 속도가 굉장히 빠르고, 말을 굉장히 잘 하는 사람'이라고 생각했다고 한다.

3개월 후, 두 사람이 만날 기회가 생겼다. 마화텅이 베이징에 출장을 가게 되었는데 마침 왕단팅도 베이징에서 연주회가 있었다. 이때 두 사람은 처음으로 만나 함께 식사를 했다. 그날, 왕단팅은 마화텅에게 명함을 받고서야 그가 정말로 '아빠 펭귄'이라는 것을 알고 깜짝 놀랐다. 그러나 마화텅이 어떤 사람이든 관계없이 그녀는 그에게서 진실하고 솔직한 사람이라는 인상을 받았다. 또 인터넷에서만큼 말을 많이 하지는 않았지만 한마디 한마디에 진심과 의미가 담겨 있었다. 왕단팅 역시 마화텅에게 좋은 인상을 남겼다. 그녀는 단아하고 우아하며 행동거지가 조금도 흐트러지지 않았다. 이렇게 해서 두 사람은 첫눈에 반했고, 음식점이 문을 닫을 때까지 계속 이야기를 나누었다.

두 사람은 베이징에서 일이 끝난 후에 각자 집으로 돌아갔다. 이후 매일 밤과 주말에 왕단팅은 컴퓨터 앞에 앉아 마화텅이 로그인하기를 기다렸다. 마화텅은 너무 바쁜 나머지 인터넷을 할 시간이 많지 않았지만 온라인상에서 그녀와 만나 즐겁게 이야기를 나누었다. 천천히 두 사람은 서로에 대해 호감이 생겼고 기회를 만들어 몇 차례 더 만났다.

IT업계에서 일하는 사람들은 감정에 너무 많은 시간과 에너지를 소모하는 것을 좋아하지 않는다고 한다. 바이두의 리옌훙 李彦宏, 대형 쇼핑몰 당당 當當의 리궈칭 李國慶 등도 '초고속 결혼'으로 유명하다. 마화텅도 마찬가지였다. 그는 왕단팅과 만난 지 얼마 지나지 않아 그녀에게 정식으로 청혼했다. 두 사람이 인터넷에서 만나 사랑에 빠져 결혼을 약속할 때까지 반 년가량의 시간이 걸렸다. 마화텅은 자신이 개발한 메신저로 인생의 반쪽을 찾은 것이다.

마화텅과 왕단팅의 결혼식은 선전 화차오청 華僑城에 있는 베니스 크라운 플라자 선전에서 열렸다. 베니스는 연인들이 꼭 가보아야 할 낭만적인 도시로 잘 알려져 있다. 곤돌라를 타고 베니스 운하를 지날 때 연인과 키스를 하면 흰머리가 될 때까지 해로한다는 전설이 있다. 마화텅과 왕단팅은 모두 이 아름다운 전설을 좋아했다. 당시 이 결혼식에 6,000만 위안이 들었다는 소문이 있었다. 하지만 마화텅을 아는 사람이라면 모두 터무니없는 소리라고 했을 것이다. 그처럼 일을 크게 벌이는 것을 좋아하지 않고 조용한 사람이 많은 돈을 썼을 리가 없기 때문이다.

마화텅은 언론의 취재를 일체 거절하고 신랑과 신부의 가족과 친구, 텐센트의 아주 오랜 동료들만 결혼식에 초대했다. 결혼식 당일, 단상 위에는 신랑과 신부, 양측 부모님 외에 선전의 고위 관료 두 명도 앉아 있었다. 그들은 선전 상무 부시장 류잉리 劉迎力 와 부시장 옌샤오페이 閻曉培 였다. 류잉리 부시장은 이 결혼의 증인이 되어 주례사를 낭독했다. 이는 당시 선전에서 마화텅의 영향력이 얼마나 컸는지를 보여주는 일이었다.

마화텅과 왕단팅은 신혼여행을 다녀온 후, 선전에서 결혼 생활을 시작했다. 그들의 신혼집 앞에는 경치가 무척 아름다운 인공 호수가 하나 있었는데 모기가 너무 많았다. 왕단팅이 매일 모기에 물려 괴로워하자 마화텅은 사랑하는 아내를 위해 이 호수를 사서 메우고 커다란 정원을 만들어주었다. 정원이 완성된 후, 그는 아내에게 정원을 보여주며 "자, 당신 정원이야!"라고 말했다.

왕단팅은 이 정원에 많은 과일 나무를 심었다. 가을이 되자 복숭아나무에 붉고 아름다운 커다란 복숭아가 가득 열렸다. 하지만 그녀는 복숭아를 따서 먹는 것이 너무 아까워서 매일 개수만 세어보고 따지 않았다. 얼마 후, 이번에는 달고 맛있는 포도가 열렸다. 그녀는 포도가 너무 많아 다 먹지 못하자 하나하나 직접 따서 손질해 친구와 이웃에게 선물했다.

과일을 수확하느라 흙투성이가 된 왕단팅을 본 마화텅은 마음이 안 좋았다. 그러다가 문득 새로운 아이디어가 떠올랐다. 그는 이 아이디어를 실행하기로 마음먹고, 즉시 회사의 연구원들과 며칠 밤을 새가며 토론을 벌였다. 그리고 테스트까지 완벽하게 마친 후, 새로운 부가서비스를 정식으로 선보였

145

다. 바로 큰 인기를 끌었던 'QQ농장'이다.

물가에 있는 누각에 가장 먼저 달빛이 비친다고 했던가! 마화텅의 아내 왕단팅은 QQ농장의 첫 번째 사용자가 되었고, 당연히 채소 수확 랭킹도 빠르게 올렸다. 이때 왕단팅은 마화텅이 중국 네티즌을 위한 일꾼이고, 그녀도 네티즌이니 결국 마화텅이 자신의 일꾼이라고 웃으며 말했다고 한다. 마화텅은 아내의 농담에 착안해 일꾼을 사고파는 게임을 출시하기도 했다.

이처럼 왕단팅은 사용자들의 수요를 남편에게 정확하게 전달했고, 사용자 경험을 중요하게 생각하는 마화텅은 아내의 의견을 경청했다. 회사 일로 눈코 뜰 새 없이 바빠 아내와 함께 할 시간이 부족하자 그는 QQ의 새로운 기능을 하나씩 사용해 자신의 사랑을 전달하기도 했다. 함께 있지는 못하지만 왕단팅은 항상 긍정적으로 생각했다. 그녀는 남편이 사업에 바쁘다 보니 집에서 화를 내거나 싸울 시간도 없다며 웃어넘겼다.

마화텅이 펭귄 덕에 평생의 배우자를 찾았다는 이야기는 언론의 큰 관심을 끌었지만 그는 자신의 러브스토리를 밝히는 것을 별로 좋아하지 않았다. 그는 예전과 마찬가지로 '조용히 처세하고, 크게 일을 한다'는 원칙을 고수했다.

결혼 후, 마화텅은 크게 변화했다. 예전에는 매일 한밤중까지 일하며 퇴근도 안 하고 계속 문제를 찾아내고 이를 책임자에게 전달해 함께 해결했다면 결혼 후에는 퇴근 시간을 앞당겨 보통 밤 9시 정도에는 집으로 돌아갔다. 물론 이것도 무척 늦은 퇴근이다. 마화텅은 여전히 일에 중독되어 살았다. 텐센트의 직원들은 매일 아침 출근하면 마화텅이 보낸 이메일을 읽었는데, 여기에는 각 부서별 관련 상품에 대한 건의사항이 꼼꼼히 적혀 있었다. 발송시간은 언제나 전날 밤 11시에서 12시 사이였다.

퇴근 시간을 조금 앞당긴 것 외에 한 가지 변화가 더 있는데 바로 옷차림에 신경 쓰기 시작한 것이다. 결혼 전에 마화텅은 옷에 관해 특별히 취향이랄 것이 없었다. 공식적인 활동이 없으면 티셔츠 같은 편안한 옷을 입고 다녔다. 결혼 후 어느 일요일에 왕단팅은 남편의 낡은 옷들을 모두 내다버렸다. 마화텅이 달가워하지 않는 것을 알았지만, 그녀는 마음을 굳게 먹고 남편을 끌고 쇼핑몰에 갔다. 온종일 쇼핑을 하느라 녹초가 된 마화텅은 양손에 크고 작은 쇼핑백을 가득 들고 마치 시종처럼 그녀의 뒤를 따랐다.

다음 날 아침, 마화텅이 새로 산 양복을 입고 회사에 나타나자 직원들이 모두 그에게 웃으며 말했다. "대표님, 오늘 스타일이 좋은데요. 멋져요." 마화텅은 왕단팅의 진두지휘 아래 옷차림에 대한 생각을 바꾸기 시작했다. 이후 그는 대중 앞에 설 때마다 패셔너블하며 멋진 모습으로 자신감 있게 행동했다.

왕단팅은 마화텅의 든든한 지원자이자 행복의 원천이 되었다. 그는 자신과 다른 아내의 모습을 무척 좋아했다. 예를 들어 그녀는 시끌벅적한 것을 좋아했고, 즐거운 일을 남편과 나누고자 했으며, 악기 연주를 사랑했다. 마화텅도 아내가 얼후를 연주할 때 가장 아름답다고 말한 적이 있다.

왕단팅은 남편이 몸담고 있는 IT업계의 일이 고되고, 긴장의 연속인 것을 알고 무척 가슴 아파했다. 함께 있을 때만큼은 최대한 남편을 보살펴서 그가 가정의 따뜻함을 느낄 수 있도록 노력했다. 두 사람은 시간이 나면 영화를 보러 가거나 음악회에 다니며 여가 생활을 한다.

왕단팅은 이렇게 말했다.

"남편이 보살핌을 받는다고 느끼게 하려면 아주 세세하게 신경 써야 해요. 함께 태국에 갔을 때 그이가 전선으로 휘감아 만든 이상한 인형을 보고 너무 좋아하더라고요. 저는 그 인형이 마음에 들기는커녕 무서웠는데 남편이 너무 좋아하기에 가격을 흥정해서 인형을 사서 집에 가져다놓았어요. 상대방을 위해서 조금만 깊이 생각한다면 반드시 그에 대한 반응이 돌아온다고 생각해요. 좋은 반응이 오면 저도 기분이 정말 좋죠."

일반적으로 남편은 아내가 아이를 낳으면 자신에게서 멀어진 것 같아 서운함을 느낀다고 한다. 그러나 왕단팅은 그렇지 않았다. 딸이 태어난 후 그녀는 보모에게 아이를 맡기고 예전과 마찬가지로 시간이 날 때마다 마화텅과 함께 산책하며 여전히 '연애'하듯이 살았다. 마화텅은 왕단팅을 아내로 맞이한 덕분에 자신에게 더욱 힘이 생겼다고 말했다.

2010년 10월 29일, 왕단팅은 이날 생일을 맞은 남편에게 매우 특별한 선물을 했다. 그녀는 인터넷에서 마화텅이 태어난 날의 〈인민일보〉를 찾아 인쇄한 후, 만화가에게 그 위에 안경을 쓰고 있는 말 한 필을 그려달라고 부탁했다. 이 선물을 받은 마화텅은 매우 기뻐하며 보물처럼 간직했다.

왕단팅은 부부관계에 대해서 다음과 같이 자신의 생각을 밝혔다.

"남녀 사이는 둥근 원 같아야 된다고 생각해요. 살다 보면 크고 작은 일이 생기기 마련이지만 과하게 걱정하거나 불안해할 필요 없어요. 중요한 것은 두 사람이 함께 발맞춰 둥근 원이 굴러가게끔 만드는 것이죠."

왕단팅은 현명하고 너그러우며 세심하게 마화텅을 사랑했다. 서로 독립적이면서 또 의지하는 사랑은 인생을 더욱 행복하고 아름답게 만들어주었다.

04

퍼플 다이아몬드 시대
"최고의 자리에서 호령하다"

7

MSN과의
한판 승부

호랑이를 기르다

마화텅의 작은 펭귄이 중국 인터넷 업계의 새로운 별로 떠오를 무렵, 외국의 메신저 하나가 이 전장에 뛰어들었다. 바로 MSN이다.

MSN은 마이크로소프트MS가 세운 인터넷 콘텐츠 제공업체로 1995년 8월 24일에 '윈도우95'가 출시되면서 처음 등장했다. MSN은 채팅, 동영상, 이메일 수신알림 등 다양한 기능을 거의 완벽하게 갖추고 있었다.

마화텅의 QQ와 비교했을 때 MSN의 가장 큰 장점은 윈도우와 완벽하게 결합한 것이었다. 덕분에 사용자는 MSN을 설치하면서 하드디스크 용량을 걱정할 필요가 없었다. 90년대에는 하드디스크의 용량이 작았기 때문에 이것이 무엇보다 중요한 장점이었다. 당시 중국에는 적어도 90% 이상의 사용자가 모두 MS의 OS가 설치된 컴퓨터를 쓰고 있었다. 이런 이유로 MSN은 중국 네티즌들에게 큰 환영을 받았다.

MS가 줄곧 유럽과 미국 시장에만 집중했기 때문에 MSN은 비교적 늦게 중국에 들어왔다. 진입 초기에 MSN은 QQ에 비해 인지도가 떨어지고 여러 모로 약세였지만 운 좋게도 중국 시장에 들어갈 수 있는 최선의 기회를 포착했는데 바로 마화텅의 QQ 유료화 방침이었다.

사실 MS가 MSN을 윈도우와 묶어 판매한 것은 전형적인 독점행위였다. 유럽과 미국에서는 이미 사용자의 권리침해 문제로 법정공방이 진행된 바 있지만 이때는 마화텅에게 반독점에 대한 인식이 없을 때였다. 만약 이를 알았다면 당장 법적인 수단을 동원해 MS를 고소해 수많은 중국 네티즌의 컴퓨터에 MSN이 설치되지 못하도록 막았을 것이 분명하다.

2001년 1월, MSN은 아시아 6개국(한국, 홍콩, 대만, 싱가포르, 인도, 말레이시아) 버전을 동시에 출시했다. 단번에 33개 도시에 17개 종류의 언어 버전이 풀리면서 MSN이 아시아에서 통용되지 않는 곳이 거의 없게 되었다.

2001년 10월, MS는 다시 중국어 버전 MSN Explorer 소프트웨어를 출시했다. 그리고 이제껏 해온 것처럼 중국 네티즌에 맞춰 수정한 MSN 중문판 사이트china.msn.com의 링크를 걸었다. 이처럼 용의주도하고 단계적인 움직임은 모두 중국이라는 거대한 시장을 장악하기 위한 포석이었다. 그러나 이 사이트는 관련 규정에 의해서 뉴스 같은 정보를 제공하지는 못하고, 오로지 기술적인 내용과 MS의 상품 정보만 제공이 가능했다.

MSN 중문판 사이트의 관리 법인은 미국에 설립되었다. 마이크로소프트 MSN 아시아 본부 대표는 이렇게 설명했다.

"중국은 해외의 인터넷 콘텐츠 제공업체를 엄격하게 심사하고 필요에 따라 규제했습니다. 그래서 우리는 사이트 관리 법인을 미국에 세우기로 했죠. 그러면 아무래도 법률적인 어려움에 부딪히지 않을 거라고 생각했습니다."

MS는 계획적으로 일을 순조롭게 진행했다. 텐센트를 비롯한 중국의 메신저 업체들은 불안감을 느끼며 어떻게 대처해야 할지 몰라 당황했다. 언론매체가 계속해서 MSN의 중국 정복 야욕을 의심하는 기사를 쏟아냈지만 MS는 이에 반박하며 잘 대처했다. 미리 중국 시장을 깊이 연구하고 대처방안을 잘 세운 덕분이었다. 그들은 본심을 드러내지 않으며 시장에 본격적으로 진출하기 전에 최대한 경쟁자들을 약화시키고자 했다.

MS의 중국 지역 담당자는 "우리는 아직 중국 시장을 주시하고 있습니다. 그저 관찰 중입니다"라고 말했다. 하지만 내부인사의 폭로에 따르면 당시 MS는 MSN을 어떻게 중국 시장에 진군시킬 것인가에 관해 여러 가지 방안을 세웠다고 한다.

MSN이 천천히 중국으로 들어오는 것을 본 마화텅은 큰 동요 없이 말했다.

"압박은 좋은 일입니다. 우리는 적의 예리한 칼날을 피할 뿐 맞서 싸우지는 않을 것입니다."

부주의 탓에 정보가 노출된 적은 있었지만 기본적으로 MS는 언제나 입을 다물고 한마디도 하지 않았다. 언론과의 논쟁에서도 의중을 알 수 없었다.

당시 MS는 이미 AOL을 따라잡는 것을 포기했으며, 세계 최대의 온라인 서비스 공급업체가 되겠다는 계획도 없었다. 그들의 새로운 경영전략은 영향력과 호소력이 강한 포털사이트가 되는 것이었다. 언론 인터뷰를 할 때마다 '중국에서 믿을 만한 합작 파트너를 찾고 있다'고 말했는데 이 말은 곧 MS가 MSN을 내세워 중국에 진출하겠다는 의미였다.

2002년 10월 24일, 뉴욕의 센트럴파크에서 'MSN8.0 미국, 캐나다 우선 발매' 기념행사가 열렸다. 이 자리에는 빌 게이츠도 참석했다. 이와 동시에 마이크로소프트 MSN 아시아 본부 대표가 베이징에 왔다. 그는 다섯 개 언론사와 만나 사실상 중국에서의 첫 번째 홍보 활동을 했다.

이를 본 사람들은 MS가 중국 진출을 더욱 가속화할 것이라고 예측했다. 그러나 MS는 이를 부정하며 이번 방문은 MSN을 위한 것이 아니라 해결되지 않은 몇 가지 정책상의 문제 때문이라고 했다. 또 그들은 문화적 차이 때문에 버전 수정을 더욱 세밀하게 해야 한다며 MSN은 절대 무턱대고 중국에 진출하지 않을 것임을 분명히 했다.

MS는 MSN의 중국 진출 계획을 극구 부인하며 숨기려고 했지만 사실 이미 중국 경제계 인사나 지식인들은 MSN 메신저를 많이 사용하고 있었다. 이런 식으로 중국 고객과 만나면서 MS는 계속해서 MSN을 수정하고 보완했다. 그 결과, 2005년 4월 7일에 'MSN 메신저7.0' 정식버전을 출시하며 날카로운 창끝을 마화텅의 작은 펭귄에 정확히 조준했다.

QQ와 비교했을 때 MSN 메신저7.0은 몇 가지 매력적인 기능이 있었다. MSN은 사용자의 '개성'과 '홍보'를 중요하게 생각해 매일 대화명을 바꿀 수 있도록 해서 즐거움을 주었고 '오늘의 한마디'라는 창을 만들어 사용자가 자신의 생각과 감정을 적어 친구들과 공유할 수 있게 만들었다. QQ에도 유사한 기능이 있었는데, 이런 정도의 모방과 복제는 MS의 '작은 혁신'으로 볼 수 있었다. 이 외에 MS는 포털사이트와 메신저를 연계해 빈틈없는 서비스를 제공해 사용자들이 온라인 생활의 즐거움을 마음껏 누리길 바란다고 밝혔다.

또한 MSN 메신저는 음악을 좋아하는 사용자들을 위해 탁월한 기능을 더했다. 사용자는 MSN 메신저를 통해 친구들에게 자신의 음악 취향을 전달할 수 있었다. 윈도우 미디어 플레이어로 음악을 재생하기만 하면 '오늘의 한마디' 창에 노래 제목이 나왔다. 이 '창의적인 기능'이 중국 네티즌에게는 그다지 신선하지 않았을지도 모르겠다. 이미 텐센트의 QQ뮤직 온라인 스트리밍으로 친구들과 음악을 공유해왔기 때문이다.

마화텅을 더욱 당황하게 만든 것은 Qzone과 상당히 유사한 'MSN 스페이스'였다. 이를 통해 사용자는 자신만의 공간을 만들고 일기, 사진, 음악 등으로 자신을 표현하며 일종의 존재감과 자기만족을 느꼈다. 이처럼 MSN이 세심하게 배치한 재미있는 기능들은 사용자들을 충분히 매료시켰다. 이상의 새로운 기능 외에 MSN은 '전천후 온라인 연락'이라는 기치 아래, 핫메일 서비스를 더욱 안정적이고 원활하게 만들었다. 정리하자면 MSN 메신저는 QQ와 똑같은 인스턴트 메신저였다.

상황을 파악한 마화텅은 무언가 잘못되었다고 느꼈다. 그는 자신이 너무 안일하게 생각한 나머지 큰 실수를 저질렀다고 여겼다. 그는 심지어 자신의 컴퓨터에 MSN이 설치된 것을 알고 있으면서도 그것이 텐센트에 어떠한 위협이 될 거라고 생각하지 못했다. 또 딩레이나 천톈차오陳天橋 등과 인스턴트 메신저 시장에서 혈전을 벌이느라 어느새 중국 땅에 발을 들이민 MSN을 전혀 의식하지 못했다. 한 알의 씨앗에 불과했던 MSN은 뿌리를 내리고 싹을 틔워 빠르게 자라 어느덧 커다란 나무가 되어버렸고 마화텅은 정신을 차리고 보니 자신이 그 나무의 아래에 서 있는 꼴이었다. 가장 큰 '적수'가 줄곧 그의 곁에 있었는데 알아차리지 못한 것이다.

반면에 MSN은 매우 머리가 좋았다. 그들은 메신저를 네티즌의 컴퓨터 안에 '심어두고' 일부러 사람들의 시선을 끌지 않았다. 온실 속에서 천천히 '양분'을 흡수한 MSN은 한참 동안 에너지를 축적하더니 어느새 앞으로 달려나 갔다. 그야말로 치열한 경쟁 속에서 '늦게 뛰어들어 상대를 제압하는' 후발제인後發制人 의 면모를 보인 것이다.

이베이 eBay 또한 중국 진출을 준비하며 합작 파트너를 찾았는데 그들은 이 치넷에 정식으로 자금을 투자하다가 인수하는 방식으로 중국에 정식 진출했다. 반면 MS는 중국 진출을 흡사 중요한 바둑 대국처럼 신중을 기해 진행했다. MSN는 인터넷 정보 서비스업의 'ICP 사업 허가증'을 얻기 위해 합자合資 방식으로 상하이 메이쓰언上海美斯恩 을 세웠었지만 돌연 'ICP 사업 허가증' 신청을 포기하고 합작 파트너를 찾아 그 이름으로 중국에 들어오는 전략으로 전환했다. MS의 중국 인터넷 시장에 대한 이해도는 날로 높아져 그들은 현재 지닌 자원에 기대 막후의 실력자가 되는 쪽을 선택했다.

MSN이 중국 합작 파트너를 최종 확정하기까지는 총 6개월이 걸렸다. 몇 차례 조사를 끝낸 후, MS는 마침내 상하이롄허투자유한공사上海聯合投資有限公司를 선택했다. 두 기업은 합자회사를 설립하는 데 합의했다. 이 소식이 전해지자 인터넷 기업들은 그야말로 '아연실색'했다. 세계 IT업계의 '큰 형님' 격인 MS가 중국에 들어와 선전포고를 한 것과 마찬가지니 그럴 만도 했다.

MSN의 중국 진출은 모든 단계를 세심하게 준비하고 치밀하게 움직인 결과였다. 그런데 자세히 살펴보면 MS가 오랫동안 QQ를 주목해왔고, 이를 토대로 MSN 메신저를 개선한 것을 알 수 있다. 두 기업은 더 이상 서로를 피할 수 없었다. 비즈니스와 엔터테인먼트를 결합한 좁은 길에서 서로를 맞닥뜨린 그들은 악전고투를 시작했다.

MS의 십자군 원정

2005년 5월 11일, MS 인터넷 사업부가 상하이롄허투자유한공사와 합자회사를 세웠으며 MSN이 곧 중국에 정식으로 진출한다고 발표했다. 마화텅은 MSN이 요란스럽게 중국 진출을 발표할 것을 이미 예견하고 있었다. MS가 그동안 자주 입장을 발표하기도 했고, 마화텅도 계속 그들을 관찰하고 분석했기 때문이다. 다만 이 일이 공식화되자 스트레스가 조금 더 심해졌다.

QQ는 현지 기업이라는 장점이 있지만 MS가 세계 인터넷 업계에서 선두를 다투는 지위와 실력을 지니고 있다 보니 절대 가벼이 볼 일이 아니었다. 만약 MS가 온힘을 다해 작은 펭귄과 힘을 겨룬다면 누가 이기고 누가 질지 말하기 어려웠다. 마화텅의 입장에서 유일하게 할 수 있는 일은 문제가 생겼을 때 즉각 대응하는 것뿐이었다.

사실 텐센트뿐 아니라 중국의 다른 인터넷 기업들도 모두 긴장하면서 MS의 일거수일투족을 관찰하고 있었다. MSN은 그저 첫 번째 공격일 뿐, 앞으로 인터넷 각 영역에 MS의 공격이 시작될 거라는 사실을 잘 알고 있었다. MS는 중국 인터넷 시장 전체를 위협하는 존재였다.

2005년 6월 2일, 놀라운 소식이 전해졌다. 상하이원광뉴스미디어그룹 上海文廣新聞傳媒集團 의 둥팡 東方 광대역미디어유한공사, 사이디 迪賽, 마오푸 猫撲, 타오바오, 베이칭그룹 北靑集團 의 베이칭 北靑, 잉글리쉬타운 englishtown, 렌중스제 聯衆世界, 즈윈스다이 指雲時代, 상하이자동차그룹의 런라이처 人來車 이상의 아홉 개 사이트가 MSN과 손잡고 서비스를 시작한다는 것이었다. 그동안 비밀리에 협상을 진행하던 그들이 전면에 나서면서 사람들은 이제야 그들이 MSN의 중국 진출 과정에서 '오른팔'을 담당했다는 것을 알게 되었다.

MSN이 '현지화' 전략까지 거침없이 진행하자 마화텅은 한숨만 나왔다. 그는 여러모로 실력이 뛰어난 MS가 중국 인터넷 기업의 도움까지 받는다면 이번 '십자군 원정'에서 큰 승리를 거둘 것을 잘 알고 있었다.

사실 여기에는 다음과 같은 내막이 있다. 당시 중국의 수많은 콘텐츠 서비스 업체는 모두 MSN과 손잡기를 원했다. 위의 사이트 중 사이디를 제외한 다른 여덟 개 사이트는 경쟁입찰 방식으로 MS 팀에 합류했다. 전해지는 바에 따르면 입찰액이 천만 위안 이상이었다고 한다. 내부 사정에 밝은 한 관계자는 MS가 아홉 개 파트너에게 통 크게 이윤의 50%를 떼어주었다고 밝혔다.

MS가 선택한 위의 아홉 개 사이트는 당시 중국에서 가장 돈을 많이 버는 사이트였다. 사회적 관심이 높은 아이템들로 사업을 벌이고 있었으며 발전 가능성도 굉장히 컸다. MS는 이들을 선택함으로써 중국 인터넷 전체를 손아귀에 움켜쥐겠다는 마음을 굳이 감추려 하지 않았다.

타오바오의 한 고위 간부가 전한 MSN과의 이윤 배분 방식에 따르면 일단 고객이 MSN을 통해 타오바오의 물건을 사거나, 광고로 생기는 수익은 전부 MSN의 몫이었다. 타오바오가 얻을 수 있는 돈은 땡전 한 푼도 없었다. 정말 이상하지 않은가? 수익도 나지 않는데 타오바오는 왜 MSN과 손잡았을까? 이에 대한 타오바오의 해석은 이러하다. 그들은 MSN과의 합작을 통해 수익이 아니라 고객 유입량 증가를 기대했다. MSN은 사용자가 많고, VIP 고객도 꽤 있어서 충분히 가능한 일이었다. 당시 타오바오는 1일 고객 유입량이 7,000만이었다. 그들은 MSN과의 합작을 통해 3,000만을 더 증가시킬 수 있기를 바랐다. 타오바오는 MSN의 쇼핑 카테고리에서 타오바오가 유일한 합작 파트너이기 때문에 충분히 가능하다고 보았다. MSN이 발표한 공식 자료에서도 타오바오가 꽤 중요한 파트너인 것을 잘 알 수 있었다.

MS는 경쟁업체를 상대하는 방식 역시 대단했다. 그들은 각종 '묶어팔기' 전략으로 경쟁업체들을 속수무책으로 만들어버렸다. MS는 IE 검색기를 묶어 팔아 넷스케이프 Netscape 를 부진의 구렁텅이로 몰아넣은 전력이 있었다. 만약 MS가 이 전략을 유지한다면 QQ는 무시무시한 국면을 마주할 게 뻔했다.

요즘처럼 모든 일에 '윈윈win-win'을 추구하는 사회에서 MSN이 중국 현지 기업과 손잡은 것은 매우 현명한 선택이었다. 현지 기업의 영향력을 통해 적지 않은 이윤을 얻고, 또 그들로부터 기회를 얻어 중국 인터넷의 구석까지 침투하는 것도 가능했다. 이렇게 하면 경쟁업체가 다시 일어설 여지조차 주지 않고 시장을 장악할 수 있었다. MS는 처음부터 발전방향이 명확했다. '다방면으로 침투해, 전면적으로 기세를 올리는 것'이다. 이렇게 해야만 시장을 완전히 장악해 중국 인스턴트 메신저 시장의 '최강자'인 텐센트와 싸울 수 있었다. MS가 현지 기업의 힘을 빌려 경쟁업체에 대항하는 것에 비해 AOL과 야후차이나는 전략적인 면에서 훨씬 부족했다. 그들은 중국이라는 특수한 국가 상황에 알맞은 길을 찾지 않았다. 그런 의미에서 '용의주도한 MS'는 마화텅과 텐센트에 상당히 무서운 경쟁자였다.

MSN의 도전을 받은 마화텅은 걱정이 태산 같았지만 그렇다고 혼란스러워하지는 않았다. 오히려 그는 MSN과 싸우는 과정에서 새로운 '묘수'를 배울 수 있겠다고 생각했다. 원래 텐센트는 '20세 이하의 낮은 연령대를 주요 고객층으로 삼았지만 이제 MSN이 중국에 왔으니 그들로부터 화이트칼라 사용자들을 데려와야 한다고 생각했다. 텐센트가 MSN에게 대항해 승리할 수 있는 방법은 사용자군을 더 크고 강하게 만드는 것이었다. 이후 두 기업은 한 치의 양보도 없는 진지전을 펼쳤다.

당시 마화텅은 한 TV 인터뷰에서 이렇게 말했다.

"통신시장에서 우리의 가장 큰 경쟁상대는 MSN입니다. 현재 IM 시장은 그동안 내가 본 것 중 경쟁이 가장 치열합니다. 크고 작은 업체가 총 40여 개나 있으니까요. 사실 이 시장은 기술의 문턱이 높지도 않습니다. IM은 사용자군이 커질수록 산업가치도 커집니다. 먼저 움직여 시장을 제압해야 합니다."

마화텅은 여기까지 말한 후, 솔직히 점점 다가오는 MSN 때문에 생존해야 한다는 압박감에 시달리고 있다고 털어놓았다. 그는 가장 먼저 다음과 같은 문제를 해결해야 했다.

"MSN과 자웅을 겨룰 때, QQ가 내세울 핵심 경쟁력은 무엇인가?"

QQ의 사용자군은 대체로 중국 대륙의 젊은 사람들에게 편중되어 있었다. 이들은 새로운 인연을 맺고자 하는 욕구가 강해서 모르는 사람과의 채팅을 어색해하지 않았다. 반면 MSN은 QQ와 추구하는 바가 달랐다. 메신저를 이메일과 결합함으로써 주로 아는 사람과의 교류에 초점을 맞추었다. 사교보다는 연락 도구로서의 역할에 치중한 것이다. 다른 식으로 생각해보면 QQ는 '상향식', MSN은 '하향식'이라고 할 수 있었다. 상향식과 하향식은 서로 정반대인 것처럼 보이지만 찬찬히 살펴보면 이 두 가지는 동일선상에서 마주보며 돌진한다. 결국 이 둘은 심한 충돌을 피할 수 없었다. 오로지 실력이 강한 쪽만이 살아남을 기회를 얻을 수 있었다.

마화텅의 작은 펭귄은 경적을 울리며 달려오는 MSN에 대항할 수 있을까?

TM으로 전세를 뒤집다

MSN이 중국에 진출하기 전에 마화텅은 '비즈니스판' QQ를 개발한 적이 있었다. BQQ라 불리는 이 소프트웨어는 간단하게 말해서 '기업 및 직장인을 위한' QQ였다. 중국 부동산 업계의 거물인 선전 완커深圳萬科 역시 BQQ의 충성 고객 중 하나였다. BQQ가 나오기 전에도 완커 직원들은 마치 유행처럼 너도 나도 QQ를 사용하고 있었다. 대표인 왕스王石부터 말단직원까지 적어도 절반 이상의 직원들이 모두 그러했다. 직원들끼리의 업무상 연락 역시 모바일 QQ와 SMS를 함께 사용했다. 마화텅은 이 이야기를 듣고 완커 직원들이 어떻게 QQ를 사용하는지에 주목했다. 그는 QQ가 오락성을 강조한 메신저이다 보니 직장인이 사용하기에는 몇 가지 아쉬운 점이 있다는 것을 알아차렸다. 이에 마화텅은 몇몇 사용자의 의견과 제안을 경청하고 기존의 QQ를 개선해 BQQ를 만들었다.

완커는 당장 직급에 관계없이 모든 업무라인에 BQQ를 설치하고, BQQ 서버 안에 직원들의 직급과 조직구조 등을 명확하게 구분해서 관리했다. 이렇게 일목요연하게 정리를 해두니 직원들이 업무를 볼 때 담당자를 찾지 못하거나 잘못된 경로로 일처리를 하는 경우가 크게 줄어들었다. 이처럼 BQQ는 기업의 업무효율에 커다란 변화를 일으켰다.

완커뿐 아니라 다른 기업들도 속속 BQQ를 업무시스템에 도입했다. 베이징 킹소프트, 칭다오 하이얼 靑島海爾 등이 대표적인 예인데 그들은 BQQ를 고객과의 소통도구로 활용하기도 했다. BQQ는 계속 성장해 다른 인스턴트 메신저를 사용하던 조직에까지 파고들었다.

생각해보면 MSN이 공격적인 확장을 하는 것이 텐센트에 꼭 나쁜 일만은 아니었다. 그들이 많은 사용자를 확보하면 QQ나 BQQ가 들어가 텐센트의 사용자로 끌어올 수도 있기 때문이다. BQQ의 성공에 고무된 마화텅은 메신저의 핵심 경쟁력을 사용자가 속한 조직 및 사교범위에서 찾을 수 있겠다고 생각했다. 단순히 사용자가 많다고 업계 1위가 되는 시대는 지나간 것이다.

사실 마화텅은 이전부터 QQ 사용자 집단에 대한 분석 결과를 보고받고 무언가 개선이 필요하다고 생각해왔다. 인터넷 게임이 유행하기 전에는 채팅이 인터넷에서 주로 하는 활동이었다. 덕분에 QQ가 중국 전역의 PC방에 보급되면서 경쟁업체들보다 한발 앞서갔던 것이었다. 그런데 PC방에 오는 사람들은 대부분 어리거나 젊은 학생들이지 직장인이 아니었다. 그러다 보니 점점

QQ는 '애들이 쓰는' 메신저라는 인식이 생기고 말았다. 심지어 대기업 몇 곳에서는 직원들의 QQ 번호를 아예 차단하고 사용을 금지시켰다. 그 결과 QQ는 마치 도시의 직장인과 학생을 구분하는 기준과 같은 모양새가 되었다.

MSN은 바로 이 틈을 노려 중국 시장을 파고들어 '어른스러운' 인터페이스와 기능으로 직장인들을 매료시켰다. 일부가 사용하기 시작하자 MSN은 마치 바이러스처럼 빠른 속도로 직장인들 사이에서 퍼져나갔다. MSN이 아닌 다른 메신저를 사용하면 곧 도태될 것 같은 분위기마저 형성되었다.

하지만 학생과 직장인은 서로 대립하는 집단이 아니다. 학생들은 QQ를 사용하다가 졸업 후 직장인이 되면 업무를 위해 MSN을 선택해 동시에 사용했다. 결과적으로 서로 관계가 없어 보이는 두 사용자 집단이 겹치거나 교차되는 것이다. 사용자들은 차츰 QQ는 습관적으로 쓰는 것, MSN은 필요해서 선택한 것이라고 생각했다.

직장인들이 QQ보다 MSN을 더 선호한 까닭은 이러하다. 우선 MSN은 대화창이나 친구목록, 각종 메뉴가 매우 '간결'했다. 또 광고가 없기 때문에 산만하거나 방해받는다는 기분이 들지 않았다. 단지 이 두 가지 때문에 QQ에서 MSN으로 넘어간 사용자도 많았다. 마화텅은 QQ가 단기간에 MSN의 비교 우위를 넘어서기는 어렵다고 보았다. 광고를 전부 없앨 수도 없고, QQ의 특징인 오락성을 버리고 대화창을 단순하게 만들기도 어려웠다.

또 MS의 강력한 지지를 받는 MSN의 경우 설령 한두 발 정도 잘못 내딛는다 하더라도 다시 제자리로 돌아올 수 있는 반면 든든한 배경이 없는 QQ는 치명적인 잘못을 하나라도 저지른다면 무너져서 다시 일어나지 못할 것이 뻔했다. 마화텅은 신중을 기해 발전방향을 모색해야 했다.

마화텅이 선택한 전략은 QQ의 기존 모습을 그대로 유지하면서 고객의 연령층을 다양화하는 것이었다. 앞으로 나아가지 않으면 도태되어 처절한 패배의 쓴맛을 보게 될 테니 텐센트는 반드시 이 전략을 성공시켜야 했다.

시장의 주도권을 잡으려면 어떻게 해야 할까? 남들보다 먼저 새로운 시장을 개척하고, 끊임없는 혁신을 통해 사용자를 확보해야 한다. 이것은 마화텅뿐 아니라 QQ의 발전을 지지하는 사람들이 반드시 보고 싶어 하는 모습이었다. 마화텅은 다시 한번 힘을 내서 멋진 반격을 시작하기로 마음먹었다.

2004년, 마화텅은 '텐센트 메신저Tencent Messenger', 약칭 TM이라는 소프트웨어를 출시했다. TM은 텐센트가 MSN을 겨냥해 내놓은 야심작이었다. QQ의 주요 고객이 연령대가 낮은 개인 사용자인 반면, TM은 '비즈니스맨'을 타깃으로 한 인스턴트 메신저였다. TM은 다양한 업무환경에 적합하며 여러 가지 기능을 갖추어서 MSN에 비해서도 손색이 없었다.

QQ와 마찬가지로 TM도 무료로 배포되었다. QQ 번호와 휴대폰 번호로 가입이 가능했고, 만약 휴대폰 번호로 가입했다면 해당 휴대폰과 자동으로 연계되어 PC나 휴대폰 어느 쪽으로든 접속할 수 있었다. TM은 QQ와 달리 광고가 없고 대화창도 깔끔하고 세련되었다. 또한 '스마트 비서', '옐로우 페이지' '명함관리' 등의 각종 비즈니스 편의기능이 포함되었다. 마화텅이 TM을 개발하면서 얼마나 세밀하게 전략을 세우고, 심혈을 기울였는지 짐작할 수 있었다. TM은 기능에서나 디자인에서나 MSN에 결코 뒤지지 않았다.

TM이 출시되고 얼마 지나지 않아 이번에는 MSN이 TM의 장점을 모방했다. 결국 TM과 MSN은 구분하기 어려울 정도로 유사해졌다. 두 메신저는 서로 영향을 주고받으며 경쟁하는 모양새를 취하게 되었다. 하지만 지금까지는 전초전에 불과했다. 텐센트와 MS의 '인스턴트 메신저 대전'은 이제 겨우 시작일 뿐이었다.

2005년 3월 11일, 텐센트는 폭스메일 Foxmail 을 인수해 텐센트 그룹에 흡수했다. 이 인수 계획의 중심에는 폭스메일을 만든 장샤오룽 張小龍 이 있었다. 장샤오룽은 중국 인터넷 업계에서 꽤 유명한 사람으로 1994년에 화중이공대학 華中理工大學 을 졸업하고 석사 학위를 취득한 후 오랫동안 소프트웨어 개발과 조직관리 분야에서 일했다. 2000년에는 자신이 만든 폭스메일을 1,200만 위안에 보다 博大 에 매각한 후 사람들의 시야에서 사라진 듯했으나 이후 텐센트에 들어와 핵심 전략가가 되었다. 위챗 역시 그가 기획한 작품이다.

중국 네티즌 중에 폭스메일을 모르는 사람은 거의 없다. 유일하게 MS의 아웃룩 Outlook 과 어깨를 나란히 하는 전자우편 클라이언트이기 때문이다. 마화텅은 폭스메일을 인수한 까닭에 대해 "폭스메일의 기술과 고객을 눈여겨보았습니다"라고 말했다. 구체적인 인수 가격은 공개하지 않았다.

폭스메일을 인수하기 전에는 QQ의 이메일 기술 수준이 MS, 시나, 야후보다 못한 것이 사실이었다. 그러나 폭스메일을 인수한 후, 텐센트는 단번에 QQ의 이메일 기술 수준을 크게 향상시켰다. 당시 이메일 기술은 포털사이트들이 가장 치열하게 경쟁하는 분야였다.

업계에서는 텐센트의 폭스메일 인수가 MS의 핫메일 인수와 비슷한 경우라고 입을 모았다. 두 가지 모두 부족한 사업 부문의 역량을 향상시키기 위한 전략이며 더 큰 발전을 위한 발판을 마련한 사례였기 때문이다.

핫메일은 무료이메일 서비스로 1996년 7월 4일 정식 서비스를 시작했다. 원래는 리눅스를 기반으로 했지만 1997년에 MS가 인수한 후부터는 윈도우에서 사용되었다. 이후 핫메일은 MS의 다른 서비스와 합병되면서 MSN의 일부가 되었다. 마화텅은 폭스메일을 인수해 핫메일의 저항마로 키우려고 했던 것으로 보인다. 하지만 그는 극구 부인하며 이렇게 말했다. "폭스메일은 직장인에게 매우 인기가 있습니다. 지금 QQ는 이런 이메일이 필요합니다."

텐센트와 MS의 전투는 점점 격렬해졌다. 양측은 막대한 자본을 쏟아부으면서 조심스럽게 상대방을 전장으로 끌어들이는 동시에 적의 공격을 받고 나가떨어지지 않으려고 부족한 부분을 메워 장점으로 만들려고 안간힘을 썼다.

텐센트와 MS의 대전은 텐센트가 발 빠르게 'TM 2006 뉴 스프링 버전'을 출시하며 더욱 치열해졌다. 이 버전의 가장 큰 특징은 다른 이메일로도 가입과 로그인이 가능하다는 것으로 텐센트가 TM의 개방성을 한층 더 끌어올린 결과였다. QQ 번호, 휴대폰 번호, QQ 이메일로만 로그인할 수 있었던 이전 버전과 비교하면 획기적인 발전이었다. 개방성을 강조한 업그레이드는 기존의 MSN 사용자를 TM으로 끌어오려는 마화텅의 치밀한 전략 중 하나였다.

마화텅은 자신이 시장과 경영에 무지해서 중요성을 몰랐던 탓에 MSN이 중국에 진출할 틈을 보였다고 생각했다. 지금이라도 상품의 콘셉트와 경영전략을 끊임없이 개선하고 보완해 시장을 다시 빼앗아올 수 있기를 바랐다. 이러한 생각에서 나온 것이 바로 TM 뉴 스프링 버전이었다. 그런데 따지고 보면 마화텅은 이 전략으로 이익과 손해를 동시에 얻었다. TM의 사용자 집단이 확대된 반면, QQ의 신규 가입자 수가 예전에 비해 줄어든 것이다. 물론 마화텅 역시 이를 잘 알고 있었지만 결과적으로 이익이 손해보다 훨씬 크다고 보았기 때문에 크게 실망하지 않았다.

2005년 하반기, 텐센트와 MS가 중국 인스턴트 메신저 시장을 놓고 벌인 전쟁이 더욱 격렬하고 복잡해졌다. 당시 텐센트는 홍콩에서 상장에 성공해 자금사정이 무척 좋았다. 반면에 MSN은 포털사이트 운영 때문에 고심하고 있었다. 성적이 나쁘지는 않았지만 중국 기업이 운영하는 포털사이트에 비해 콘텐츠가 크게 부족해서 사용자 유입량이 좀처럼 늘지 않았기 때문이다. 이처럼 포털사이트가 제 역할을 못하자 메신저 역시 사용자가 점점 줄어들었다. 덕분에 텐센트는 MS를 조금씩 앞서 나가기 시작했다. 이에 대해 마화텅은 "지금 인스턴트 메신저 업계의 경쟁은 단순히 메신저끼리의 전쟁일 뿐 아니라 회사 전체의 실력을 겨루는 것입니다"라고 말했다.

텐센트에 뒤지기는 했지만 MS는 결코 만만한 상대가 아니었기에 마화텅은 걱정과 스트레스로 잠을 못 이룰 지경이었다. 결국 그는 MS의 광범위한 '합작 전략'에 맞서 그들의 전진을 막을 수 있는 새로운 전략을 실행했다. 이 전략은 크게 두 가지로 나눌 수 있는데 하나는 텐센트 포털사이트를 완전히 뜯어고치는 것이고, 다른 하나는 전략적인 동맹군을 찾는 일이었다.

얼마 지나지 않아 마화텅은 IT업계의 관련 정보와 동향을 주로 다루는 사이트인 'IT스제IT世界'와 몇 차례 접촉한 끝에 그들과 합작하기로 마음먹었다. 2005년 8월 18일 베이징에서 두 기업은 공동으로 기자간담회를 열고 앞으로 긴밀하게 협력할 것을 발표했다. 또 구체적으로 뉴스, 평론, 쇼핑, 마켓 등의 분야에서 많은 중국 네티즌의 참여를 유도할 예정이라고 밝혔다.

이 소식이 전해지자 사람들은 텐센트와 IT스제가 모두 각자의 분야를 대표하는 기업이니 양측 모두 '윈윈'할 것이라고 입을 모았다. 실제로 구체적인 과정에서도 길게 협상할 것 없이 매우 순조롭게 일이 술술 풀렸다. 마화텅은 이 합작이 '매우 긴밀하다'는 점을 여러 차례 강조했다. MS는 여러 업체와 실속도 없이 닥치는 대로 합작을 추진하는 반면, 텐센트는 실질적으로 발전을 도모한다는 인상을 남기기 위해서였다.

텐센트와 IT스제는 함께 베이징, 상하이, 광저우에 수준 높은 IT 체험관을 세우고 온라인과 오프라인에서 동시에 대대적인 홍보를 했다. 특히 텐센트는 사용자의 눈길을 끌 수 있도록 포털사이트의 첫 페이지를 대폭 개선했다. 이를 홍보의 전진 기지로 삼아 효과를 극대화하기 위해서였다.

두 기업은 포털사이트와 전문기술을 하나로 결합해 새로운 시대에 적합한 모델을 제시했다. 인터넷 초기에는 IT업계의 합작이 대부분 콘텐츠를 호환하는 것이었던 반면에 텐센트와 IT스제의 합작은 기존의 사상과 의식을 모두 뒤집어 새롭게 만드는 것이었다. 무엇보다 중요한 것은 텐센트가 이 합작을 통해 MSN의 '합작 연맹'에도 끄떡없는 강력한 힘을 얻었다는 사실이다.

이 합작이 성공적으로 진행되면서 마화텅은 MSN을 세계 몰아붙여 발전할 틈조차 주지 않았다. 그는 MSN을 제대로 일어서지 못할 정도로 주저앉혀 작은 펭귄의 발 앞에 엎드리게 만들고자 했다.

상호접속에는 관심 없습니다

각자의 전략기지를 잘 마련해놓은 텐센트와 MS는 이제 어떻게 해야 상대방을 철저히 무너뜨릴 수 있을지 고심했다. 대규모 '공격'을 실행에 옮기기 전에 양측은 탐색전을 펼쳤다.

먼저 시작한 쪽은 MS였다. 2005년 10월 12일, MS와 야후는 동시에 인터넷 역사에 이정표가 될 만한 놀라운 소식을 발표했다. 바로 MSN과 야후통 Yahoo通의 사용자가 2006년 4월부터 6월까지 상호접속할 수 있도록 한다는 내용이었다. 정확한 합작 계약의 내용은 이러했다.

"MSN과 야후는 2006년 2분기에 전 세계에서 상호접속을 시행하여 양측의 총 2억 7,500만 명의 사용자가 아무런 제한 없이 서비스를 이용하도록 한다."

이 합작은 또 다른 인스턴트 메신저 업체인 AOL과 구글톡 Google talk 을 고립시키려는 것으로 분석되었다. 관련 데이터에 따르면 당시에는 MSN, 야후통, AOL이 전 세계에서 가장 강력한 인스턴트 메신저로 총 사용자가 수억에 달했다. 이 세 기업은 업계의 '삼국시대'를 이끌며 승승장구했다. 그런데 MSN이 야후통과 동맹을 맺고 더 큰 세력이 되었으니 이는 곧 업계의 지각변동을 예고하는 일이었다.

사실 MSN과 야후통이 합작하기 전에 넷이즈와 시나의 인스턴트 메신저인 파오파오 泡泡 와 UC가 이미 상호접속 방식으로 텐센트의 독점적 지위에 대항하고자 했다. 하지만 여러 이유로 결국 성공하지는 못했다. 그런데 MSN과 야후통이 이 새로운 전략적 합작을 성공시킨 것이다.

다른 인스턴트 메신저 기업은 이 상황을 마주하고 깜짝 놀라 하루라도 빨리 합작 관계를 건립할 수 있는 파트너를 적극적으로 찾기 시작했다. 얼마 후, 중국의 인스턴트 메신저 기업 수십 곳이 야후에 합작 제안을 했다. 하지만 텐센트는 여기에 동참하지 않았다. 야후와 MS의 합작은 업계 전체를 뒤흔들었으며 텐센트에도 적지 않은 부담을 안겨주었다.

당시에 마화텅이 받은 압박과 고뇌는 말로 다 설명할 수 없을 정도였다. 만약 수십 개에 달하는 인스턴트 메신저가 모두 상호접속을 실행한다면 그 울타리 밖에 서 있는 텐센트는 어떻게 될 것인가? 아마 텐센트는 네티즌의 상호접속을 가로막는 유일한 장막으로 보일 것이었다. 이 때문에 마화텅은 MSN과 야후통이 상호접속을 한 3개월을 정말 힘들게 보내야 했다.

하지만 MS와 야후의 합작은 원래 발표했던 기간만으로 끝나지 않았다. 2006년 7월 13일, MS와 야후는 다시 한번 성명을 발표했다. 두 기업이 함께 앞으로 몇 개월 동안 세계 여러 지역의 인스턴트 메신저를 동영상, 음성 및 무선 인터넷 등 여러 방면으로 공개 테스트한다는 내용이었다. 이는 곧 야후와 MS가 3억 5,000만 명이 넘는 사람이 사용하는 세계 최대의 인스턴트 메신저가 된다는 의미였다.

중국에서 MSN과 야후통의 주 고객은 직장인이었다. 직장인에게 메신저는 상업적 가치를 쉽게 높일 수 있는 좋은 도구였기에 그들은 MSN과 야후통의 친구를 동시에 관리할 수 있는 상호접속을 크게 반겼다. 야후와 MS의 합작은 해외에서는 AOL, 중국에서는 텐센트를 겨냥한 것이 분명했다.

두 기업은 빠른 시간 안에 더 많은 사용자를 끌어들여 텐센트에 타격을 줄 것을 기대했다. 하지만 기대와 달리 MSN과 야후통의 합작은 업계를 주도하는 텐센트의 위치에 큰 타격을 주지 못했다. 야후통의 중국에서의 시장점유율이 별로 높지 않았기 때문이다. 그러다 보니 두 회사가 손을 맞잡았음에도 텐센트를 위협할 정도는 아니었던 것이다.

마화텅이 상호접속 시스템에 들어가는 것을 거절한 이유는 한 가지 더 있다. 텐센트는 몇 년에 걸쳐 모은 사용자 데이터야말로 가장 큰 보물이라고 보았다. 만약 다른 인스턴트 메신저 업체와 합작을 한다면 그동안 온갖 고생을 하면서 쌓아온 데이터를 그들과 공유해야 했다. 이것은 그동안 고된 창업과 성공의 길을 걸어온 텐센트 직원들로서는 절대 받아들일 수 없는 사실이었다. 게다가 상호접속은 마화텅의 TM 출시 계획에 차질을 빚을 것이며, QQ 안에 있는 인터넷 게임과 인터넷 경매 등 새로운 사업에도 타격이 될 수 있었다. 이에 관해 마화텅은 이렇게 말했다.

"우리는 합리적인 상호접속을 지지합니다. 그러나 QQ를 무조건 개방하라는 요구는 다른 기업이 우리 사용자를 이용해서 이익을 취하겠다는 것이니 결코 합리적이지 않습니다."

창업한 지 7년째 되던 2005년 10월 27일, 마화텅은 평소의 조용하고 무덤덤한 태도에서 벗어나 다소 흥분한 어조로 최신 상품인 'QQ 2005 정식판'을 발표했다. 이것은 인스턴트 메신저 사업과 관련해 창사 이래 처음으로 열린 신상품 발표회였다. 이 자리에서 마화텅은 "현재 중국의 인스턴트 메신저 산업은 이미 표준화 시대로 진입했습니다"라고 말했다.

이 말은 한번 생각해볼 가치가 있다. 표준화? 무슨 의미일까? '표준'은 일반적으로 두 가지 의미가 있다. 하나는 권위기구 혹은 권위자의 확실한 규정, 또 다른 하나는 일반화된 규정이다. 마화텅은 후자의 의미로 사용한 것으로 보인다. 다시 말해 마화텅은 QQ가 중국 인스턴트 메신저 업계의 '일반화된 규정'이 되기를 바란 것이다.

마화텅은 중국이 전 세계 인스턴트 메신저 업계의 선두에 있으므로 다음 단계의 발전은 분명히 중국이 주도하게 될 거라고 말했다. 그는 이 말에 설득력을 더하기 위해 몇몇 전문가의 의견을 소개했다.

"인스턴트 메신저 산업에는 업계에 통용되는 표준이 부족했습니다. 그러나 텐센트의 약진으로 중국은 곧 이 분야에서 직접 표준을 정하고, 기술을 실현하고, 상품의 혁신을 주도하게 될 것입니다."

간단하게 정리하자면 결국 '인스턴트 메신저 소프트웨어의 표준을 장악하는 기업이 이 업계의 미래를 차지할 것'이라는 의미다.

마화텅은 MS와 야후의 상호접속이 인스턴트 메신저에 대한 일종의 '탐색전'일 뿐, '표준'이 될 수 없다고 보았다. 그는 이에 관해 이렇게 말했다.

"표준은 상품으로 말해야 합니다. 상품이 사용자의 인정을 받고 업계 전체의 추세를 이끌 수 있을 때 표준이 되었다고 할 수 있습니다. 이런 의미에서 텐센트는 경쟁을 벗어나 먼저 내공을 쌓고, 상품으로 이야기하려고 합니다."

'표준은 상품으로 말해야 한다'는 말은 상호접속 시스템에 발을 담그지 않겠다는 의미를 다시 한번 확실히 한 것이었다. 그동안 펭귄은 업계에서 가진 것 하나 없이 맨몸으로 경쟁상대와 맞서 싸우는 고독한 '용사'였다. 그러나 마화텅은 결코 두려움에 떨지 않았다. 자신이 반드시 QQ를 최종 승리로 이끌고 나갈 것임을 알았기 때문이다.

승리 굳히기

2005년 12월 31일, 마화텅은 해를 넘기기 전에 '깜짝 변화'를 실행에 옮겼다. 기존의 단조로운 펭귄 캐릭터를 초록, 노랑, 빨강의 선으로 둘러싸인 펭귄으로 새롭게 바꾼 것이다. 사전에 보도자료를 배포하지 않고, 직전까지도 전혀 낌새가 없었기 때문에 사용자들은 이러한 변화를 매우 '돌발적'이라고 보았다.

캐릭터의 모양을 살짝 바꾼 것에 불과하지만 마화텅은 이 일을 새로운 시작으로 삼았다. 사실 그는 이 일을 1년이나 남몰래 준비했다. 창사 7주년을 맞아 회사의 조직구조를 쇄신하고, 기강을 바로잡으려던 것이다.

마화텅은 이번 캐릭터 이미지 변경으로 기존의 '텐센트 = QQ'라는 인식을 바꾸고자 했다. 그는 앞으로 사용자들이 텐센트의 포털사이트와 QQ라는 인스턴트 메신저를 분리해서 생각하기를 바랐다.

2005년 한 해 동안, 그가 줄곧 언급해온 '온라인 생활'이 실현되지는 않았지만 텐센트가 포털사이트에 얼마나 많은 공을 들이는지는 모르는 사람이 없을 정도로 잘 알려진 사실이었다. 당시 텐센트는 인스턴트 메신저뿐 아니라 전자상거래, 이메일, 검색엔진 등의 다양한 분야에서 사업을 확장하고 있었다. 이를 본 사람들은 마화텅의 모방을 통한 창조 경영능력에 혀를 내두를 지경이었다.

마화텅은 처음 펭귄을 만들 때의 '책벌레' 같은 모습은 온데간데없이 인터넷 각 분야 곳곳으로 시야를 확장하고 모든 영역에서 선두를 달리고자 했다. 마화텅의 꿈은 '거대한' 인터넷 제국을 세우는 것이었다. 이를 통해 온라인 생활'을 실현하고, 네티즌들이 텐센트를 통해 인터넷에서 바라는 모든 것을 얻게 만들고 싶었다. 이에 대해 마화텅은 "포털사이트와 인스턴트 메신저는 서로에게 기대어 발전합니다. 이런 방식으로 전통적인 포털사이트의 전파 방식을 완전히 뒤집어엎을 수도 있습니다"라고 말했다. 이 말에서 우리는 마화텅이 추진하는 '온라인 생활'을 엿볼 수 있다.

사실 그뿐 아니라 세계적인 인터넷 기업이라면 모두 이러한 생각을 하고 있었다. 결국 MS, 구글, 그리고 중국의 인터넷 기업들은 모두 한 방향 즉 '인터넷 다원화'를 향해 나아가고 있었다. 다른 점이 있다면 각기 진입구가 다르다는 것이었다. 시나나 소후는 뉴스나 언론으로부터 시작해 다른 영역으로 확장을 추진했다. 넷이즈는 이메일 서비스로 사업을 시작해 언론과 인터넷 커뮤니티 분야로 사업을 다원화했다. 그렇다면 텐센트는? 인스턴트 메신저로 기반을 닦고 일어섰으니 포털사이트, 엔터테인먼트 등의 방향으로 사업을 확장하고자 했다. 이렇게 하다 보면 인터넷 기업들은 모두 같은 사업을 하게 될 것이다.

마화텅은 앞으로 인터넷은 크게 두 가지 방향으로 발전할 것으로 예측했다. 하나는 언론매체를 넘어서 각종 서비스를 종합적으로 제공하는 '크고 두루 갖춘' 인터넷, 다른 하나는 전문성과 핵심 정보를 갖춘 '작지만 알찬' 인터넷. 마화텅은 이 두 가지를 비교분석한 끝에 텐센트를 이끌고 나아갈 길은 전자라고 확신했다. '작지만 알찬' 인터넷을 추구하다가 잘못되면 모든 것을 잃게 될 수도 있기 때문이었다.

이제 텐센트의 경쟁상대는 MSN뿐 아니라 사업분야 전반에 이중, 삼중으로 관계가 얽힌 '모든' 인터넷 기업이라고 할 수 있었다. 서로 원수처럼 대립하는 관계라는 의미는 아니다. 오히려 양측이 하나의 이익 교차점을 찾을 수 있는지, 서로 합작을 하면 어떤 좋은 결과를 도출할 수 있을지를 눈여겨보아야 한다.

마화텅은 다음과 같이 이야기했다.

"언제, 어디서, 어떤 기기로, 어떻게 접속하든지 항상 그들이 원하는 것을 만족시킬 수 있어야 합니다. 텐센트는 사용자가 바라는 것을 제공하겠습니다. 자기혁신을 하든지 아니면 빠르게 모방이라도 해야 합니다."

마화텅은 펭귄 왕국을 키우기 위해 모든 준비를 마쳤던 것으로 보인다. '카피기업'이라는 비난에도 아랑곳하지 않고 같은 업계에서라도 최신의 경험이나 기술이 있으면 배우고 익혔다. 다른 인터넷 기업들도 마찬가지로 업계발전의 추세를 명확하게 보고 그와 같은 생각을 했다. 다만 마화텅이 그들보다 더 빠르게 행동으로 옮겼기 때문에 사람들의 이목을 끌 수 있었다.

마화텅이 '크고 두루 갖춘' 인터넷 세상을 세우기 위해 힘차게 전진하는 가운데 MSN이 마치 땅에서 솟아난 기둥처럼 앞길을 가로막자 그는 이 기둥을 돌아갈 방법이 없으며 할 수 있는 모든 방법을 동원해 무너뜨려야만 자신의 계획을 계속 추진할 수 있다는 것을 잘 알고 있었다.

2005년 12월 22일, 시나닷컴 과학기술면에 정말 놀라운 소식이 등장했다. "텐센트가 MSN의 기술 총감독이었던 슝밍화를 공동 CTO로 영입했다"는 내용이었다. 이 뉴스는 즉각 업계인사들의 비상한 관심을 끌었다. 이 중에는 텐센트가 허위사실을 유포한 것이라며 신경 쓸 필요 없다고 이야기하는 사람도 있었다.

허위든 아니든 이 소식으로 한 가지 중요한 사실이 드러났다. 마화텅이 MSN과의 전쟁을 끝까지 포기하지 않을 뿐 아니라 필승의 의지를 다지고 있다는 것이었다. 사실 슝밍화가 정말 텐센트로 갔는지는 크게 중요하지 않았다. 어차피 IT업계에서는 우수 인력의 유동이 빈번하기 때문이다.

슝밍화는 1996년에 MS에 입사해서 한동안 프로젝트 팀장으로 일했다. 윈도우 2000, 윈도우 ME, MSN 등 여러 프로그램의 연구개발에 참여했으며 IBM과 KT인터내셔널 등 유명 기업에서 중요한 직책으로 경력을 쌓기도 했다. 슝밍화는 미국에서 일하는 동안에도 중국의 소프트웨어 업계와 밀접한 관계를 유지했다. 강연과 컨설팅 같은 활동을 통해 중국의 동종업계 사람들에게 최신 기술 및 소프트웨어 관리 이론 등을 전달하기도 했다. 그러니까 슝밍화는 외부로부터 최신의 정보를 받아 중국에 전달하는 '터미널' 같은 역할을 했다. 그는 중국 소프트웨어 기업이 기술수준을 향상시키는 데 큰 영향을 미쳤다.

중국에서 텐센트가 차지하는 지위와 발전역량 등을 고려해보면 슝밍화가 펭귄과 손을 잡은 것은 정말 현명한 선택이었다. 당시 텐센트가 빠르게 발전을 추진하면서 연구개발 부문이 크게 성장했다. 그들에게 필요한 것은 연구개발 과정에 대한 과학적이고 합리적인 관리였다. 바로 이러한 이유로 마화텅은 계속해서 관련 분야의 우수한 인재를 영입했다. 들리는 바에 따르면 MS는 프로젝트 팀장이 연구개발 직원의 20%를 차지한다고 한다. 그만큼 중요한 인재인 것이다. 슝밍화는 MS에서 프로젝트 팀장으로 일한 경험으로 자신이 텐센트의 프로세스 수준을 향상시키는 데 도움이 되겠다고 생각했다.

슝밍화 영입으로 텐센트의 고위층 구조에 변화가 생겼다. 이전부터 CTO로 일한 장즈둥과 '신입' CTO 슝밍화는 함께 텐센트의 공동 CTO가 되어 일했다.

당시 MS와 텐센트의 관계가 껄끄러웠던 탓에 어떤 사람들은 마화텅의 슝밍화 영입이 '모험'이라고 말하기도 했다. 이것이 정말 모험이었을까? 먼저 그 전에 발생한 '리카이푸 李開復 사건'을 살펴보자.

리카이푸는 정보산업 전문가이자 컴퓨터공학 박사이며 기업가다. 미국 카네기멜론대학 Carnegie Mellon University 에서 공부하고 박사학위를 취득한 후, 부교수로 학생들을 가르치기도 했다. 애플, SGI, MS 등 여러 유명 IT기업의 요직에서 일한 그는 보기 드문 인재로 많은 회사의 러브콜을 받는 인물이었다. 2005년 7월, 구글은 3분기에 중국에 연구개발센터를 설립할 것이며, 전 MS 인터액티브 Interactive 서비스 총괄 부사장인 리카이푸를 센터 책임자 및 구글차이나의 사장으로 임명한다고 발표했다.

그런데 일처리 과정의 실수인지 소통의 문제였는지는 알 수 없지만 리카이푸는 구글의 발표가 있기 하루 전까지도 MS에 출근했다. 이직에 대한 준비가 전혀 안 되어 있는 상태였던 것이다. MS는 이 상황을 알고 분노를 감추지 못하며 미국 워싱턴 지방법원에 소송을 제기했다. 그들은 구글과 리카이푸가 근로자의 경쟁사 이직을 일정 기간 제한하는 '이직제한협정Non-Compete

Agreement'을 위반했다며 경제적인 보상을 요구했다. 리카이푸가 MS의 산업 기밀을 구글에 제공하는 일을 막고자 한 것이다. 이 일이 있은 후, MS는 직원들의 이직에 매우 민감하게 반응하며 여러 제한사항을 마련했다.

이렇다 보니 마화텅이 MS의 '놀란 마음'을 개의치 않고, 대담하게도 슝밍화를 영입할 줄은 누구도 상상하지 못했다. 이것은 정말이지 과감한 '승부수'였다. 다행히 마화텅은 사전에 준비를 철저하게 했기 때문에 MS에 소송의 여지를 남기지 않았다.

마화텅은 중국 인스턴트 메신저 시장에서 업계 최고의 자리를 결코 빼앗기지 않았다. 텐센트의 QQ는 넷이즈의 파오파오, 시나의 UC, lava-lava 같은 중국 기업, MSN, 야후퉁 등의 외국 기업, 그리고 야후퉁이 MSN과 함께 한 상호접속 시스템 모두에 승리를 거두었다. 이들도 결코 만만한 상대가 아니었지만 QQ는 이미 중국의 수많은 네티즌에 '착 달라붙어' 있는 존재였다. 둘의 관계가 얼마나 끈끈한지 잡아끈다고 떨어지지 않았으며, 아무리 도끼질을 해도 소용없었다. QQ는 사용자들과 절대 분리될 수 없는 존재였다.

잘 가, MSN!

2014년 8월 28일, 중국의 MSN 사용자는 MS 스카이프에서 공식 발송한 이메일을 받았다.

"중국 지역의 메신저 서비스가 10월 31일에 종료됩니다. 고객 여러분의 친구목록은 유지될 것이니 안심하십시오. 앞으로 시스템 내부의 모든 통신서비스는 모두 스카이프로 이전될 것입니다."

MS는 이렇게 짧은 이메일 한 통으로 MSN의 중국 시장 철수를 공식화했다. 2005년 4월에 중국에 정식 진출했을 때부터 2014년 철수를 결정할 때까지 9년 여 동안 MSN은 결국 마화텅의 QQ를 끌어내리는 데 실패했다.

사실 MSN은 2010년에 이미 중국 내 시장점유율이 2006년의 10.58%에서 6% 남짓으로 대폭 하락했다. 당시 MS의 중국 지역 수입은 전 세계 총수입의 2%도 채 안 되었다. 2013년 3월 15일, MS는 중국을 제외한 전 세계 MSN 서비스를 모두 종료한다고 공식 발표했다.

MSN의 초창기 사용자들에게 이 소식은 한 시대의 종결을 의미했다. 이 때문에 아쉬움을 드러내며 역사 속으로 사라지는 MSN를 추억하는 사람이 많았다. 그들에게 MSN은 '가장 고급스러운' 인스턴트 메신저 소프트웨어였다. 또 MSN을 영어 학습의 도구로 사용한 사람도 많았다. 수만 리나 떨어진 외국 친구들과 영어로 이야기를 나누는 것은 매우 특별한 경험임에 틀림없었다. 그러나 당황스럽게도 주변에 MSN 계정을 가진 친구들이 많지 않았다. 결국 혼자 '모노드라마'를 할 수는 없는 일이니 자신도 점점 사용하지 않게 된 것이다. 사실 이런 상황은 인스턴트 메신저 소프트웨어의 가장 큰 특징이기도 하다. 사용자가 어떤 소프트웨어를 아무리 좋아해도 친구들이 사용하지 않으면 무용지물일 뿐이다. 다른 사람과 소통하는 도구이지 혼자 가지고 노는 장난감이 아니기 때문이다.

MSN은 처음 중국에 들어와서 빠른 시간 안에 수억 명에 달하는 사용자를 확보해 텐센트의 QQ와 어깨를 나란히 할 만한 인스턴트 메신저가 되었다. 그러나 업계가 예측할 수 없을 정도로 요동친 지난 10년 동안 MS는 언제나

'대기업 승자 독식'의 사상을 바탕으로 사업을 벌였다. 단 한 번도 근본적으로 MSN 자체를 혁신하고 현지화하려는 노력을 하지 않았던 것이다. 그런 탓에 결국 중국 인터넷 업계의 '한 분야에 특화된 기업'에 처절하게 패배하고 말았다.

MSN을 실패로 몰아간 원인은 다음의 세 가지로 볼 수 있다.

첫째, 새로운 사용자 집단에 대한 관심이 부족했다.

사실 MS의 입장에서 MSN은 비주력 상품이라고 할 수 있다. MSN 사업 부문에는 언제나 최고의 자원이 투입되지 못했으며, 중요도도 떨어졌다. 바로 이 때문에 인터넷이 크게 발전한 '황금시대 10년'을 고스란히 낭비한 것이다. 또 현지화에 대한 인식이 부족한 탓에 중문판을 단순히 영문판의 번역 버전으로 만드는 실수를 저질렀다. 이것은 중국 네티즌에 적합하지 않았을 뿐 아니라 온라인 소통과 사교 활동이라는 목적 자체도 만족시키기 어려웠다. 특히 MSN의 최초 사용자 집단이 점차 노령화되는 상황에서도 새로운 사용 자층인 1980년~1990년 이후 출생자들을 주목하지 않았다. 이들도 MSN에 관심이 없었지만 MSN도 이 세대의 네티즌에게 관심이 없는 형국이었다. 이처럼 '줄기만 하고 늘어나는 것은 없는' 상황이 오랫동안 계속되자 실패는 결국 시간문제였다.

둘째, 잘못된 경영전략을 선택했다.

MSN은 중국에 진출해 한동안 채널을 개설하고 배너광고를 시범적으로 운영해서 수익모델을 만들어보려고 했다. 그런데 효과는 기대 이하여서 광고주와 사용자를 모두 만족시키지 못하고 결국 '안팎에 사람이 없는' 상황이 발생하고 말았다. 이와 비교해서 텐센트는 QQ의 등급제, Q머니 적립, Qzone 등의 서비스로 젊은 네티즌에게 큰 환영을 받으면서 사용자 집단이 날로 확대되었다.

셋째, 상품성이 떨어졌다.

사실 MSN은 QQ와 전체적인 기능에서 큰 차이가 없었다. 하지만 그들은 인터넷 커뮤니티나 모바일 인터넷 등의 업계 동향에 계속 무덤덤한 반응을 보였다. 오로지 채팅 기능 하나만 고집하다 보니 사용자들은 점점 흥미를 잃고 말았다. 사용자가 줄어들자 MSN에 광고하겠다는 사람도 없었다. 이는 곧 상품개발 자원의 부족을 일으켜서 악순환을 형성하고 말았다. 인스턴트 메신저 업계가 오프라인 문서, 채널별 채팅 등의 다양한 서비스를 내놓을 때도 MSN은 여전히 제자리걸음이었다. 심지어 인터넷 문서 및 음성전달 등의 기능을 무시하기도 했다.

더 기가 막힌 일은 MSN이 QQ보다 '소프트웨어 끼워 넣기'를 더 잘했으면 잘했지 못하지 않았다는 사실이다. MSN은 2006년 이후부터 설치 프로그램과 MS의 이메일, 클라우드, 블로그 같은 도구를 더하기 시작했다. 그들은 이 소프트웨어팩을 '윈도우 라이브'라고 불렀다. 필요도 없는 소프트웨어가 몇 개씩이나 자동으로 설치되니 사용자들은 무척 짜증이 났다. 여기에 접속이 끊기거나 설치 실패 같은 돌발 상황까지 반복되면서 MSN의 이미지는 곤두박질쳤다. 이 와중에 2007년에 MSN을 통해 웜바이러스 worm virus 가 퍼지는 사건까지 터지면서 '삭제 대상'의 처지에 놓이고 말았다.

MSN의 실패는 다음과 같은 중요한 교훈을 남겼다.

첫째, 혁신이야말로 생존의 왕도다.

인터넷과 관련 상품의 업그레이드 속도가 급격히 빠른 시대에서 살아남으려면 끊임없이 혁신해야만 사용자를 만족시킬 수 있다. 사고를 '더 짧고, 더 빠르게, 더 자주' 해야 강력한 경쟁력을 갖출 수 있는 것이다. 나중에 MSN의 자리를 메운 스카이프는 세계 인스턴트 메신저 시장에서 오랜 기간 1위 자리를 유지했다. 스카이프의 성공은 컴퓨터를 통해 유선전화나 휴대폰과 통화할 수 있는 참신한 기능과 소프트웨어 끼워 넣기나 광고처럼 사용자의 반감을 불러일으키는 것을 크게 줄인 덕분이었다.

둘째, 전략이 확실해야 돌파구가 보인다.

인스턴트 메신저 소프트웨어는 시장점유율이 성패를 결정한다고 해도 과언이 아니다. '어떠한 비즈니스 모델을 선택하는가?'가 무엇보다 중요한 생존의 조건이라고 할 수 있다. MSN의 중국 내 시장점유율은 QQ를 넘어서지 못했는데 그 이유는 MS가 '수익이 많이 나지 않는 무료상품'을 중요하게 생각하지 않았기 때문이다.

MSN의 목표가 '직장인 사용자 유치'로 매우 제한적이었다고 하지만 기본적으로 인터넷이라는 정글의 법칙을 이해하지 못했다. 이 정글은 '나아가지 않으면 도태되는', '더하지 않으면 줄어드는', '1등만 있고 2등은 없는' 무자비한 곳이었다. 그 결과 MSN은 거의 10년에 걸쳐 텐센트의 QQ에 잡아먹혔다. 특히 모바일 시대가 도래함에 따라 MSN의 생존 공간은 점점 더 좁아졌다. 결국 위풍당당하게 중국에 들어와 QQ를 엎어버리겠다고 선언했던 MSN은 '한물간 물건'이 되어 자취를 감추었다.

8

인클로저 운동의
시작

틈새를 파고들다

중국의 인터넷 분야 창업가라면 누구나 한 번쯤은 포털사이트 사업을 꿈꾸었을 것이다. 특히 인터넷 초기에는 포털사이트를 목표로 삼는 사람이 많았다. 워낙 많은 정보를 다루다 보니 네티즌을 쉽게 끌어들일 수 있다는 생각에서였다. 한동안 군웅할거의 시기를 겪은 포털사이트 업계는 그 양상이 혼란에서 통일로 전환되기 시작했다. 최종적으로 시나, 소후, 넷이즈가 중국 포털사이트 업계를 나누어 가졌다.

이 세 기업은 그야말로 '그들만의 리그'를 벌였다. 그곳은 이미 꽉 들어차서 비집고 들어갈 틈도 없어 보였다. 대부분의 사람들은 감히 그 안에 들어가 거대 기업과 실력을 겨룰 생각조차 못했다. 반면에 마화텅은 포털사이트야말로 반드시 해야 하는 일이라고 생각하고 세 기업으로부터 시장을 빼앗아오기로 마음먹었다.

마화텅은 왜 포털사이트를 고집한 것일까? 포털사이트는 인터넷 시장에서 유일하게 다양한 흑자모델을 제공하는 플랫폼이었다. 여기에 인터넷 게임, 맞춤형 뉴스, 광고 등 많은 콘텐츠를 모아놓고 사용자에게 제공하면 안정적으로 풍부한 수익을 얻을 수 있었다. 수억 명에 달하는 사용자를 보유한 마화텅은 새로운 수익을 창출할 수 있는 경로를 포기할 수 없었다. 포기한다면 수많은 사용자를 그냥 낭비하는 것과 다름없지 않은가?

마화텅은 QQ를 중심으로 하는 10년 계획을 확정했다. 목표는 레저와 교류, 대형 네트워크, 전자상거래 및 기타 부가서비스 콘텐츠를 모두 포함하는 종합 포털사이트를 만드는 것이었다. QQ가 포털사이트의 지원을 받는다면 단순한 채팅 프로그램이 아닌 거대한 네트워크 플랫폼으로 거듭날 수 있다고 생각했다. 여기에서 얻은 수익으로 다시 펭귄 왕국 전체의 발전에 사용해 비즈니스, 쇼핑, 게임 등 여러 영역에서 사용자에게 더 많은 부가서비스를 제공할 수 있었다. 마화텅은 포털사이트를 중심으로 텐센트의 사업이 서로 교차되고 상호 보완하는 구조가 만들어지기를 바랐다. 포털사이트는 QQ의 사용자 응집력을 최대로 만들어 거대한 플랫폼이 되고, QQ 역시 더 광범위한 서비스를 사용자에게 제공하는 선순환을 만드는 것이 그의 최종 목표였다.

마화텅의 구상과 세부전략은 중국 인터넷 발전 추세에 매우 적합했다. 사실 엔터테인먼트 분야에 대한 수요가 높은 사용자들은 QQ가 제공하는 서비스만으로는 만족하지 못했다. 그들은 더 많은 형식과 플랫폼이 출현하기를 갈망했고, 마화텅은 바로 이러한 사용자 수요를 만족시켜야 한다고 생각했다.

인터넷 업계에는 '1등만 있고 2등은 없다'는 잔혹한 정글의 법칙이 적용된다. 실제로 포털사이트 분야만 봐도 '모두 어울려 평화롭게 사는' 일 따위는 없다. 누군가 나타나서 뿌리를 내리면 또 다른 누군가는 짐을 꾸려 나가야 하는 일이 허다했다. 부익부 빈익빈의 현상이 심했고, 포털사이트 분야는 이상 경쟁의 양상을 띠고 있었다. 어쩌면 이 때문에 텅쉰왕이 초기에 질타의 소리를 들었는지도 모르겠다.

시나, 소후, 넷이즈는 수년에 걸친 발전을 통해 이미 각자의 독특한 경쟁력을 갖춘 상태였다. 시나는 뉴스와 비평, 소후는 생활, 넷이즈는 가상세계 분야를 각각 잘 운영해서 좋은 평가를 받고 있었고 영향력도 상당했다. 이들은 서로를 대체하기 어렵다고 판단하고 각기 다른 사용자 집단을 받아들이는 데 만족하고 있었기에 오랫동안 서로 방해하거나 충돌하지 않았다.

하지만 가장 앞자리에 서고 싶은 마음이 왜 없겠는가? 당시 업계의 전문가들은 텐센트의 포털사이트 사업이 분명히 각종 어려움에 부딪힐 거라고 예측했다. 어차피 시나, 소후, 넷이즈가 1위부터 3위까지 차지할 것이고 이런 종류의 경쟁에서는 보통 선발주자가 유리하기 때문이다. 먼저 뛰어들어 성공을 거두면 후발주자들을 저지해서 스스로 포기하게 만들 수 있기 때문에 선발주자가 차지한 시장을 빼앗기가 어려운 것이다. 전문가들은 시나, 소후, 넷이즈가 상장을 통해 자금사정이 넉넉하기 때문에 후발주자가 그들의 지위를 흔드는 것은 매우 어려운 일이라고 입을 모았다.

사실 마화텅도 이러한 예측을 안 해본 것은 아니었다. 그러나 그는 반드시 이 길을 끝까지 가야 한다고 생각했다. 포털사이트가 없다면 마화텅이 주장해온 개방적인 인터넷 세계가 한낱 말장난에 지나지 않기 때문이었다. 이에 대해 마화텅은 매우 강한 자신감을 보이며 이렇게 말했다.

"텐센트는 QQ의 거대한 사용자 집단을 바탕으로 텅쉰왕을 3년 안에 업계 3위까지 끌어올릴 것입니다."

당시에는 마화텅의 이 말을 의심하고, '슬로건'에 가까운 호언장담에 불과하다고 여기는 사람이 많았다. 하지만 중국 인터넷 발전 역사를 살펴보면 세대교체는 언제나 단순한 기술 요소로 결정되었다. 또 이것은 다른 객관적인 조건의 제약을 무력화시키는 효과를 발휘했다. 마화텅의 구상은 결코 뜬구름 잡는 이야기가 아니었다. 시간이 흐르면서 텐센트는 시나, 소후, 넷이즈에 점차 위협적인 존재가 되었다.

데스크톱 포털

2003년 11월 20일, 텐센트는 '텅쉰왕' 서비스를 시작했다. 텅쉰왕은 엔터테인먼트형 포털사이트로 대중에 뉴스, 패션, 오락, 게임, 스포츠, 채팅 등 다양한 분야의 정보를 서비스했다. 마화텅은 텅쉰왕의 콘셉트를 '엔터테인먼트형 청년 포털사이트'로 확정하고, 중국 제1의 패션 및 엔터테인먼트 종합 포털사이트로 키우기 위해 최선을 다했다. 이와 동시에 무선 단말기의 발전과 보급에 발맞추어 텅쉰왕의 기능을 무선 서비스 영역에까지 확대했다. 텅쉰왕에서 인터넷 영화를 소개하고, 뉴스 방송을 제공하며, 음악 듣기 및 전자상거래에서도 효용성을 높이고, 사용자의 현실적 수요를 최대한 만족시켰다.

마화텅은 이처럼 텅쉰왕의 오락성을 강조해서 '측면 공격'을 감행했다. 시나, 소후, 넷이즈와 차별화한 콘셉트를 제시해 그들과 일대일로 맞붙는 일을 피하고자 한 것이다. 이들과 비교해서 텅쉰왕의 독보적인 비교우위는 거대한 QQ 사용자였다. 마화텅은 QQ 사용자의 대부분이 젊은 사람인 것에 착안해 텅쉰왕의 콘셉트를 엔터테인먼트형 '청년' 포털사이트로 확정한 것이다.

타 포털사이트와 차별화를 두었음에도 사람들은 텐센트가 여전히 '베끼기'를 하고 있다고 보았다. 당시 인터넷에는 텐센트의 포털사이트 진출을 분석하는 글이 넘쳐났는데 대부분 '성공까지 따라 하지는 못할 것'이라는 반응이었다. 이런 반응은 의욕적으로 사업을 추진하던 텐센트와 마화텅에게 찬물을 끼얹는 것이었다. 마화텅의 비즈니스 전략은 '모방에 학습을 더해', '차이를 만드는' 것이었다. 그가 업계의 선두주자들을 모방한 것은 의심할 바 없는 사실이지만 마화텅은 그때마다 항상 '차이'를 만들었다. OICQ에서 나온 QQ를 비롯해서 그 뒤를 이은 QQ동영상, QQ쇼 등도 모두 이런 경우다. 마화텅은 '차이'를 더한 덕분에 혁신의 가장 앞자리에 서지 않았음에도 뛰어난 성과를 거둘 수 있었다. 이것은 업계 내부에서도 감탄하지 않을 수 없는 부분이다.

그는 텅쉰왕의 인기를 높이기 위해 다양한 이벤트를 계획하고 직접 추진했다. 마화텅은 여러 이벤트를 통해 사용자들이 QQ와 마찬가지로 텅쉰왕을 친근하게 느끼기를 바랐다.

텅쉰왕은 생각보다 빠르게 성공했다. 단번에 인기몰이에 성공해 서버가 감당할 수 없을 정도의 정보가 넘쳐나 수십 대의 서버를 증설할 정도였다.

마화텅은 영업과 홍보에 박차를 가하는 동시에 새로운 상품 '미니 텅쉰왕'을 내놓았다. 미니 텅쉰왕은 수많은 정보 중에서 사용자가 원하는 소식을 제공하는 일종의 '뉴스 모음'이다. 사용자는 다른 작업을 하면서 미니 텅쉰왕의 작은 창을 통해 그날의 이슈를 볼 수 있다. 이슈를 더 자세히 보고 싶으면 작은 창을 클릭해 텅쉰왕에 접속할 수 있다. 미니 텅쉰왕은 사용자가 QQ에 로그인하면 바로 볼 수 있도록 되어 있다.

이 외에도 마화텅은 '뉴스 팝업'을 고안해서 사용자들에게 속보를 띄웠다. 덕분에 사용자들은 언제 어디서나 최신 뉴스를 접할 수 있었다. 또 '월드 링크' 서비스를 출시해 중국이나 해외에서 중대한 사건이 발생하면 그에 해당하는 '특별 QQ 번호'를 발급해서 사용자에게 알리면 사용자가 이 번호로 QQ에 로그인해서 시시각각 사건의 진전 상황을 확인할 수 있도록 했다.

재미있고 기발한 아이디어와 전략 덕분에 텅쉰왕에 비판적이던 사람들까지 이 새로운 포털사이트에 흥미를 느끼기 시작했다. 이는 마화텅이 독특한 콘셉트로 '블루오션'을 찾아낸 결과였다. 뿐만 아니라 시나, 소후, 넷이즈와 부딪히지 않을 수 있었으니 그야말로 일거양득이었다. 마화텅은 이런 방식으로 성공했지만 다른 포털사이트들은 똑같이 해도 아마 성공하지 못했을 것이다. 그들은 마화텅이 아니고, 수억의 사용자 집단이 있는 것도 아니기 때문이다.

텅쉰왕은 서비스를 시작하고 나서 여덟 개 콘텐츠 채널을 발표했는데 이와 관련해 새로운 사업도 시작했다. QQ 이메일, 인터넷 방송국 등이 대표적인 예다. 마화텅은 '개방적인 인터넷 세계'라는 모토 아래 작은 게임, 검색엔진 할 것 없이 모두 받아들였다. 이처럼 새로운 사업의 탄생과 발전은 텅쉰왕이 나날이 완벽해지는 데 큰 도움이 되었다.

마화텅은 포털사이트 시장에서 한자리를 차지하기 위해 온힘과 노력, 가능한 기회를 총동원했는데 이 전장에는 그 외에 다른 사람들도 목숨을 걸고 뛰어든 상황이었다. 예를 들어 왕레이레이 王雷雷, 저우훙웨이 周鴻, 양위안칭 楊元慶 등이다. 경쟁이 아무리 치열해도 마화텅은 걱정하지 않았다. 오히려 '용감한 자가 먼저 행동한다'는 생각으로 인재를 대거 영입해서 전투 부대를 보충했다. 재미있는 것은 마화텅이 받아들인 새로운 인재 중에 딩레이나 왕레이레이 밑에서 일했던 사람이 적지 않다는 사실이다. 텐센트로 이직한 엘리트들은 자신의 지식과 기술을 한껏 발휘할 수 있는 곳을 찾은 동시에 3대 포털사이트의 압박을 받아야 했다. 그야말로 도전과 기회가 공존했다.

2003년 말, 마화텅은 3개월 만에 텅쉰왕을 중국어 포털사이트 순위 10위 안에 올렸다. 2006년 3월에는 텅쉰왕의 보급률이 시나의 뒤를 이어 2위를 차지했으며 방문량 역시 시나와 소후를 바짝 뒤쫓아 3위에 올라섰다. 같은 해 4월에 발표된 Alexa 순위에서는 텅쉰왕이 시나, 소후 등의 전통적인 포털사이트를 이미 넘어섰다는 놀라운 결과가 보여졌다. 또 6월에는 텅쉰왕이 분기 내내 유입량 면에서 3대 포털사이트를 제치고 앞으로 나갔다. 연속 5주 동안 중국 포털사이트의 '큰 형님' 격인 시나를 앞서 바이두의 뒤를 이어 제2의 중국 포털사이트가 되었다. 당시 텅쉰왕은 하루 동안의 방문량이 4억을 넘어가면서 포털사이트 업계의 떠오르는 별이 되었다. 마화텅이 말한 '3대 포털사이트'의 꿈은 결코 허황된 것이 아니었다. 어느덧 꿈이 현실로 변화했다.

하지만 마화텅은 크게 기뻐하지 않았다. 전체적인 실력으로 시나, 소후, 넷이즈를 완전히 누르려면 더 많은 시간이 필요하다고 보았다. 중국 네티즌 대다수의 마음속에 깊이 뿌리 박혀 있는 시나, 소후, 넷이즈 등에 대한 '충성심'이나 '선점효과'는 주관적인 노력에 의해서 넘어설 수 있는 문제가 아니었다. 사람들은 좀처럼 흔들리지 않고 여전히 인터넷을 할 때 이 사이트들을 사용할 것이었다.

여전히 앞날은 불확실했지만 마화텅은 이렇게 말했다.

"우리는 3대 포털사이트에 들어갈 것입니다. 그중 하나는 시나, 다른 하나는 누가 될지 나도 모르겠습니다."

상하이에서 열린 '2005 중국의 역량 제전'에서 텅쉰왕은 시나와 TOM 대신 이 제전의 유일한 합작 파트너가 되었다. 이 외에도 그해 Alexa 순위를 살펴보면 텅쉰왕은 세계 8위라는 쾌거를 이루었다. 이것은 마화텅이 텅쉰왕을 새로운 발전 단계로 밀어올린 것과 마찬가지였다. 바로 '데스크톱 포털'이다.

'데스크톱 포털'이란 데스크톱에서 이용하는 각종 기능을 인터넷 웹사이트에 그대로 구현해 사용자가 필요한 각종 정보를 활용할 수 있게 하는 서비스로, 텅쉰왕의 경쟁력이었다. 텐센트는 미니 텅쉰왕이 사용자의 컴퓨터 바탕화면에 나타나 정보를 전달하는 것과 같은 기능을 제공했다. 이처럼 빠른 전달 방식은 텐센트 외에 다른 포털사이트에는 없었다.

시나와 소후는 인터넷상에서 정보를 모아 보여주는 '집권식' 전달방식을 사용했다. 반면에 텐센트는 이와 완전히 다른 '웹 2.0 Web 2.0 방식'을 택했다. 이것은 소통이 가능하고, 커뮤니티를 구성하며 정보를 취합해서 맞춤형으로 뉴스를 제공하는 방식으로 넷이즈 역시 비슷한 것을 사용 중이었다.

이 분야에서 텅쉰왕은 한 가지 혁명을 일으키고 있었는데 주로 다음의 몇 가지에서 드러났다.

첫째, 수요의 변화를 읽어라.

예를 들어 미니 텅쉰왕은 전달방식 면에서 매우 대담하고 돌발적이며 시범적인 케이스였다. 이것은 포털사이트의 사용자 유입량과 수익을 강화해 일종의 '포털사이트 + 인스턴트 메신저 + 광고'가 결합된 모델을 형성했다. 미니 텅쉰왕이 큰 인기를 끌면서 이 분야를 주목하는 인터넷 기업이 많아지고 치열한 경쟁이 벌어졌다. MS의 인터넷 익스플로러, MSN, IG 등도 모두 여기에 뛰어들었지만 강력한 비교우위를 갖추지 못해 결국 시장에서 물러나야 했다.

둘째, 기층문화에 응답하라.

중국의 신문 산업은 과거의 기관발행지나 레저 및 오락신문에서 도시생활로 방향이 전환되었다. 다시 말해 엘리트 문화에서 보다 대중적인 기층문화로 이동한 것이다. 이것은 일종의 시대적인 변화이며 사회발전의 방향을 드러낸 것이었다. 이에 텅쉰왕은 대중이 관심을 보이는 민생문제를 정확히 보도했다. 이런 의미에서 텅쉰왕은 시나나 소후와 다른 노선을 걸었다고 할 수 있다.

셋째, 커뮤니티 사용자를 위해 업무를 재배치하라.

웹 2.0 시대에 들어서면서 사용자의 수요도 새로운 매체와 함께 발전했다. 마화텅은 이에 대해 "텅쉰왕은 커뮤니티로 사용자를 모으고, 콘텐츠로 사용자를 만족시킵니다. 또 그렇게 확보된 사용자로 다시 커뮤니티를 만들죠"라고 말한 바 있다. 마화텅이 말한 것은 온라인 생활의 3C 모델로 즉 커뮤니티를 중심으로 사업을 배치하고, 커뮤니티 사용자를 위해 일정한 정보를 제공해 오락과 비즈니스를 관통하는 작용을 일으키는 모델이다.

넷째, 발전의 창조성.

웹 2.0 시대에 언론매체와의 상호작용은 네티즌에게 '참여감'을 제공하고 각종 상품에 흡인력을 더했다. 텅쉰왕은 뉴스를 제공할 뿐 아니라, 끊임없이 혁신을 단행해 QQ뉴스 읽기 예약, QQ뉴스 링크 및 뉴스 퀴즈 등 다양한 콘텐츠를 내놓았다. 이런 것들은 정보자원을 수집하는 데 매우 유용했다. 또 네티즌의 참여를 이끌어내는 데도 도움이 되었다.

마화텅은 텅쉰왕을 통해 단순히 뉴스를 전달하는 전통적인 플랫폼을 무너뜨리고 현대적 인터넷 문화의 많은 트렌드 요소를 더해 완전히 새로운 포털 사이트를 만들어냈다. 이는 사람과 사람 사이의 광범위한 교류와 상호작용을 이끌어냈으며 뉴스 보도를 새로운 단계로 끌어올렸다. 마화텅이 바랐던 '개방적인 인터넷' 시대를 위한 가장 완벽한 포석이었다.

두 번째 전장

마화텅은 대형 포털과 경쟁하는 동시에 새로운 '블루오션'을 찾았다. 그들과 정식으로 크게 맞붙었을 때 발생할 수 있는 위험을 줄이기 위해서였다. 새로운 전장을 찾아헤매던 마화텅은 마침내 '지역 포털사이트'를 주목했다.

2006년 3월, 텐센트는 충칭重慶의 종합 일간지 '충칭상보重慶商報'와 함께 충칭 네티즌을 대상으로 지역 포털사이트 '다위왕大渝網' 서비스를 시작했다. 다위왕은 단 3개월 만에 1일 방문자 수를 100여 만까지 끌어올리는 데 성공했다. 단일 IP 방문량 역시 25만을 넘어서면서 다위왕은 일약 충칭 지역의 대표 포털사이트가 되었다.

마화텅은 왜 지역 포털사이트 사업을 시작했을까? 그는 지역 포털사이트야 말로 중국 인터넷의 새로운 발전방향이라고 판단했다. 네티즌이 끊임없이 증가하며 인터넷 내부에서도 각 방면의 다양한 수요가 날로 증가하고 세부화되는 중이었다. 특히 중국처럼 거대한 나라에서는 각 지역의 특성이 두드러지는 인터넷 환경이 절실했다. 이런 상황에서 다위왕은 지역 포털사이트 분야에서의 성공 여부를 가늠하는 '시험 상품'의 역할을 담당했다.

물론 마화텅이 중국 최초로 지역 포털사이트를 만든 것은 아니다. 이전에도 여러 종합 포털사이트가 지역성을 강조한 버전을 출시했지만 이런저런 이유탓에 성공하지 못했다. 이들은 충분한 자본과 경험이 없는 탓에 뒷심이 부족했다. 또 해당 지역의 자원을 효과적으로 운영하는 데 실패한 것도 원인 중 하나였다.

오늘날에도 중국 네티즌의 지역 정보에 대한 수요는 나날이 커지고 있다. 많은 지역 포털사이트들이 이를 만족시키기 위해 상업적 가치를 향상시키는 데 최선을 다하고 있다. 이런 사이트들은 우선 콘텐츠의 방향 자체가 종합 포털사이트와 다르다. 초기에는 형식과 콘텐츠가 종합 포털사이트와 상당히 유사했으나 점차 지역의 특성을 가미한 독특한 수익모델로 운영되고 있다. 예를 들어 종합 포털사이트는 일반적으로 광고를 통해 수익을 얻는 반면, 지역 포털사이트는 해당 지역에 특화된 유료서비스를 통해 수익을 내는 식이다.

텐센트가 지향하는 '온라인 생활'은 지역 포털사이트를 통해 실현 가능성을 한층 더 높였다. '온라인 생활'의 전략적 핵심은 사용자들이 텐센트의 상품과 서비스를 통해 시간과 장소, 단말기의 제약 없이 일상생활에서 필요한 정보를 찾고 오락을 즐기고 소통을 할 수 있는 것이다. 특히 다위왕은 텐센트의 구독 기능을 도입해 QQ 고객과 연동시켜 정보와 서비스의 전파력을 강화시켰다. 이로써 충칭의 네티즌들은 다위왕을 통해 국내외의 중요한 뉴스를 접하는 동시에 텐센트가 제공하는 현지화된 맞춤 서비스를 제공받을 수 있었다.

텐센트의 지역 포털사이트 진출은 크게 두 가지 의의를 찾을 수 있다.

첫째, 마화텅은 지역 언론매체를 통해 더 풍부한 콘텐츠를 확보했다.

지역 포털사이트 분야는 그동안 '홀대'를 받아온 탓에 상업적 기회가 많은 편이었다. 경쟁강도 역시 대형 포털사이트 업계만큼 치열하지 않았다. 이런 상황에서 마화텅은 지역 언론매체와 합작을 통해 이원화된 상호협조 프레임으로 일원화 전략을 고수하는 3대 포털사이트에 도전했으며, 그들과 같은 비즈니스 모델로 경쟁했을 때 받을 수 있는 충격을 최소화했다. 뿐만 아니라 '짧고, 빈번하며, 빠른' 방식으로 수많은 사용자에게 정보를 신속하게 전달했다.

둘째, 지역 포털사이트 분야는 텐센트와 같은 인터넷 업계의 거물이 절실했기에 이 둘은 '환상의 파트너'로서 블루오션에서 서로 윈윈하며 높이 날 수 있었다. 지역 포털사이트는 텐센트에 정확하고 풍성한 생활정보 콘텐츠를 제공하고, 텐센트는 영향력 있는 국내외 뉴스를 실시간으로 제공했다.

지역 포털사이트의 인기가 어느 정도까지 오르자 인터넷 광고 및 무선 부가서비스 등의 수익이 발생하기 시작했다. 주요 경로로 지역성이 강한 안내란에 실리는 광고 등을 생각하는 사람이 여전히 많지만 지금은 이런 광고 외에도 수익이 발생하는 다양한 경로가 있다. 사실 지역 포털사이트의 경우 지역의 콘텐츠가 거의 독점적이라고 할 수 있기 때문에 다양한 유료서비스를 더 쉽고 빠르게 만들어낼 수 있다.

외부 자본이 계속해서 유입되면서 지역 포털사이트 분야는 더 빠르게 성장할 수 있는 기회를 얻었다. 텐센트가 다위왕으로 성공을 거두자 종합 포털사이트들도 이 블루오션을 눈여겨보면서 발전 가능성이 농후한 우수 지역 포털사이트와 손을 잡고 이 분야에 뛰어들었다. 하지만 마화텅은 이미 한 걸음 앞서 나아가서 인클로저 enclosure 를 완성해 텐센트의 영역을 확고하게 다진 상태였다. 마화텅이 전국의 여러 성省에서 적극적으로 합작 사이트를 찾은 덕분에 텐센트는 지역 포털사이트 분야에서 절대우위를 차지하고 있었고 나중에 뛰어든 시나, 소후, 넷이즈 같은 대형 포털은 힘들게 지역 언론매체의 콘텐츠를 확보해도 결국 텐센트에 빼앗기는 상황이었다. 이렇게 해서 마화텅은 지역 포털사이트라는 이 새로운 전장에서 기분 좋게 웃을 수 있었다.

2014년은 텐센트의 지역 포털사이트 사업이 8년째 되는 해였다. 그들은 이 '8년의 전투'를 통해 중국의 12개 주요 성에서 '종합 포털사이트＋도시생활 포털사이트'라는 독특한 형태의 진영을 확고하게 구축했다.

현재 마화텅이 추구하는 지역 포털사이트 사업의 방향은 매우 명확하다. 텐센트의 지역특화 정보서비스와 지역 포털사이트를 결합해 사용자가 가장 필요한 생활정보와 자료를 '원스톱'으로 제공하는 것이다. 이를 통해 사용자들은 더 풍부하고 더 실용적이며 더 핵심적인 정보를 검색하고 이용할 수 있다.

텐센트의 주요 지역 포털사이트로는 충칭의 다위왕, 상하이의 다선왕大申網, 장쑤성 江蘇省 의 다쑤왕 大蘇網, 쓰촨성 四川省 의 다청왕 大成網, 산시 陝西

省의 다친왕 大秦網, 후베이성 湖北省의 다추왕 大楚網 등이 있다. 대부분 전국 지역 포털사이트의 광고점유율에서 1위를 달리고 있다. 특히 저장성 浙江省의 다저왕 大浙網은 네티즌 수, 보급률, 사용자 증가율 등에서 모두 1위를 차지하고 있다. 텐센트는 이런 지역 포털사이트들을 운영하면서 총 3억 6,000만 명이 넘는 지역 네티즌에게 다양한 자료와 정보를 제공해왔다. 여기에는 텐센트의 각종 상품과 서비스도 포함되었다.

텐센트의 분석에 따르면 지역 포털사이트 사용자는 기업의 관리자와 전문직 인사들이 가장 많다. 연령대는 사회를 이끌어가는 집단인 25~40세에 해당하는 네티즌이 60.8%를 차지하고 있다. 또 소득수준을 분석한 결과, 월수입 3,000위안 이상인 사람들이 전체 사용자의 약 58.4%인 것으로 나타났다.

마화텅은 이러한 분석결과를 바탕으로 주요 사용자를 겨냥한 맞춤형 경영전략을 채택해 큰 효과를 거두었다. 또한 PC의 텅쉰왕 홈페이지나 Tips 뉴스 발송 등의 기능을 적절히 연계하는 등 텐센트의 기존 상품을 활용해 사용자에게 보다 적합한 정보를 제공함으로써 큰 인기를 끌었다. 이러한 뉴스 및 정보는 해당 지역 사용자의 일과 생활의 범주를 모두 포함하는 것으로 '지역 언론매체 연합 및 여러 플랫폼을 통한 전파'라는 새로운 모델을 구축했다.

마화텅은 어느덧 레드오션이 된 지역 포털사이트 분야에서 가장 마지막에 웃는 인물이 되었다. 텐센트가 운영하는 지역 포털사이트의 핵심 경쟁우위는 바로 현지화였다. 가장 빠르게 최신 뉴스를 제공함으로써 그 존재 가치를 드러냈다. 또한 지역 언론매체로서의 상업적 가치, 수준 높은 생활서비스 등으로 해당 지역 네티즌의 큰 환영을 받을 수 있었다.

05

블루 다이아몬드 시대
"강호에서 펼쳐진 격렬한 전쟁"

9

전자상거래 시장을
쟁탈하라

C2C야, 내가 왔다

알리바바그룹이 2003년 5월 10일 오픈마켓 타오바오닷컴淘寶網을 선보였다. 알리바바가 기존에 해오던 B2B 비즈니스 모델과 달리 타오바오는 B2C와 C2C 플랫폼의 경계를 넘나들며 출범 이후 폭발적인 인기를 얻어 수많은 회원을 거느리게 되었다. 어떤 회원은 자신의 친구와 그 친구의 친구까지 더해 모두 1,314명에게 타오바오 추천 이메일을 보냈다는 얘기도 전해진다. 한마디로 평생 동안 타오바오를 쓰겠다는 충성의 약속이나 다름없었다.

알리바바가 전 세계 판매자들, 특히 중소기업들에 판매 플랫폼을 제공해주었다면 타오바오는 판매자와 개인, 개인과 개인의 거래장터였다. 이 플랫폼은 오늘날 개인들 사이의 모든 거래, 할인판매, 정가판매, 가격흥정과 물건 홍보 등의 방식을 모두 포함하고 있다. 바야흐로 전 국민이 장사에 나서는 시대가 열린 것이다. 이 시장은 곧 많은 인터넷 기업들이 호시탐탐 노리는 먹음직스러운 고깃덩어리로 떠올랐다.

이듬해인 2004년 6월 12일, 중국 인터넷 산업계에서 매우 중요한 순간으로 기억되는 '시후전자상거래대회 西湖網商大會'가 개최되었다. 항저우 시후 강기슭에서 중국전자상무협회와 알리바바 주관으로 열린 이날 대회에는 1,000여 명의 중국 인터넷 관련 기업인들이 몰려들었다. 이 대회는 인터넷 비즈니스가 점차 성숙하고 있다는 사실을 의미했다. 또 전통적인 기업들 입장에서는 인터넷과 전자상거래를 이용해 자신을 알릴 수 있는 크나큰 돌파구가 되었다.

당시 야후 창업자 제리양楊致遠은 이 대회에 인터넷 사업자들이 운집한 모습을 보고 매우 놀랐다고 한다. 야후 창업자인 그 역시 기업들이 인터넷에 광고를 올리는 것이 아닌 인터넷을 통해 장사를 하는 전자상거래에 익숙하지 않았다. 제리양은 인터넷이 중국의 중소기업들의 거래의 장이 된다는 것은 생각지도 못한 일이라고 밝혔다.

2004년을 기점으로 해외 거대기업들도 중국 전자상거래 시장의 높은 발전속도에 관심을 갖기 시작했다. 이베이, 아마존 등 전자상거래 분야의 글로벌 선두기업들과 타이거펀드, IDG캐피탈 등 기관투자자들이 중국 전자상거래 산업에 막대한 관심을 보였다.

제1회 시후전자상거래대회에는 월마트, 잉거솔랜드Ingersoll Rand, 레노보, 미쓰비시중공업 등 글로벌 바이어들이 줄이어 모습을 드러냈다. 한국의 LG

전자, 삼성, 일본의 이토추상사, 메트로Metro AG, NEC, 미국 시어스백화점, 애질런트테크놀로지스, 글락소스미스클라인 등도 알리바바를 통해 중국 내에서 온라인 판매를 시작했다.

하지만 이 대회는 단순히 선두기업들의 위용만 드러내고 끝나지 않았다. 진짜 주인공은 이름조차 생소한 중소기업들이었다. 당시 알리바바의 부총재를 맡고 있던 진젠항金建杭의 말을 빌리자면 "이 대회는 대기업이 독점하고 있었던 비즈니스를 다시 중소상인들에게 돌려주었다." 이 대회에서 공개된 성공한 30개 기업들의 스토리와 이어 진행된 상호교류, 토론의 시간은 전자상거래에 대한 이해가 거의 없었던 중소기업들이 이 시장을 이해하는 계기가 되었다.

누가 보더라도 전자상거래는 당시 인터넷 업계에서 가장 폭발적인 비즈니스 가운데 하나였고, 마윈이 세운 알리바바가 이미 '골드러시' 시대를 열어놓은 상황이었다. 인터넷 각 분야에 진출해 있는 텐센트도 하늘이 준 기회를 놓칠 리 없었다. 마화텅은 자신의 작은 펭귄과 함께 이 새로운 시장을 향해 빠른 속도로 돌진했다.

사실 마화텅은 처음에는 일을 독자적으로 시작할 생각이 아니었다. 합리성을 최우선하는 마화텅의 성격상 텐센트는 대부분 선제공격이 아닌, 후발주자로 기회를 노리는 전략을 취해왔다. 전자상거래 사업에 있어서도 처음엔 그럴 계획이었다. 마화텅은 먼저 시장에 진출해 있던 타오바오와 합작을 노렸다. 하지만 결과적으로 텐센트와 타오바오의 합작은 이뤄지지 않았다. 이는 아마도 마윈의 욕심이 컸든가 마화텅이 진심을 다해 자세를 낮추지 않았다든가

둘 중 하나의 이유일 것이다. 아무튼 두 사람은 이 과정에서 각자 자신의 '취약점'을 알게 되었다. 합작논의를 계기로 마윈은 IM 사업을 시작했고, 마화텅은 온라인 쇼핑몰 사업에 뛰어들었다.

전자상거래에는 B2B, B2C, C2C, 그리고 최근 유행하는 O2O online to offline 등 여러 가지 형태가 있다. 당시 마화텅이 주목한 것은 타오바오의 C2C 사업이었다. C2C consumer to consumer 는 말 그대로 소비자와 소비자 간의 거래형식이다. 하지만 마화텅은 여기에 완전히 새로운 개념을 부여했다. 바로 소통이다.

마화텅이 관찰해보니 중국의 대다수 구매자는 오프라인 상점에서의 면대면 소통에 익숙했다. 반면 온라인에서는 홈페이지에 게재된 간단한 상품 설명에만 의존해 물건을 구매할 수밖에 없었다. 이런 식으로는 상품의 특징을 제대로 표현하기 어려울뿐더러 구매자 입장에서도 상품 정보의 정확성을 신뢰하기 어려웠다. 마화텅은 이 점을 착안해서 텐센트의 강점을 가미해 온라인 소통을 강화하기로 했다.

마화텅은 이와 관련해 이렇게 설명했다.

"소통은 전자상거래에서 매우 중요한 부분입니다. 소통을 통해 서로를 이해할 수 있고, 서로를 이해해야 믿을 수 있습니다. 특히 C2C 사업에서는 소통의 중요성이 매우 크다고 할 수 있습니다. 우리의 메신저 서비스 QQ는 C2C 거래과정에서 부족한 소통이라는 요소를 정확하게 보완할 수 있을 것입니다."

마화텅은 QQ와 전자상거래 사업의 결합을 시도했다. 판매자와 구매자가 메신저를 통해 상품과 관련한 대화를 나누면서 채팅창 오른편에서 상품 이미지를 볼 수 있도록 하는 프로그램을 만들어 바로 특허등록에 나섰다.

마화텅이 생각해낸 소통을 강화하는 아이디어는 사실 아주 독창적인 것은 아니었다. 이미 많은 쇼핑몰 홈페이지가 채팅 프로그램을 갖추고 있었기 때문이다. 하지만 바로 이 점 때문에 QQ의 장점이 더욱 두드러질 수 있었다. 상품을 살 때마다 각 쇼핑몰의 채팅 프로그램을 다운받으려면 번거롭고 시간이 걸리기 때문에 결국 사용자의 만족도가 낮아지는데 이에 비해 이미 널리 보급된 QQ는 당장 쓸 수 있다는 장점이 있었다.

C2C 사업에서 소통의 중요성에 대해 날카롭게 판단한 마화텅은 온라인 쇼핑몰 사업에 본격적으로 뛰어들 결심을 했다. 그는 어떻게 하면 구매자들을 모을 수 있을지를 고민하기 시작했다. 이 문제에 대한 답은 비교적 간단했다. 수많은 QQ 사용자들이 포진해 있는 QQ가 가장 좋은 시장이 되어줄 것이었다.

IM 사업에서는 많은 사용자를 확보하려면 인기를 얻으면 되었지만 이번에 도전하는 대상은—판매하려는 상품은 언제나 넘쳐나는 반면 부족한 건 항상 고객인—상품을 사고파는 '시장'이었다. 고민 끝에 마화텅은 구매자가 있는 곳이 바로 판매자가 있는 곳이라는 결론을 내렸다. 전체 QQ 사용자를 본다면 고소득층의 비율이 높지는 않았지만 바로 이 사람들이야말로 가장 용기 내어 새로운 시도에 나서는 '얼리어답터'들이며, 텐센트가 절대우위를 확보할 수 있는 경쟁력이었다.

당시 QQ 등록 회원은 약 4억 명, 실제로 활동하는 활성 사용자 수는 1억

7,000만 명에 불과했지만 전자상거래 산업이 아직 초기 단계에 있었기 때문에 회원 수가 적은 건 시간이 해결해줄 것이라고 믿었다. 오히려 시장이 성숙 단계에 이르기 전이라는 점에서 승산이 있어 보였다.

그렇다면 판매자에게는 어떤 전략을 취했을까? 이 문제에 있어서는 서비스를 유료로 제공할지 무료로 제공할지가 관건이었다. 마윈이 3년간 전면 무료 서비스를 내세워 타오바오를 선보인 이래 온라인 오픈마켓 사업은 자타가 공인하는 '적자' 사업이었다. 이 점은 더 많은 기업들이 이 사업에 뛰어드는 데 진입장벽이 되고 있었다.

당시 텐센트는 자금이 부족한 상황은 아니었지만 그렇다고 적자가 날 것이 불 보듯 뻔한 사업에 남들과 똑같은 경영방식으로 나설 수는 없었다. 마화텅은 물 먹는 하마를 황금 알을 낳는 거위로 변신시키기 위해 기존에 해오던 사업들을 적재적소에 활용하면서 텐센트 본연의 핵심 장점을 경쟁우위 전략으로 삼기로 했다.

마화텅은 인터넷의 가장 근본적 특징은 '풀뿌리화'라고 생각했다. 더 많은 사람들을 끌어모으려면 전자상거래가 개개인의 생활 속으로 파고들어야 하며 이것이야말로 사업의 가장 근본적인 목표라고 여겼다.

2005년 9월 12일, 텐센트는 야심차게 온라인쇼핑몰 파이파이拍拍網를 시장에 선보였다. 타오바오의 알리페이와 유사한 방식으로 안전한 거래를 보장하는 온라인 결제시스템인 텐페이도 함께 내놓았다.

처음부터 전자상거래 사업으로 인터넷 시장에 뛰어든 마윈과 달리 IM 프로그램으로 인터넷 업계에 뛰어든 마화텅이 C2C 사업에 진출한다는 건 위험을 감수한 결정이었다. 타오바오가 이미 시장을 선점하고 있었고, 그 뒤를 이어 이베이의 이취易趣가 2위 자리를 확고하게 지키고 있었다. 파이파이는 상당히 큰 부담 속에서 사업을 시작했다.

파이파이를 성공적으로 출시하기 위해 텐센트의 대다수 직원들은 초과근무를 해야 했고 일부 직원은 일주일에 한 번도 퇴근을 하지 못할 정도였다. 마화텅은 일손이 부족하다는 사실을 알고 즉시 인력을 보강해 파이파이의 운영 조직과 고객 서비스 조직을 확충했다.

파이파이는 새로운 온라인 쇼핑몰에 대한 사용자들의 만족도를 측정하기 위해 정식으로 운영하기에 앞서 베타서비스를 선보였다. 각 서비스 항목들이 사용자들을 만족시킨다면 바로 정식 운영상태로 전환할 계획이었다. 사용자들의 호감을 얻기 위해 마화텅은 파이파이 홈페이지에 네티즌들에게 보내는 편지를 띄웠다. 그 내용이 매우 생생하고 친근해 단번에 파이파이와 수많은 네티즌들의 관계가 친밀해졌다.

앞서 2002년의 유료화 사태를 겪은 이후 마화텅은 고객 만족도를 매우 중시했다. 또다시 사용자들의 분노를 사는 것이 두려웠던 마화텅은 파이파이 운영에서는 아주 사소한 일까지도 매우 신중하고 조심스럽게 진행하며 네티즌들을 만족시키기 위해 노력했다. 그는 온힘을 다해 C2C라는 전쟁터에 나섰다.

파이파이, 정식으로 선보이다

6개월간의 시범 운영을 거쳐 2006년 3월 13일, 파이파이의 정식 운영이 시작되었다. 1억 7,000만 명에 달하는 QQ 활성 사용자들의 지지에 힘입어 출범하자마자 900만 명이 파이파이에 등록했다. 양호한 성적에 고무된 마화텅은 마윈과 한번 겨뤄볼 만하겠다는 자신감을 얻었다.

당시 관련 조사에 따르면 94%의 네티즌들이 구매자와 판매자 간에 상품과 관련해 더 많은 대화를 나눌 수 있기를 바란다고 답했다. '대화'는 바로 텐센트가 내세우는 가장 큰 경쟁력이었다. 텐센트는 채팅을 하면서 물건을 구매할 수 있는 기능을 덧붙인 QQ를 앞세워 수많은 사용자들의 관심을 받았다.

파이파이가 출범할 당시 중국의 C2C 시장은 선두주자들이 이미 70% 넘는 시장점유율을 기록하고 있었다. 이로 인해 후발주자들에게는 더 이상 시장이 확대될 여지가 없는 것처럼 보였다. 하지만 마화텅은 이 산업에서 여전히 더 많은 사용자 가치를 발굴할 수 있다고 생각했다.

IT업계에서 '용맹한 펭귄'으로 불리는 텐센트는 수많은 경쟁자를 무너뜨리고 무수한 성공사례를 만들어왔다. 온라인 게임, 검색엔진, 다운로드 프로그램(P2P), 중국어 입력기에 이르는 성공사례를 통해 마화텅은 외유내강 면모를 드러내왔다. 겉으로는 부드럽고 온화하지만 한번 마음먹으면 맹렬하게 달려드는 게 그의 스타일이었다. C2C 사업에서 텐센트는 마윈과 한판 붙어볼 채비를 갖췄다. 수억 명의 QQ 사용자를 등에 업은 마화텅이 마윈의 손에 쥐어진 달콤한 케이크를 빼앗는 일이 불가능해보이지는 않았다.

파이파이의 웹페이지는 기술적으로 매우 훌륭했다. 파이파이 2.0 프로그램에서 QQ 클라이언트 정보를 파이파이로 통합해오는 작업은 브라우저의 제한을 거의 받지 않았다. 파이파이 상품 정보를 QQ의 친구 이미지 정보와 통합해, 구매자가 판매자의 이미지를 한 번만 클릭하면 바로 온라인 상점으로 들어갈 수 있었다. 또 QQ를 이용해 상품에 대해 판매자와 구매자가 대화할 수 있었다. 이 외에도 거래가 완료된 후 구매자가 판매자를 평가하면 평가 내용이 즉시 QQ 사용자 데이터에 반영되었다. 또 판매자가 구매자를 VIP로 등록하면 다음번 거래에서 구매자에게 할인혜택이 주어졌다.

다수의 인력들이 이취와 타오바오에서 파이파이로 옮겨가면서 업계를 더욱 긴장시켰다. 당시 텐센트 전자상거래 사업부에는 80여 명의 직원이 일하고 있었는데, 마화텅은 이 조직으로는 부족하며 더 많은 인력이 필요하다고 말하곤 했다.

기세등등한 텐센트를 바라보는 마윈은 큰 압박감을 느꼈을 것이다. 타오바오가 온라인 오픈마켓 시장에 일찌감치 뛰어들었다고는 하나 여전히 쟁탈전이 치열하게 펼쳐지고 있었다. 또 아직까지 그 누구도 이렇다 할 이익을 내지 못하고 있는데 파이파이까지 가세하면서 더 큰돈을 써야 할 상황이 되어버렸다. 파이파이의 등장은 전자상거래 업체의 생존을 더욱 어렵게 만들었다.

파이파이가 정식으로 서비스를 시작한 지 두 달이 지난 5월 10일, 이취와의 대항전에서 우세를 점한 타오바오가 일부 서비스의 유료화를 시도했다. 타오바오는 유료 부가서비스 '행운을 불러오는 보물'을 출시했다. 타오바오 웹페이지에서 가장 잘 보이는 곳에 상품을 노출할 수 있는 유료서비스였다. 유료광고가 붙은 상품과 일반 상품은 따로 배치되었다.

지난 3년간 전면 무료를 약속한 타오바오가 유료 부가서비스를 내놓은 건 타오바오 사업 시작 이후 가장 큰 변화였다. 이 변화는 사용자들에게 자연스레 '변칙적인 유료화'로 비춰졌다. 마윈은 이 '행운을 불러오는 보물'이 타오바오에 행운이 아닌 골칫거리를 안겨다줄 것이라는 사실을 알지 못했다.

판매자들은 타오바오의 유료화에 분노했다. 유료 부가서비스에 가입하지 않은 판매자들의 상품은 뒤에 배치될 것이고, 뒤로 밀려난 제품이 판매될 가능성은 '0'에 가까워질 거라고 염려했다.

당시 타오바오 CEO였던 쑨퉁위 孙彤宇 는 판매자들의 우려에 대해 '행운을 불러오는 보물'은 새로운 C2C 모델로, 이를 사용하다 보면 사용자들이 그 장점을 깨닫게 될 거라고 주장했다. 이어 그는 서비스 출시 20일 만에 이미 10만 명의 판매자가 이 유료 부가서비스에 가입했음을 내세우며 사람들에게 환영받고 있음을 증명하려고 했다.

이런 핑계는 판매자들에게 전혀 먹혀들지 않았다. 타오바오의 유료 부가서비스에 가입하지 않은 판매자들은 즉각적인 판매급감을 맞을 수밖에 없었다. 물건을 팔고 싶으면 타오바오의 유료서비스에 가입하는 수밖에 없는 상황에 판매자들은 타오바오의 독단적 결정을 비난했다. 일부 점주들은 '행운을 불러오는 보물'을 반대하는 주제가를 만들어 온라인상에 공개하기도 했다. 민심은 점차 타오바오에 등을 돌리고 있었다.

2006년 5월 30일 21시, '행운을 불러오는 보물' 반대 온라인 서명운동에 참여한 판매자의 수가 3만 9,326명에 달했다. 이들은 만약 타오바오가 유료화 철회 요구에 적절하게 대응하지 않는다면 6월 1일을 기해 타오바오에서 모든 상품의 판매를 중단하고 알리페이에 넣어놓은 예치금을 전부 빼버리겠다고 통첩했다.

판매자뿐 아니라 구매자 역시 타오바오의 유료화에 거부감을 가졌다. 유료서비스에 가입한 판매자들이 타오바오에 지불한 금액만큼 물건값을 올렸기 때문이다. 즉 구매자 입장에서는 타오바오의 유료서비스에 가입한 판매자의 상품을 구매한다는 건 결국 다른 상품에 비해 비싼 돈을 주고 물건을 구매해야 한다는 뜻이었다.

이러한 타오바오에 대한 민심악화는 마화텅으로서는 절호의 기회였다. 타오바오에 비해 내로라할 만한 경쟁력이 없는 파이파이가 마윈을 둘러싼 높은 담장의 토대를 갉아낼 찬스였다. 마화텅은 이 기회에 타오바오의 고객을 끌어와 파이파이의 덩치를 키워야겠다고 결심했다.

파이파이는 재빨리 '개미들의 이동'이라는 캠페인을 진행했다. 당시 타오바오의 마스코트였던 개미에 비유해 "큰 비가 쏟아지니 개미들은 대피하라"는 문구를 내걸었다. 텐센트는 자사의 무료서비스를 부각시켜 타오바오의 판매자 회원을 파이파이로 흡수할 요량이었다.

파이파이는 홈페이지 메인 화면에 "타오바오에서 온 판매자 출석체크하는 곳", "무료서비스의 종착지" 같은 다소 과장스러운 구어를 내걸었다. 또 홍보 효과를 높이기 위해 QQ 메신저를 통해 '개미들의 이동' 캠페인을 퍼뜨렸다. 이 캠페인에 참여하는 판매자들에게는 타오바오가 아닌 제3의 온라인 쇼핑몰에서 쌓은 신용도까지 파이파이에 반영해주겠다고 약속했다. 또 파이파이로 옮겨오기만 하면 '황금 판매인 추천'을 무료로 제공해 판매자들의 입점을 지원한다고 공표했다. 그야말로 판매자들의 입맛에 꼭 들어맞는 조치를 줄줄이 내놓은 것이다.

'개미들의 이동' 캠페인에 힘입어 파이파이의 인기는 급등했다. 특히 중소판매자들이 파이파이에 적극적인 지지를 보냈고, 많은 판매자들이 타오바오에서 옮겨왔다. 한 판매자는 입점 쇼핑몰을 옮기며 이같이 말했다.

"인터넷에서 사업을 한다는 자체가 모험이다. 더 많은 고객들을 끌어모으기 위해서는 박리다매에 나서야 하기 때문에 우리는 무료상점을 선택할 수밖에 없다. 또 그렇게 해야만 수익을 낼 수 있다."

더 많은 판매자들을 파이파이로 이끌기 위해 마화텅은 더욱 특별한 인센티브 전략을 펼쳤다. 다른 쇼핑몰에서 파이파이로 옮겨온 판매자가 텐페이를 이용해 최초 거래를 성사시키면 3위안의 상품권을 지급했다. 동시에 구매자들에 대한 이벤트도 진행했는데, 텐페이를 이용해 결제한 구매자에게 5위안의 상품권을 지급했다. 이벤트 기간에 제품을 가장 많이 구매한 사람에게는 여기에 더해 최대 600위안에 이르는 '쇼핑광 혜택'을 제공했다.

중국의 C2C 시장에서 무료서비스는 인터넷 기업들이 이 시장에 뛰어들기 위해 갖춰야 할 최우선의 무기였다. 그렇다고 C2C 사업자들이 무기한으로 무료서비스를 제공할 수는 없었는데, 수익성은 기업의 생존과 성장에 관련된 것이었기 때문이다. 많은 전자상거래 사업자들이 본사업에서는 수익을 내지 못한 채 돈방석을 꿈꾸는 처지였다.

유료서비스로 시장의 질서를 다시 세우고자 했던 타오바오처럼, 중국 전자상거래 산업이 시작된 이래 8년이라는 짧은 역사 속에서 예전에도 비슷한 일이 있었다. 이베이의 이취가 서비스 유료화를 시도했다가 '무료'를 앞세운 타오바오의 공격을 받아 판매자들을 대거 빼앗겼던 것이다. 이처럼 무료라는 낮은 문턱은 중국에서 C2C 산업이 더 널리 자리 잡고 발전할 수 있게끔 만든 동시에 시장의 플레이어들에게는 치명타를 입혔다.

타오바오는 사용자들의 항의에 못 이겨 별수 없이 대책을 내놓았다. 2006년 5월 26일 오후, '행운을 가져오는 보물' 서비스 비용을 100위안에서 50위안으로 낮춘 것이다. 그러나 이 '양보'는 판매자에게 있어서는 오십보백보의 차이로 보일 뿐이었다. 그들의 마음을 돌이키기엔 역부족이었다. 파업 중인 사람들은 파업을 지속했고, 옮겨갈 사람은 옮겨갔다.

결국 마윈이 직접 나섰다. 5월 29일 새벽, 마윈은 타오바오 인터넷 카페에 글을 올렸다. 장장 2,000여 자에 달하는 글에는 최근 타오바오 내 판매자의 파업사태에 대한 설명과 해명이 담겨 있었다. 마윈은 사태가 이렇게 커질 줄 몰랐고, 이는 자신의 잘못이라고 밝히며 사용자들에게 심심한 사과를 했다.

똑똑한 마윈은 판매자들이 대거 타오바오에서 이탈할 경우 지금껏 자신이 힘겹게 쌓아온 노력들이 물거품이 될 수 있다는 사실을 잘 알고 있었다. 5월 31일, 타오바오는 '행운을 불러오는 보물' 서비스의 존폐를 6월 1일부터 10일까지 열흘간 네티즌들의 표결에 부쳐 결정하겠다고 밝혔다.

6월 1일, 반나절 만에 9만 명이 투표에 나섰다. "서비스를 보완해 지속하기를 원한다"는 의견이 38%, "현재로선 적합하지 않은 서비스다. 없애야 한다"는 의견이 62%였다. 공증처의 감독하에 공개된 최종 투표결과, 총 12만 7,872명이 폐지를 원했는데, 이는 총투표 수의 61%에 해당하는 수치였다.

6월 10일, 투표가 끝난 후 타오바오는 2006년 6월 12일 12시를 기해 유료 서비스를 중지하고 지금까지 판매자들이 지불한 금액을 전액 환불하겠다고 밝혔다. 변칙적인 유료화가 일으킨 파문은 이렇게 타오바오가 물러서면서 끝이 났다. 이 사태로 얼마나 많은 판매자들이 타오바오에서 파이파이로 옮겨갔는지 정확한 수치는 집계되지 않았지만 타오바오가 이 일로 큰 상처를 입었다는 사실은 분명했다.

기업이 어느 정도 규모가 커지고 나면 겉으로 드러난 성공에 눈이 멀어 상황에 맞지 않는 판단을 내리기 쉽다. 이런 때일수록 기업은 냉정하게 생각하고, 치밀하게 조사하고, 정확하게 판단해야 한다. 시장의 호응 없이 독단적으로 큰 변화를 주어선 안 된다. 타오바오는 이러한 사실을 간과하고 시장에서의 지위를 과신해 독단적으로 결정을 내렸다. 달콤했던 무료서비스를 갑자기 유료화한다고 밝혔으니 사용자들이 이를 거부하는 건 당연했다. 이는 '시장조사'를 하지 않은 결과였다. 만약 타오바오가 유료서비스를 결정하기 전에 시장의 트렌드를 읽고 네티즌들의 생각을 정확히 짚을 수 있었다면 이 같은 상황은 벌어지지 않았을 것이다.

흔히 '난세가 영웅을 낳는다'고 한다. 복잡하고 불확실한 인터넷의 강호에서 맹주가 되지 못한다면 최소한 자기 종파라도 세워야 하지 않겠는가. 마화텅은 자신의 기풍을 수립해나가기 시작했다. 타오바오와 달리 파이파이의 전략은 하나하나 잘 맞춰져 있었고, 마화텅의 전략적 판단은 일반 사람들보다 한 수 위였다.

두 말이 싸움 끝에 부상을 입다

타오바오가 유료서비스의 존폐를 결정하는 투표를 한창 진행하고 있던 2006

년 6월 6일, 파이파이는 앞으로 3년간 모든 서비스를 무료로 제공한다고 공식 선언했다. 하지만 경영전략 차원에서 마화텅은 마윈의 3년 무료정책을 넘어설 마음은 없었다. 이 3년이라는 시간 동안 텐센트가 적잖은 자금을 투입해야 할 것이 분명했기 때문이다. 또 무료서비스가 대다수 사용자들에게 더 이상 신선한 유인책이 될 수 없었기에 파이파이는 다른 우대 혜택도 내놓았다. 6월 6일부터 7월 6일까지 한 달간 판매자가 50개 이상의 상품을 파이파이에 입점시키면 한정수량의 골드메달 라벨을 공짜로 지급하기로 결정한 것이다. 이 골드메달이 있으면 판매자는 더 많은 서비스 혜택과 무료로 판매인 추천을 받을 수 있었다. 판매인 추천은 판매자들에게 매우 중요한 서비스였다. 치열한 경쟁 속에서 자기가 파는 상품이 사람들의 관심을 끌어 빨리 판매되게 하기 위해서는 쇼핑몰에서 좋은 자리를 차지하는 게 무엇보다 중요했다.

온라인 쇼핑몰에 입점한 판매자들의 비즈니스 모델은 기본적으로 박리다매 전략을 취했다. 온라인에서 쇼핑하는 구매층 대다수가 수입이 많지 않은 젊은 사람들인데다 싼값이 아니라면 굳이 온라인에서 물건을 구매할 이유가 없기 때문이다. 이 이유로 판매자들은 C2C 플랫폼을 선택할 때 서비스가 공짜인지, 앞으로 사이트의 전망이 밝은지, 시장의 트렌드를 잘 따라잡고 있는지를 중요하게 생각했다. 이러한 니즈를 제대로 파악한 '전면 무료화'와 '판매인 추천' 전략이라는 적극적인 시장공략을 펼친 결과 파이파이는 곧 신규 판매자들이 선호하는 명당이 되었다.

중국의 온라인 시장조사기관인 어낼러시스 인터내셔널易观国际이 2006년 발표한 중국 C2C 시장 관련 조사에 따르면 그해 2분기 기준, 중국의 C2C 시장규모는 57억 1,000만 위안(약 1조 772억 원)에 달했고, 매우 빠른 속도로 성장하고 있었다. 당시 업체별 규모는 타오바오, 이베이, 파이파이 순이었지만 시장점유율에서 보면 타오바오가 압도적인 우위를 점하고 있었다.

2005년 9월 12일부터 2006년 8월까지 파이파이는 빠른 속도로 성장했다. 단 1년 사이에 등록 사용자 수가 200만 명을 넘어섰고, 입점한 상품 수가 450만 건을 넘어섰다. 파이파이는 전자상거래라는 전쟁터에 뒤늦게 뛰어들었지만 강력한 뒷심으로 C2C 시장에서 무시할 수 없는 존재가 되었다.

파이파이를 보는 마윈의 감정이 유쾌할 리 없었다. 타오바오에 바짝 붙어 쫓아오고 있지, 서비스 유료화 사태 때는 안 그래도 울고 싶은데 뺨까지 때렸던 것에 마윈은 단단히 벼르고 있었던 것이다. 때마침 온라인상에서 한 차례 루머가 돌기 시작했다. 타오바오 사용자들의 집단 반발 사태가 사실은 파이파이가 뒤에서 꾸며낸 것이란 내용이었다.

2006년 5월 30일, 중국 최대 SNS 시장사업자인 첸샹의 베이징첸샹인터넷과학기술발전유한공사北京千木+象互聯科技發展有限公司 홈페이지에 익명으로 글이 하나 올라왔다. "타오바오에 대한 비난의 목소리는 사실 텐센트의 작품"이라는 제목의 글이었다. 텐센트가 '더셩자 德盛嘉'라는 홍보대행사와 '온라인 홍보의 건' 계약을 맺고 이 홍보대행사에 타오바오에 대한 비난여론을 조성하도록 위탁했다고 주장하는 내용이었다. 이 글에 이어 "의견조사, 여러분은 마화텅이 '인터넷 알바'를 고용해 타오바오를 공격했다고 믿나요"라는 글도 올라왔다.

이 두 편의 글은 홈페이지에서 눈에 잘 띄는 곳에 게시되었기 때문에 올라오자마자 네티즌의 관심을 끌었고 이에 대한 수많은 논평이 쏟아지며 한바탕 소동이 일어났다. 이 센세이셔널한 뉴스를 접한 마화텅은 해당 홈페이지를 운영하는 첸샹공사에 경고장을 보내 당장 게시글을 삭제할 것을 요구했다. 경고장을 받아든 첸샹공사는 이 글을 홈페이지에서 내리기는 했지만 완전히 삭제하지는 않았다.

일주일 후인 6월 6일, 첸샹의 홈페이지에 또 하나의 글이 올라왔다. "텐센트 열 개의 죄를 고한다, 마화텅을 찢어 죽여라"라는 제목이었다. 이 글은 더 이상 단순한 폭로성 글이 아니었고, 인신공격과 욕설로 도배되어 있었다. 마화텅은 화가 머리끝까지 치밀어올라 베이징첸샹공사를 명예훼손죄로 고소하고 공개사과와 함께 500만 위안의 손해배상을 청구했다. 이후 파이파이와 타오바오 사이에 격렬한 전쟁이 펼쳐졌다.

싸움은 6월 21일 절정에 달했다. 마윈은 텐센트를 다음과 같이 규탄하고 나섰다.

"나는 인력 빼가기는 매우 피곤한 일이라고 생각한다. 인터넷 업계 내 경쟁에도 반드시 지켜야 할 룰이 있다. 또 남의 인력 빼내기에만 의존해서는 창의와 혁신을 이룰 수 없다. 파이파이의 가장 큰 문제는 창의와 혁신 없이, 모든 것을 남의 것으로부터 베껴온다는 점이다."

마화텅은 즉각 이에 답했다.

"첫째, 이 정도의 인력이동은 일반적인 수준이다. 둘째, 타오바오에서 옮겨온 인력은 2~3명밖에 되지 않아 인력유출이 타오바오의 토대를 무너뜨리고 있다고 말할 수 없다."

마화텅은 또 마윈이 지적한 '베끼기'에 대해서도 부인했다.

"모든 전자상거래 업체의 상황이 비슷하다. 모두가 같은 비즈니스 모델을 가지고 있는데, 누가 누구의 것을 베꼈다고 말할 수 없다."

설전이 펼쳐지는 온라인 세상에서는 어느 정도의 비판과 방어가 전혀 이상하지 않고, 제삼자가 보기에도 그렇고 당사자들 역시 부득이한 일로 여긴다. 마윈과 마화텅의 설전 역시 중국 전자상거래 산업 발전에 아무런 부정적인 영향을 미치지 않았고, 오히려 업계 내 우열 가리기를 촉진한 측면이 있다. 하지만 당시로선 두 경영자들의 설왕설래가 일촉즉발과 같은 상황으로 흘러가며 아주 심각한 분위기가 조성되었다.

각자의 내부적인 사정은 차치하고 큰 흐름으로 본다면, 타오바오가 '룰의 크리에이터(창조자)'라면 파이파이는 '팔로어'였다. 만약 타오바오가 자신의 비즈니스 모델로 특허를 신청했다면 마화텅의 행동은 반박할 여지없이 침해 행위에 해당했다. 그러나 빠르게 발전하는 인터넷 세계에서 비즈니스 모델은 어떤 사람 또는 어떤 기업의 제한과 속박도 받지 않는 것이었고, 이러한 특수 상황에서는 실력으로 말하는 수밖에 없었다.

2006년 12월, 텐센트는 법원에 타오바오에 대한 고소장을 제출했다. 타오바오에서 QQ의 계정과 사이버화폐인 Q머니가 실제 가치보다 터무니없이 낮은 가격에 대규모로 판매되고 있는 행위는 텐센트의 지식재산권과 저작권을 침해하는 것이니 텐센트 상품 관련 페이지를 영구적으로 삭제해달라고 요청하며 고소하기에 이르렀다. 타오바오가 텐센트와의 합작 또는 사전협의 없이 QQ의 계정과 Q머니 거래를 방임하는 처사는 텐센트를 무시하는 것이라고 밝혔다.

이에 한발 앞서 타오바오 측은 텐센트를 고소했다. 타오바오의 영업이 합법임을 확인해달라고 요청하고 나선 것이다. 타오바오에서 Q머니와 QQ 계정의 거래가 이뤄지고 있지만 이는 판매자가 자발적으로 형성한 시장이고, 가격역시 판매자 스스로 결정하는 것이라고 주장했다. 타오바오가 불공정한 경쟁수단으로 고객을 끌어들인 것이 아니라는 설명이었다. 다시 말해, 타오바오는 판매자에게 상품을 판매할 수 있는 플랫폼을 제공할 뿐 어떤 물건을 파는지는 관계가 없다는 논리였다.

텐센트는 타오바오의 주장에 맞서, 그들의 말대로라면 온라인 시장에는 각종 무질서가 판을 치게 될 것이라고 논리를 펼쳤다. 일부 범법자들이 절도한게임계정이나 게임아이템 등을 불법적으로 거래하게 된다면 거래시장이 혼란을 겪지 않겠느냐며 타오바오의 '방임'이 텐센트에 막대한 손해를 끼치고있다고 주장했다.

이 시기에 선전시 경찰이 QQ 계정과 Q머니, 게임계정을 훔치고 이를 팔아온 범죄집단을 일망타진하는 사건이 있었다. 경찰 조사결과 범죄자들은 타오바오를 통해 장물을 팔아넘겨 약 70만 위안을 벌어들인 사실이 드러났다. 텐센트 입장에서는 입가에 미소가 번질 일이었다. 말보다 행동이라고 때마침 실제 사례가 발생했으니 타오바오에 가장 큰 타격을 줄 수 있었다.

하지만 텐센트가 기뻐하기에는 아직 일렀다. 이때까지 실물 재산이 아닌'가상의 재산' 거래에 대한 구체적인 법규정이 없었기 때문이다. 관련 법률이없다는 것은 곧 텐센트의 고소가 준거법이 없으며, 결국 송사가 흐지부지 끝날 수 있다는 의미였다. 또 어떻게 보면 타오바오는 가게 하나를 임대해준 셈인데, 가게를 깨끗하게 치우지 않는다고 임차인을 내쫓을 수는 없고, 판매자를 일일이 모니터링할 수도 없는 일이었다. 텐센트의 주장대로라면 타오바오는 '모니터링 기구'를 설치해 각 판매자가 판매하고 있는 상품이 자사의 모니터링 기준에 적합한지 여부를 일일이 살펴봐야 하는데 이러한 시스템을 갖추기 위해 지불해야 하는 노력과 비용이 너무 크고, 인터넷의 편리함과 신속함 및 다양성 등의 특징에도 어긋났다.

알리바바 입장에서 보면, 타오바오에서 개인들의 거래규모가 커질수록 회사는 '수동적인' 상황에 놓일 수밖에 없었다. 모든 사람이 법과 규칙을 준수하고, 게임의 룰을 지켜주기를 기대하기는 어려웠다. 타오바오 같은 거대한 시장이 다양성으로 넘쳐날 수 있는 이유는 판매자들이 자신의 개인적 이익을 위해 장사를 하기 때문이었다. 판매자가 타오바오의 눈치를 보며 무엇을 팔지 정한다는 것은 말이 되지 않았다. 이러한 알리바바의 논리는 같은 처지의 전자상거래 회사들의 시각이자, '더 큰 이익'을 보호하는 것이었다.

SNS 암투

2006년 들어 '웹2.0시대'의 개념이 일상으로 파고들면서 더 많은 인터넷 기업들이 SNS(소셜네트워크서비스)를 중시하기 시작했다. SNS가 보여준 네티즌 간의 상호작용은 전 세계에 놀라움과 기쁨을 안겨주었다. 페이스북의 출시는 중국 인터넷 기업들에 희망을 주었고 앞으로 가야 할 길을 제시했다. 마윈이 이끄는 타오바오는 이 시장의 잠재력을 알아채고 각 방면에서 조용히,

하지만 적극적으로 구체적인 준비를 해나가고 있었다.

2009년 3월 12일에 타오바오는 사내 직원들을 대상으로 SNS 제품 연구개발과 운영인력을 모집한다는 공고 이메일을 보냈다. 아울러 타오바오 사용자들을 대상으로 한 SNS 타오지앙후를 정식 개발하기로 결정했다. 2009년 4월 1일, 타오바오는 타오바오 사용자들을 위한 네트워크 서비스인 '타오지앙후淘江湖'를 선보였다.

타오지앙후 덕에 사람들은 이전보다 타오바오 이용이 훨씬 편리해졌지만 단지 이를 전자상거래를 위한 수단으로 여길 뿐 일반적으로 널리 사용하는 SNS로 생각하지는 않았다.

이에 타오바오는 타오지앙후의 사용자층을 확대할 필요성을 느끼고 SNS 각 분야의 인재들을 적극적으로 흡수하기 시작했다. 바이두 티에바貼吧를 만든 장본인인 위쥔兪軍이 일찌감치 타오바오로 합류하면서 타오바오가 SNS 영역에 대거 뛰어드는 신호탄을 알렸다.

바이두에서 제품설계 수석엔지니어를 지낸 위쥔은 한때 바이두의 영혼이라고 불렸던 인물로, 인터넷 소셜 상품 분야에서 잔뼈가 굵은 사람이었다. 위쥔은 바이두를 떠난 후 은거에 들어가 인터넷 강호에서 모습을 감췄다고 알려져 있었지만 타오바오 계열의 소셜서비스 연구개발과 운영을 전면적으로 책임지게 되었다.

SNS 분야에서 돈을 벌길 원하는 모든 중국인의 이목이 타오바오의 일거수일투족에 집중되었다. 특히 마화텅은 이 강력한 경쟁자를 관심을 갖고 지켜보았다. 당시 중국 내 SNS 시장은 인터넷이 중국 땅에 처음 들어왔을 때와 유사한 모습을 하고 있었다. 창업자의 뜨거운 열정에 기댄 몇몇 SNS 홈페이지가 있었고, 각자 생존을 위해 고군분투했다. 초기 사업자인 마이왕蟻螞網과 360취엔왕360圈網은 이미 자금부족으로 문을 닫은 상황이었다.

곧바로 황금 알을 낳을 것으로 기대했던 SNS라는 거위가 다른 사업과 마찬가지로 적자를 겪어야 한다는 사실을 사람들이 깨달을 때쯤 런런왕人人網과 카이신왕開心網이 합병을 했다. * 이 같은 상황으로 업계 내 진정한 지도자가 필요하다는 사실이 더 명확해졌다.

업계 내 전문가들이 보기에 중국에서 페이스북 같은 SNS를 만들 수 있는 회사는 단 두 곳, 알리바바와 텐센트였다. 두 회사는 주력 분야는 달랐지만 중국 인터넷 시장에서 가장 많은 사용자를 확보하고 있었다. 원수는 외나무다리에서 만난다고, 깊은 원한이라고 말할 것까지는 아니더라도 수많은 우여곡절을 겪어온 마윈과 마화텅이 SNS 분야에서 또다시 마주하게 된 것이다.

마윈은 이미 SNS를 점찍은 상태였고 마화텅 역시 같은 시장을 노리고 있었다. 마윈이 SNS 제품개발에 전력투구하던 그때 마화텅은 웨이보를 통해 텐센트가 플랫폼을 개방할 것이라고 밝혔다. 마화텅이 자신도 모르는 새 또다시 마윈을 겨냥한 셈이었다. 마윈이 이에 대해 어떤 생각을 가졌을지 궁금

* 중국 최대 SNS 시장사업자인 첸샹(千橡)은 2008년에 카이신왕(kaixin.com) 도메인을 사들여 SNS 사업에 나섰다. 첸샹은 또 그해 10월 인수한 교내왕(校内网)의 이름을 '런런왕'으로 바꾼 후 두 개 플랫폼을 통해 서비스를 제공했다. 2010년에 kaixin.com이 청빙하오가 만든 kaixin001.com과 불공정경쟁 혐의로 고소전을 치르게 되자 런런왕과 카이신왕을 런런왕으로 통합했다. —역자 주

해지는 대목이다. 말솜씨 좋은 마윈이지만 시원한 말다툼 한 번으로 얻을 수 있는 일회성의 쾌락을 원하지는 않았던 것 같다. 사람들이 인정할 만한 성과야말로 상대를 대하는 가장 좋은 대응일 테니 말이다.

2010년 9월 1일, 텐센트와 타오바오의 싸움에 또다시 불이 붙었다. 텐센트가 먼저 8월 31일에 타오바오직통차의 사용을 전면 금지하기 시작했다.

타오바오직통차 淘寶直通車 는 2005년에 야후차이나가 알리바바그룹으로 편입된 이후 새롭게 출시한 가격경쟁 검색방식이다. 이는 일찍이 선보인 '행운을 가져오는 보물'과는 개념이 완전히 다르다. 타오바오직통차의 가격경매 결과는 야후검색엔진에서 볼 수 있었고, 타오바오에서는 일반 상품과 차별화된 이미지와 글씨체로 결과가 보여졌다. 타오바오직통차 가입 상품은 타오바오의 페이지 우측에 별도로 나타나 구매자들의 눈길을 끌었다. 또 상품별로 키워드를 200개까지 설정할 수 있었고 판매자들은 각각의 검색어에 대한 가격을 자유롭게 정했다. 야후와 타오바오에서의 검색결과 순위를 동시에 확인하는 것도 가능했다. 서비스 이용료 측면에서도 '행운을 불러오는 보물'보다 훨씬 합리적으로 책정됐다는 평가를 받았다. 판매자들은 상품이 실제 클릭된 수에 따라 가격을 지불했다. 검색키워드의 최저가는 0.05위안부터 100위안으로 상한이 정해졌다. 호가마다 최소 0.01위안씩 올라가는 구조였다.

텐센트의 이 같은 조치에 대해 타오바오는 즉각 텐센트 QQ 계정에 대한 사용금지를 선포했다. 타오바오가 새롭게 출시한 인스턴트 메신저 프로그램인 타오바오왕왕 旺旺 보급 확대를 노린 조치인 동시에 경쟁자인 텐센트에 대한 압박을 가하기 위함이었다.

좀 더 구체적으로 보면, 타오바오 측은 사용자들이 타오바오직통차에 올린 상품과 광고정보가 텐센트 QQ 번호 정보를 포함할 경우 즉시 매장에서 해당 상품을 철수해야 한다고 공고를 냈다. 이에 따르면 타오바오에 올라와 있는 광고에 텐센트 QQ 번호를 홍보 또는 증정하는 내용이 어떠한 형식으로든 들어갈 수 없었다. 상품설명에도 텐센트 QQ 번호 및 이와 관련된 문자, 이미지, 링크를 포함할 수 없다고 규정했다. 타오바오와 텐센트 간의 이 같은 갈등은 비록 사소해보여도 상당히 긴 시간 동안 어려운 문제로 남았다.

마윈과 마화텅은 분명히 서로 다른 길을 걷고 있지만 업계 내에서 돋보이는 존재라는 공통점이 있었다. 마화텅은 C2C 시장에 한 획을 그었고 이는 마윈에게는 평생 잊을 수 없는 일이었다. 만약 중국 C2C 시장에 파이파이가 등장하지 않았더라면 타오바오는 이 시장을 마음껏 좌지우지할 수 있었을 것이다. 타오바오는 설립 이후 지금까지 중국 C2C 시장에서 확고한 위치를 점하며 명성을 떨치고 있지만 파이파이의 시장점유율도 무시할 수 없는 수준으로, 타오바오의 패권적 지위를 항상 위협했다. 마화텅은 사사건건 마윈을 건드렸고, 마윈은 이에 대해 다소 감정적으로 보일 만한 반응을 보이기도 했다. 결과적으로 보면 업계가 정리되는 과정이긴 했지만 말이다.

마화텅이 타오바오에 결정적인 타격을 입혔다고 말할 수는 없지만 그렇다고 그것을 마화텅의 실패로 볼 수는 없다. 텐센트는 줄곧 일정한 우세를 점하고 있었다. 중국 C2C 시장에서 파이파이의 점유율은 20%가 채 되지 않았지만, 마화텅의 지도하에 나선형으로 꾸준히 올라가는 성장세를 보여왔다. 파이파이의 성장이 타오바오 사용자를 끌어옴으로써 가능했던 것은 아니다. 파이파이와 타오바오 양측 모두 나날이 새로운 방식을 통해 당초 사용자가 아니었던 네티즌을 새로이 사용자로 포섭하며 시장을 확대해왔다. 성장요인을 분석해보면 전후좌우 판세를 잘 읽어낸 마윈이 C2C 사업의 '중국화'를 충실히 해냈고, 이로써 이베이를 격파하고 파이파이의 공세를 막아낼 수 있었다.

마윈이라는 막강한 상대를 대상으로 싸우는 과정에서 마화텅은 매 순간 최선을 다해 공세를 펼쳤다. 하지만 알리바바와 비교할 때 텐센트의 제품라인이 너무 방대했기 때문에 마화텅은 전자상거래 영역에만 집중할 수 없었다. 이는 파이파이의 앞날에 대한 복선이기도 했다.

떨어지는 꽃잎은 막을 길이 없고

시간이 흐르면서 파이파이와 타오바오의 격렬한 전쟁은 결국 한쪽으로 기우는 형세가 되었다. 순풍을 타고 성장하는 타오바오와 달리 파이파이는 조금씩 퇴세를 걷기 시작했다. 텐센트의 사업영역 범위가 너무 넓었고, 마윈이 전자상거래 분야에서 탁월한 재능을 가졌기 때문이었다. 파이파이는 이후 펼쳐진 경쟁에서는 타오바오를 압도할 만한 기세를 보이지 못했다.

마윈이 2005년 10월 19일에 타오바오 3년 무료정책을 선언했을 때 애널리스트들은 타오바오가 이로 인해 매년 최소 3억 위안을 쓰게 될 것이라고 예측했었다. 이처럼 무료서비스의 지속은 엄청난 자금투입을 의미했지만 타오바오의 발전과정을 되돌아보면 무료정책이야말로 타오바오의 성장에 결정적 역할을 했음을 알 수 있다.

2007년이 되자 타오바오는 단순히 물건을 파는 사이트가 아니라 아시아

전역에서 가장 큰 오픈마켓으로 발돋움했다. 그해에 타오바오 거래액은 연 400억 위안(약 7조 5,000억 원)을 돌파했다. 이 거래액은 다양한 소매업태가 함께 이뤄낸 것으로 B2C 또는 C2C로 규정할 수 있는 성격이 아니었다.

타오바오는 플랫폼 안에 다양한 거래방식을 가져왔다. 미국인이 중고물품을 처리하는 방식을 도입해 중고거래 사이트를 열었고, 글로벌 쇼핑 사이트를 개설해 구매자들이 세계 각지의 상품을 편리하게 구매하도록 도왔다. 전 세계를 하나로 묶었고, 오프라인에 시장을 형성할 규모가 되지 않던 다양한 소매업태들이 인터넷 세상에서 넘치는 생기를 발휘할 수 있도록 장을 열어주었다. 마윈의 탁월한 경영 덕에 타오바오는 중국 전자상거래계의 확고한 일인자로 우뚝 서며 2007년 11월 6일에 알리바바는 홍콩주식시장에 상장했다.

2014년 '광군제光棍節' 하루 동안 알리바바의 매출액은 571억 위안에 달했다.● 마윈이 세운 알리바바 제국은 이제 전자상거래 시장에서 더 이상의 경쟁상대가 없는 게 사실이다. 마윈이 보유한 지분가치는 1,193억 위안으로 중국 IT업계의 일인자가 되었다.

이에 비교하면 마화텅은 결국 전자상거래 분야에서는 기적을 만들지 못했다. 결국 타오바오와 나란히 설 수 없었던 파이파이를 매각하기로 결정하고

● 알리바바는 매년 11월 11일에 중국판 블랙프라이데이 행사를 진행한다. 이날은 독신을 뜻하는 숫자 1이 네 번 겹치는 날로 독신자 즉, 광군(光棍)들을 겨냥해 중국 판매자들이 할인판매에 나서는 최대 쇼핑시즌이다. 알리바바는 광군제 때 초대형 전광판을 통해 실시간 매출액 추이를 공개하고 있다. 2015년에 알리바바는 광군제 매출 912억 위안(약 16조 5,000억 원)을 달성했다. ─역자 주

당시 B2C 분야에서 두각을 드러내고 있던 징둥京東그룹에 파이파이를 넘기기로 한 것이다.

2014년 3월 10일, 징둥그룹과 텐센트는 전략적 파트너십 관계를 구축하고 이를 정식 선포했다. 텐센트는 미화 약 2억 1,500만 달러를 들여 징둥 보통주 3억 5,000만 주를 인수해 징둥의 상장 전 보통주식의 15%에 해당하는 지분을 확보했다. 이와 함께 징둥은 텐센트의 B2C 플랫폼인 QQ왕거우網購 및 C2C 플랫폼 파이파이의 지분 100%를 인수했다. 또 물류 부문 인력과 자산, 온라인 전자제품 쇼핑몰 이쉰왕易迅網의 지분을 소수 인수했다. 텐센트 총재인 류츠핑劉熾平은 징둥그룹의 이사회 멤버가 되었다.

전략적 파트너십을 체결하면서 텐센트는 징둥에 위챗과 모바일 QQ 클라이언트의 명단 정보를 넘겨주고 기타 주요한 플랫폼 차원에서의 지원을 약속했다. 이를 계기로 징둥이 현물 전자상거래 분야에서 새로운 시장을 개척할 수 있도록 도왔다. 또 양측은 온라인 지급결제 분야에서도 합작을 통해 사용자들의 온라인 쇼핑 경험을 한 단계 끌어올렸다. 텐센트는 파이파이 매각으로 유입된 자금을 IM 영역에 집중했다.

징둥그룹의 창업주이자 회장 겸 CEO인 류창둥劉强東은 이렇게 말했다.

"텐센트와의 모바일, 유통, 전자상거래 등 분야에서의 전략적 합작을 통해 우리는 인터넷과 모바일에서 훨씬 넓은 사용자층에 더 좋은 품질과 즐거움을 주는 온라인 쇼핑경험을 제공할 수 있게 되었다. 이와 함께 기존의 B2C 사업과 거래 플랫폼 사업의 규모를 키워갈 것이다. 징둥그룹을 대표해, 텐센트 전자상거래 동지들이 가족이 된 걸 환영한다."

파이파이가 텐센트에서 징둥그룹으로 소속을 바꾸며 전자상거래 분야에서의 알리바바와 텐센트의 각축전이 끝이 났다. 한때 타오바오와 경쟁 분위기를 조성했던 파이파이, 많은 사람들의 호평을 받으며 기대주로 떠올랐던 파이파이는 왜 텐센트 산하의 다른 사업들과 달리 경쟁자에게 치명적인 상처를 주지 못했던 것일까? 그 이유를 단정 지어 말할 수는 없지만 대체적으로 세 가지 이유로 분석할 수 있다.

첫째, 방대한 사용자 수와 C2C 사업의 번창과는 필연적 관계가 없었다.

마화텅은 수억 명에 달하는 사용자 수를 긍정적으로 평가하고 이를 전자상거래 분야에서의 핵심 경쟁력으로 삼으려고 했지만 엄밀히 따져보면 이 같은 경쟁력이 그대로 적용되기는 힘들었다. 왜냐하면 QQ 사용자는 자신의 상태를 친구들에게 노출하는데, 이는 일종의 허영심과 존재감이라는 심리수요를 만족시키는 행위이다. 사적으로 익숙한 사람들 사이의 관계는 이익추구와 무관하다. 메신저를 통해 맺은 '강한 관계'를 비즈니스 영역으로 옮겨온다면 바로 '약한 관계'로 변형된다.

채팅창 위에 나타나는 파이파이의 쇼핑 정보는 그것을 보는 사람들에게 특별한 흥미를 불러일으키지 못했다. 쇼핑 정보를 보는 사람이 판매자의 친구이든 아니면 전혀 모르는 사람이든 판매에 미치는 결과는 같았다. 서로 아는 사람이라면 상품을 구매한 이후 상품에 대한 불만족이 두 사람의 관계에 악영향을 미칠까 두려워할 것이고, 서로 모르는 사이라면 단지 상품에 관해서만 이야기를 나누면 되지 다른 생각이 끼어들 여지가 없었다.

이 점에서 타오바오는 파이파이와 상황이 달랐다. 타오바오는 처음부터 인터넷이라는 공간에 가상으로 생겨난 상권으로 이익에 따라 움직였다. 덕분에 판매자들이 장사를 하기 쉽고, 거래 당사자들 사이에 예의를 따져야 할 상황 역시 존재하지 않았다. 따라서 QQ 사용자 수가 아무리 많아도 파이파이의 성장과는 아무런 필연적 관계가 없었다.

둘째, 커뮤니티로서의 QQ의 장점은 상권의 장점으로 이어지기 어려웠다.

IM 프로그램으로서 QQ는 온라인 세상에 거대한 커뮤니티를 세워 온 중국 네티즌의 가입을 유도해 대성공을 거뒀다. 커뮤니티가 만족시킨 것은 인간과 인간의 교류라는 수요였지 누구도 이 공간에서 물건을 사고자 하는 욕망을 느끼지는 않았다. 텐센트는 파이파이 홍보 차원에서 "큰 브랜드, 큰 메아리大品牌, 大回响"라고 이름 붙인 홍보 전략을 내놓았다. 커뮤니티를 강화함으로써 기업의 영향력을 높이려는 목적이었다. 시도는 좋았지만 파이파이와 타오바오의 비즈니스 모델이 별다른 차이가 없는 상황에서 동질화 경쟁은 큰 흡인력을 발휘하지 못했다. 결국 파이파이에서 판매자는 점차 줄어들었고, 물건을 구매하려는 사람도 더 이상 늘지 않았다.

텐센트가 커뮤니티를 활용해 전자상거래 사업을 추진한 전략은 작은 마을에서 옷집을 하는 것에 비유할 수 있다. 아무리 값이 싸고 품질이 좋아도 사람들은 작은 상점을 찾기보다는 보다 큰 규모의 쇼핑몰을 찾게 된다.

반면 타오바오의 장점은 매우 컸다. 마윈의 성공적인 경영으로 점점 더 많은 판매자들이 타오바오로 모여들었고 이는 점점 더 많은 구매자가 모여드는 결과를 가져왔다. 판매자가 워낙 많았기 때문에 이들 사이에서 경쟁이 벌어져 각종 우대혜택을 꺼내들고 고객을 유인했기에 구매자들은 여러 판매자를 비교해가며 마음껏 쇼핑을 즐길 수 있었다. 이러한 '무더기'식 상권모델은 오프라인에서의 번화가와 마찬가지로 언제나 사람이 넘쳐나는 시끌벅적한 장소가 되었다. 꼭 물건을 사려는 게 아니어도 호기심으로 찾는 곳 말이다.

셋째, 사용자 니즈에 대한 관심이 불충분했다.

QQ는 익숙한 사람 또는 낯선 사람과 온라인상에서 소통하고자 하는 사용자의 니즈를 충족시켰다. 이에 비해 파이파이는 명확한 사용자 니즈를 찾지 못했다. 알리바바가 알리왕왕을 출시해 파이파이에서의 QQ를 통한 채팅과 유사한 서비스를 타오바오에서도 누릴 수 있게 하자 사람들은 알리왕왕 계정을 만들어 쓰게 되면서 파이파이를 대하는 태도가 냉담하게 돌변했다. 여기에서 알 수 있는 사실은 텐센트는 전자상거래 분야에 뛰어든 텐센트 자신의 수요를 만족시키는 데 신경을 썼을 뿐, 사용자의 니즈를 진정으로 채워주지 못했다는 점이다.

위의 세 가지 주관적 요인들 외에도 텐센트 산하에서 파이파이가 퇴세를 보인 데는 객관적 요인도 있다. 예를 들면, 파이파이가 뒤늦게 시장에 뛰어든 탓에 많은 사용자의 온라인 쇼핑 습관이 이미 타오바오에 맞춰져 있었다. 사람들이 QQ에 익숙해진 후 다른 IM으로 바꾸기 힘든 것과 마찬가지다. 또 마윈을 필두로 타오바오에는 여러 전자상거래 고수들이 일하고 있었던 것도 하나의 원인이다. 그들은 이 분야에서만큼은 텐센트보다 훨씬 뛰어난 재능을 가지고 있었고 사용자의 심리를 파악하는 데 집중했다. 이러한 객관적 요인에 힘입어 타오바오는 파이파이를 성공적으로 제압했다.

'콰이디'와 '디디'가 만났을 때

2014년, 택시업계에서 전쟁이 일어났다. '콰이디다처 快的打車'와 '디디다처 滴滴打車'라는 두 애플리케이션의 싸움이 그해의 핫 키워드였다. 배후에서 이 두 앱의 대항을 움직인 것은 온라인의 두 거대 인터넷 기업이었다. '콰이디'의 배후에는 알리바바, '디디'의 배후에는 텐센트가 있었다. 둘 사이에 펼쳐진 또 한 차례 교전이었지만 이번에는 온/오프라인이 결합한 형태로 펼쳐졌다.

베이징의 컨설팅 회사 '이관궈지'의 추산에 따르면 그해 상반기에만 이 '두 마리 말'을 우두머리로 하는 양대 앱이 시장점유율을 놓고 약 24억 위안을 날려버렸다. 최종적으로 누구도 서로를 영역 밖으로 내쫓지 못했고 강산을 절반씩 나눠가지는 수밖에 없었다.

업계 내에서는 이 택시 앱 전쟁을 두고 '인터넷 제1차 세계대전'이라고 일컫는다. 텐센트의 참전 이유는 아주 명확했다. 머지않아 도래할 모바일 인터넷 시대에서 유리한 위치를 선점하기 위해서는 인스턴트 메신저에서 음식 평가 앱 등 O2O Online to offlien 영역으로 넘어가는 과도기를 강화할 필요가 있었다. 교통서비스가 이 선상에 있었기에 당연히 그냥 넘길 수 없었다. 하지만 이번 게임의 판돈은 실로 어마어마했고, 양측 모두 큰 대가를 지불해야만 했다. 인터넷 선두기업 간 대결이 이 정도 수준까지 이른 것은 보기 드문 일이었다.

이 대전의 1막은 2014년 1월 10일에 시작되었다. 이날 디디다처는 택시비 즉시 할인 이벤트를 펼치며 대대적인 보조금 지급 캠페인을 시작했다. 이 소식이 전해지자 수많은 택시기사들이 디디를 다운받았고 사용자들 역시 휴대전화에 앱을 설치했다.

디디는 왜 갑자기 보조금을 꺼내들어 사람들의 관심을 끌 생각을 했을까? 사람들이 주머니에 돈이 충분하면 이 돈을 한번에 쓸 생각을 하기 때문이다. 디디가 보조금으로 사람들을 꾀자 콰이디도 지지 않았다. 이렇게 '네가 하면 나도 한다'는 식으로 '큰돈 쓰는 대전'이 한바탕 시작되었다.

양측의 전투가 가장 참혹한 소모전의 단계로 접어든 건 2014년 2월에서 3월이다. 대략적인 통계로 볼 때 당시 택시기사들 주머니로 수백만 위안이 흘러들어간 것으로 추산된다. 이 기간에 택시기사들은 승객을 태울 때마다 100위안가량의 보조금을 받을 수 있었는데, 이는 택시 기본 요금의 5배에 해당하는 액수였다. 너도 나도 택시를 타다 보니 당시 베이징이나 상하이나 택시 앱을 이용하지 않고서는 택시를 탈 수 없을 정도였다. 스마트폰을 쓸 줄 아는 젊은 층이 택시를 싹쓸이하면서 나이 든 사람들의 원망만 쌓여갔다.

2014년 6월 30일이 되자 디디는 시장점유율이 45.6%에 달했고, 서비스권은 전국 178개 도시에 달했다. 콰이디의 점유율은 53.6%로 306개 도시에서 서비스를 제공했다. 8월 초가 되자 출혈경쟁은 다소 잠잠해졌다. 두 앱 모두 여전히 택시기사들에게 상징적인 인센티브를 제공했지만 액수는 상반기에 비해 크게 줄어들었다. 시간이 더 지나자 디디와 콰이디 모두 택시기사들에게 제공하던 2위안의 보조금마저 중단했다. 효과적인 수익모델을 찾아내지 못한 채 업계의 독점적 지위를 쟁탈하기 위한 극단적 방침이었던 '돈 쓰는 대전'은 이렇게 일단락되었다.

보조금 지급 중단은 부정적 영향을 미치면서 택시 앱의 사용률이 급감하며 앱을 통해 택시를 타기가 어려워졌다. 그나마 베이징이나 상하이 등의 1선도시의 경우 보조금 지급 중단이 택시 앱 이용에 미친 영향이 상대적으로 작았다. 택시 앱은 택시의 수요/공급이 매칭되는 플랫폼이었기 때문에 택시 수요가 워낙 많은 1선도시에서는 승객들이 여전히 택시 앱을 사용했다.

보조금 지급이 중단되자 택시기사들은 난처한 상황에 처했다. 장사가 잘 될 때는 택시 앱 없이도 생계를 이어갈 수 있었지만 불황이 오자 상황이 급변했다. 택시를 타려는 사람은 적고, 보조금 없이 승객을 찾아 멀리 나가다 보니 득보다 실이 더 많았다. 보조금 중단 이후 택시 앱 자체가 유명무실하게 되었고, 택시기사들은 가까운 곳에 가려는 승객은 아예 태우려고 하지 않았다.

이에 디디가 머지않아 택시기사를 위한 새로운 인센티브 지급 방법을 제시하겠다고 밝히자 콰이디 역시 택시기사에 대한 보조금 지급을 완전히 중단하지는 않을 것이라고 말했다. 하지만 양측 모두 애매한 말로 둘러댔을 뿐 누구도 현금보조금 또는 이에 상응하는 어떠한 인센티브를 제공할 것인지 명확하게 밝히지 못했다.

디디 공동 창업자 우루이吳睿는 언론과의 인터뷰에서 "디디는 적극적으로 수익모델을 찾고 있으며, 매달 광고수입만 이미 1,000만 위안이 넘는다"고 밝혔지만 이 정도 수준의 수입은 억 단위로 지급된 보조금과 비교하면 새 발의 피에 불과했다. 그나마 자기위안을 삼을 수 있다면 적자를 감수하고 충분히 광고를 했고, 사용자에게 모바일 결제 습관을 들였다는 점뿐이었다.

디디와 콰이디의 전쟁으로 두 강자가 공존하는 시장질서가 자리 잡았다. 콰이디와 디디는 이 전쟁을 계기로 자신들의 생태계를 마련했다. 각각 알리바바와 텐센트에 속해 있었기 때문에 필연적으로 두 거물의 영향을 받았다. 알리바바를 등에 업은 콰이디는 전자상거래 분야를 기반으로 브랜드에 대한 사용자들의 로열티를 쉽게 옮겨올 수 있었다. 텐센트를 등에 업은 디디는 강력한 모바일 네트워크 서비스의 장점에 기대 바이러스처럼 퍼져나갔다.

온라인 생태계에서는 사용자가 가장 핵심이 되어야 한다. 한쪽은 전자상거래를 기초로 하는 소비자들이고 한쪽은 소셜네트워크를 기반으로 한 소비자들이다. 미래 생태계의 구축과 발전은, 각자의 소비자들과 연관한 마케팅 전략의 발굴에 달려 있다. 이와 더불어 마케팅을 통해 제삼자와 소비자를 유기적이고 긴밀하게 연결해내는 것도 중요하다. 어떻게 보면 택시 앱의 전쟁이 알리바바와 텐센트의 모바일 지불결제수단 플랫폼이 보급되고 정착하는 데 유리하게 작용한 면이 있다.

콰이디든 디디든 온/오프라인에서 취할 수 있는 가장 합리적인 비즈니스 전략은, 순수한 택시 앱에서 나아가 사용자들이 외출과 관련해 소비하는 도구로의 전환을 꾀하는 것이리라. 보조금 지급은 장기적으로 지속할 수 있는 전략이 아니다. 지역의 오프라인 생활서비스 사업자와의 협력을 통해 서비스를 제공하면 사용자를 만족시킬 수 있고, 이렇게 함으로써 온라인상에 존재하는 프로그램의 콘텐츠도 더욱 풍부해질 수 있다.

인터넷 기업이 택시시장에 개입하면서 전통적인 사업자들, 특히 택시회사들의 이익에도 막대한 영향을 미쳤다. '온라인 택시예약'이라는 새로운 방식이 나타나면서 전통세력과 새로운 세력 간의 대치상황이 일어난 것이다.

택시 앱 출시 이후 예약택시 서비스는 알리바바와 텐센트의 또 다른 사업목표가 되었다. 보통 사람들은 외출을 할 때 걷기, 버스, 지하철, 택시 등 수많은 방식 가운데 하나를 선택할 수 있다. 여기에는 중요한 한 가지가 빠져 있는데, 바로 예약택시 서비스다. 일반적으로 '예약택시'라고 하면 자동차 렌트회사에서 제공하는 예약택시 전용 차와 인력회사가 제공하는 전문 운전기사를 갖추고, 규격화된 서비스 플랫폼을 통해 승객에게 차를 예약해주고 서비스를 제공하는 방식을 가리킨다. 해외에서는 예약택시 제도가 이미 널리 보급되어 있는데, 예약택시와 일반 택시는 확실하게 구분된다. 예약택시에는 표시등을 다는 것이 허용되지 않고 예정 시간에 정해진 위치에서만 승객을 태울 수 있다.

예약택시 방식이 중국에 도입된 지는 몇 년 되지 않았기 때문에 아직 이와 관련한 명확한 법률 규정이 없다. 지역에 따라서는 해당 교통관할부서가 예약택시 서비스에 회의적이고 심지어는 부정적인 태도를 보이기도 한다. 일부 도시에서는 지방정부 교통부문에서 중지명령을 받아 불법을 의미하는 '헤이처(검은차黑車)'로 불리기도 한다.

콰이디는 2014년 7월 '이하오전용차一號專車'를 내놓았고 그로부터 한 달 뒤에 디디는 '디디전용차滴滴專車'를 출시했다. 이후 예약택시 서비스는 베이징을 중심으로 전국의 많은 도시로 빠르게 확산되었다.

택시 앱 대선은 온/오프라인을 휩쓴 인터넷발 대폭풍이었고 또 '교통인터넷' 건설을 시도하는 인터넷 선두업체들의 첫 실험이었다. 오늘날 교통시스템은 인터넷을 입고 점점 더 스마트화하고 있다. 자동차는 이미 스마트기기 시장으로 편입되어가는 과정에 있다. 인터넷 거두들이 이 시장에서 확고한 자리를 잡기 위해 절박한 심정으로 달려드는 이유이다.

10
검색엔진이 들판에
불을 붙이다

키워드 경매는 먹음직스러운 고기

검색엔진은 포털과 더불어 많은 인터넷 기업이 주목한 먹음직스러운 고깃덩어리였다. 특히 2005년에 리옌홍 李彦宏 이 설립한 바이두가 나스닥 상장에 성공한 후 중국 IT업계는 검색엔진에 대한 장밋빛 환상에 부풀었다. 사람들은 검색엔진이 금을 캐기에 가장 적합한 노다지라고 생각했다.

미국의 한 투자은행의 통계에 따르면 검색엔진 시장은 매년 35%의 성장률을 보이고 있다. 이 같은 성장속도로 검색엔진은 인터넷 업계에서는 이메일, 메시지 短信 , 온라인게임에 이어 '제4의 금광'으로 불린다.

인터넷 비즈니스 각 분야는 각기의 수익원을 가지고 있는데 검색엔진의 경우 키워드 경매가 주요 수입원이다. 키워드 경매는 연관 검색어 광고의 주요 방식 가운데 하나이다. 일반적으로 기업들이 얼마를 지불하느냐에 따라 키워드 검색결과에서 선후 배치가 결정된다. 가격은 동일한 키워드를 사들인 웹페이지의 순위를 정하는 기준이다.

키워드 경매는 기본적으로 클릭 수에 따라 가격이 결정되는 특징을 가지고 있다. 통상적으로 검색결과의 상위에 놓여야 광고효과를 볼 수 있다. 또 사용자들의 클릭이 없다면 여기에 대해서는 광고비를 지불하지 않아도 된다. 서로 같은 검색어의 광고에는 클릭당 가장 높은 가격을 지불한 웹페이지가 첫 번째로 보이고, 그다음부터는 광고주가 각자 설정한 클릭당 단가(CPC Cost Per Click)에 따라 위치가 정해진다.

중국 내에는 바이두가 가장 먼저 키워드 경매를 내놓았다. 광고효과에 따라 대가를 지불하는 인터넷 광고방식이 도입되면서 기업들은 작은 투입비용으로 대규모의 잠재고객을 확보할 수 있었다. 이 덕에 기업의 매출이 효과적으로 늘어났고 검색엔진 사업자도 크나큰 이익을 챙겼다. 리옌훙은 대외적으로 바이두 매출의 80%가량이 키워드 경매에서 발생한다고 밝힌 바 있다.

바이두 검색이 시장에 선보인 이래 중국의 네티즌은 습관적으로 이러한 말을 주고받고 있다.

"오늘 바이두 했어?"

"모르겠으면 바이두 찾아봐."

바이두는 중국 네티즌 사이에서 독보적인 존재가 되었다. 하루가 다르게 절대적 지위를 굳혀가고 있던 가운데 바이두는 '사면초가' 상황에 처하게 되었다.

2008년 11월, 중국 관영 CCTV는 〈뉴스30분〉 프로그램에서 "바이두가 키워드 경매를 허술하게 관리하면서 일부 사기꾼 기업들의 광고까지 허용해 많은 사람들이 사기를 당하고 있다"는 보도를 내보냈다. 보도가 나간 이후 다른 매체들도 일제히 이와 관련한 보도에 나섰고, 바이두의 키워드 경매가 '악성 경쟁'을 부추기고 있다고 지적했다.

약 10억 명의 주식투자자들이 동시에 뉴스를 접했고 나스닥에 상장된 바이두의 주가는 폭락했다. 3거래일 만에 주가가 38% 하락했고 1주당 67달러까지 떨어졌다. 바이두의 시가총액은 3분의 1토막이 났고, 리옌훙의 보유지분 가치 역시 3분의 1로 줄었다. 경영진의 상황이 이러할진대 직원들의 손실은 말할 것도 없었다. 많은 직원들이 들고 있던 스톡옵션이 휴짓조각이 되었다.

바이두에 닥친 타격은 금전적 손실만이 아니었다. 무형의 가치인 바이두의 브랜드 이미지의 손상이 더 큰 문제였다. 또 전 국민이 시청하는 CCTV에서 대대적으로 보도한 만큼 바이두 임직원은 얼굴을 들고 다니지 못할 정도로 치욕감을 느꼈다.

바이두가 2001년 키워드 검색서비스를 선보인 후 사람들 사이에서는 '바이두가 명작을 만들어냈다'는 칭찬이 자자했다. 바이두는 설립 초기, 시나닷컴新浪網, 왕이網易, 소후搜狐 등 중국 내 포털사이트에 서비스를 제공하는 검색엔진으로 출발했다. 시간이 흐르자 리옌훙은 '남에게 얹혀사는' 상황에 불만을 갖고 새로운 길을 모색하게 되었다. 이즈음 미국에서 키워드 경매에 대한 연구개발이 완료되었고, 리옌훙은 이 방식을 중국으로 들여와 자신의 재능을 더해 약간 보완한 후 바이두식의 키워드 경매를 출시했다.

바이두의 키워드 경매가 인기를 끈 요인을 살펴볼 필요가 있다.

2000년이 되어 수많은 인터넷 기업들이 우후죽순으로 설립되었다. 이들은 홈페이지를 만든 후 인지도를 높이려고 했다. 홈페이지 유입량을 늘려야 수익을 낼 수 있었는데 여기에서 검색엔진의 역할이 매우 중요했다. 검색엔진은 이러한 작은 홈페이지들을 유명한 홈페이지로 만들어줄 수 있었다.

원리는 간단하다. 인터넷에 접속한 사람들은 원하는 정보를 얻기 위해 어떤 홈페이지에 들어가야 할지를 알 수 없다. 하지만 검색엔진이 보여주는 검색결과를 통하면 필요한 정보가 있는 홈페이지의 존재를 알게 되고, 사람들은 여기에 방문한다. 홈페이지에 머무는 시간이 길수록 이 홈페이지는 기억에 남게 되며, 네티즌이 오랫동안 살펴보는 홈페이지가 바로 검색결과의 앞부분에 오게 된다. 인지도를 얻지 못한 홈페이지 입장에서 검색엔진은 '현금인출기'나 다름없었다.

이렇듯 검색엔진이 중요해질수록 바이두의 영향력 또한 커져 갔다. 게임유저에게 오토프로그램 다운로드를 제공하는 회사가 있었다. 이 회사 경영자의 말에 따르면 바이두 검색을 통해 자사 홈페이지에 들어와 프로그램을 다운로드 하는 사람 수가 매일 2만 명, 때로는 3만 명에 이르렀다고 한다. 중국도시지리망中國成市地理網 역시 바이두를 통해 유입되는 방문객으로 겨우 체면을 유지한 케이스다. 바이두 검색을 통해 하루 방문객이 수백 명에서 수천 명으로 늘어나더니 지금은 수만 명으로 늘었다고 한다.

사례로 든 두 회사 모두 소규모 기업이고 매출규모가 크지 않아서 바이두에 따로 광고비를 지불하지는 않았다. 하지만 일부 홈페이지들은 인지도를 높이기 위해 바이두에 막대한 광고료를 지불하면서 키워드 경매에서 일정한 자리를 유지하고 있다. 언론보도 내용에 따르면 전국의약망 全國醫藥網은 바이두에 약 반년간 10만 위안(약 2,000만 원)에 가까운 광고료를 지불한 것으로 알려졌다.

바이두의 키워드 경매의 부정적인 면이 폭로된 후 도덕성에 대해 대대적인 논의가 뒤따랐다. 하지만 한편으로는 이 보도로 검색엔진 산업의 거대한 가치가 노출되었다. 이 일은 다른 인터넷 선두기업들이 이 분야로 서서히 뛰어드는 계기로 작용했다.

검색엔진 소소

업계를 선도해 나가면서 바이두는 다른 업체의 모방대상이 되는 동시에 뛰어넘어야 할 존재가 되었다. 검색시장에서 넘버원이 되고자 한다면 일단 바이두부터 뛰어넘어야 하고, 바이두를 뛰어넘는다는 것은 곧 금광을 캐는 것과 다름없었다.

중국 인터넷 시장에서 급부상하고 있는 검색분야에 마화텅 역시 관심을 갖고 있었다. 포털사이트가 단순히 정보제공을 하는 데 그치면 사용자들은 수동적인 정보수용자의 입장이지만, 검색결과를 능동적으로 수집할 수 있고 정보수용자들 간에 상호작용이 가능하다면 포털이 지속적으로 성장하며 비로소 완전한 포털이라 할 수 있었다.

2005년 2월 4일, 마화텅은 미국의 구글과 전략적 합작을 발표했다. 합작의 목적은 텐센트가 검색분야에서 경험을 쌓기 위한 것이었다. 이때까지 IM 분야에서 쌓은 텐센트의 장점이 검색분야에서는 활용되지 못하고 있었다. 구글과 합작을 체결한 이날부터 텐센트는 새로운 전략적 파트너를 위해 텐센트의 포털사이트인 텅쉰왕에서 구글의 검색서비스를 제공했다. 또 구글이 인터넷 광고와 검색엔진 기술을 결합할 수 있도록 지원했다. 텐센트의 전폭적 지원에 힘입어 구글검색은 QQ의 클라이언트와 텅쉰왕을 포함한 텐센트의 서비스로 빠르게 융합되었다. 둘의 합작을 통해 사용자들은 텐센트의 다양한 서비스 속에서 구글검색을 이용할 수 있게 되었다.

구글과의 합작을 이뤄낸 이후 마화텅은 바로 다음 계획에 착수했다. 바로 사용자들이 요구하는 방식 그대로 온라인 생활방식을 충족시켜주는 것이었다. 마화텅은 검색을 '정보전달과 지식획득'이라고 정의하고 사용자들의 가장 기본적인 수요를 만족시키는 일에 나섰다. 검색은 이 두 가지 수요를 서로 연결하는 중요한 역할을 수행했다.

모든 준비를 마친 마화텅은 전속력을 다해 검색시장에 뛰어들었다. 텐센트는 2006년 3월 2일 검색엔진 소소soso를 내놓고 독자적으로 검색영역 사업을 펼쳤다. 소소는 사용자들에게 훨씬 편리하고 풍부한 인터넷 서비스를 제공하는 데 주력했다. 텐센트는 소소를 이렇게 소개했다.

"다른 검색엔진과 달리 소소는 사용자를 만족시키는 데 주력하며, 특히 젊은 네티즌의 실제 요구에 초점을 맞춘다."

소소검색은 웹페이지, 이미지, 뉴스, 블로그論壇, 뮤직을 포함한 자사의 QQ 제품군과 Qzone까지 모든 것을 망라했다. 사용자들은 한 번의 검색으로 이 모든 것을 볼 수 있었다. 소소에는 다른 검색엔진에는 없는 독특한 기능이 추가되었는데 바로 '통합검색' 기능이었다. 소소는 정보통합 능력을 활용해 사용자들이 검색어로 입력한 키워드와 관련된 모든 웹페이지, 이미지, 음악 등의 정보를 한꺼번에 보여주었다. 최단 시간 내에 원하는 내용을 찾을 수 있다는 점에서 소소는 검색시장에 있어 일대 개혁이었고 엔터테인먼트와 생활의 요소를 결합한 현대 IT정신을 선도한 것으로 평가되었다.

과거와 마찬가지로 마화텅은 모방에 창조를 더해 소소만의 경쟁력을 만들어냈다. 소소는 젊은 네티즌의 니즈를 만족시키기에 충분했고, 이는 다른 검색엔진이 당분간 해낼 수 없는 일이었다. 검색분야의 일인자인 바이두 입장에서는 사용자가 수억 명에 달하는 텐센트를 무시할 수 없었다. 둘은 조금씩 대립의 기미를 보이더니 결국 '억만대군 전쟁'의 국면으로 흘러가게 되었다.

한편 구글은 항시 바이두의 자리를 넘보고 있었다. 텐센트와 합작을 발표하기 이전에 구글은 경쟁에서 유리한 위치를 점하기 위해 Gmail과 Gtalk을 잇달아 선보이고 IM 영역에도 뛰어들었다. 겉으로는 구글의 기능이 확실히 많아 보였지만 다소 잡다하다는 느낌을 지울 수 없었다. 이 때문에 구글은 어떤 영역에서도 특출난 결실을 보이지 못하고 정체되어 있는 상태였다.

마화텅은 바이두 역시 구글과 비슷한 길을 가리라고 예상했다. 마화텅은 바이두가 이미 IM 프로그램 개발을 마치고 출시를 앞두었음을 알고 있었다.

바이두의 커뮤니티는 '바이두 지식인百度知道'과 '바이두 티에바 百度贴吧'에 의존하며 이러한 '충성도'가 강한 커뮤니티 덕에 바이두는 넓은 사용자층을 확보할 수 있었다. 일부에서는 바이두가 미니홈피 서비스인 '바이두 존百度空

閭'을 출시한 목적이 QQ가 꽉 잡고 있는 미니홈피 사업에 진출하기 위한 것이라고 지적했다. 바이두의 목적은 분명했다. 바이두의 총부리는 텐센트를 겨냥하고 있었다.

당시 업계 전문가들은 바이두가 먼저 소셜서비스와 블로그에 진출한 후 인스턴트 통신과 뉴스포털新闻社区 영역으로 확대할 것으로 예상했다. 바이두가 검색을 기반으로 다양한 상품라인업을 갖춘 후 탄탄대로를 걸을 것이라고 전망했다. 텐센트가 걸어온 길 역시 이와 크게 다르지 않았다. 텐센트는 인터넷 IM QQ를 기반으로 QQ게임, Qzone을 출시했고, 이어 QQ의 막대한 사용자 수에 기대 전자상거래 영역에 뛰어들었고, 또다시 검색사업을 시작했다.

바이두와 텐센트는 인터넷 시장이 고속성장하면서 피할 수 없는 경쟁상대가 되어버렸다. 바이두가 IM 사업에 뛰어들지 않았다 해도 텐센트는 소셜자원들을 통합해 검색시장에 뛰어들었을 것이다. 마화텅은 QQ가 더 많은 사람들을 연결하고 더 많은 서비스를 제공하면서 이를 효과적으로 통합할 필요가 생겼다. 마화텅은 이 통합의 수단이 바로 검색이라고 밝혔다. 이 말은 곧 텐센트가 검색시장을 놓고 경쟁자들과 다퉈보겠다는 뜻이었다. 이러한 현상은 인터넷 기업이 성장하는 자연스러운 과정이었고, 사회적 추세였다.

바이두는 검색으로 시작해 세력권을 점차 넓혀왔고 이미 각 분야로 조금씩 침투하고 있었다. 텐센트도 QQ를 등에 업고 이 커뮤니티에서 다른 커뮤니티로 범위를 확장하며 더 이상 들어갈 틈이 없는 경지에 이르고 있었다. 바이두와 텐센트는 충돌을 피하기 어렵게 되었다. 이때 먹이를 찾아나선 다른 무리의 이리 떼들도 검색엔진이라는 시장에 조용히 접근하고 있었으니, 한바탕 난투전을 알리는 서막이었다.

난투전에서 포위망을 뚫다

시나닷컴은 2005년 6월에 중국 검색엔진 시장을 겨냥해 공들여 만든 결과물을 공개했다. 시나닷컴의 아이원IASK, 愛問은 "무엇이든 물어보세요, 검색의 새로운 좌표가 열립니다"라는 주제로 기자간담회를 열고 기세를 몰았다.

시나닷컴의 총재 왕옌 汪延은 아이원이 기존의 검색엔진과 다르다며 다음과 같이 소개했다. "기존의 검색엔진은 사용자들이 키워드를 입력하면 정보의 바다에서 일정한 알고리즘에 따라 정보를 정리한 후 필요한 웹페이지를 추출해내지만 아이원은 다릅니다. 검색사용자들의 상호작용이 가능해 사용자의 질문이 올라오면 다른 사용자가 답변을 할 수 있습니다."

시나닷컴은 중국대백과전서 中國大百科全書, 쓰퉁홀딩스유한공사 四通控股有限公司, 투멍과기유한공사 圖盟科技有限公司, 베이징중수온라인유한공사 北京中搜在線有限公司 등과 손잡아 내용과 자원 면에서 삼라만상을 다 갖추게 되었다. 아이원에는 수많은 네티즌의 지혜가 모여 있었고, 네티즌들의 경험이 쌓여 있었다. 시나닷컴이 노린 것은 네티즌 서로의 경험과 느낌의 쌍방향 교류였다.

이 같은 '상호작용'의 일환으로 아이원은 다른 검색엔진에는 없는 새로운 기능인 직달특구 直達特區 를 연구해 개발했다. 직달특구의 가장 큰 특징은 편리함이었다. 예를 들어 검색창에 어떤 연예인의 이름을 입력하면 그 연예인의 사진과 출연한 영화 및 TV 프로그램, 음악을 포함한 모든 자료가 추출돼 결과로 나왔다. 또 온라인 게임유저가 어떤 게임에 대한 정보를 찾고 싶을 때 아이원에 해당 키워드를 입력하면 이 게임과 관련한 자료들을 즉시 볼 수 있었다. 온라인 게임유저 입장에서 이 기능은 매우 편리한 것이었다. 사용자들은 정보의 바다를 두 번 이상 헤매면서 관련된 링크를 찾을 필요가 없었다.

시나닷컴이 워낙 종합성이 강한 포털페이지인 만큼, 여기에 검색기능을 더한 아이원의 앞날 역시 매우 유망하다며 왕옌은 자신감을 내비쳤다. 일반적인 단순 검색엔진으로는 시나닷컴의 네티즌 유입량을 도저히 따라잡을 수 없을 것이라고 자신했다. 왕옌은 또 네티즌을 오도할 수 있는 키워드 가격경쟁을 하지 않을 것이라고 밝혔다. 아이원의 검색결과 노출방식에 대해서는 사용자에게 한층 가깝게 다가가기 위해 네티즌의 수요에 근거해 정렬될 것이라고 설명했다.

하지만 상황은 왕옌의 기대만큼 흘러가지 않았다. 출시 후 2년이 지나도 아이원은 검색엔진 시장에서 큰 관심을 끌지도 못하고 성과도 내지 못했다. 여전히 바이두와 구글에 가려진 채 맞붙어볼 기회조차 가지지 못했다. 아이원의 실패는 결국 시나닷컴과 구글의 합작이라는 결과로 이어지게 되었다.

2007년 구글차이나의 중국화 전략은 성공하지 못했고, 바이두에 패해 물러나면서 적지 않은 손해를 맛보았다. 마찬가지로 시나닷컴의 아이원 역시 별 성과를 내지 못하고 바이두에 참패를 당했다. 구글과 시나닷컴은 물 흐르듯 자연스럽게 합작을 하게 되었다. 시나닷컴은 구글과 정식으로 합작해 인터넷 검색의 신기원을 열기 위해 협력하겠다고 선포했다. 이후 시나닷컴의 아이원은 버려졌고, 시나닷컴은 아이원 대신 구글의 검색엔진을 사용했다.

이 두 인터넷 기업의 합작은 '강-강 연합'으로 불릴 만한 소식이었다. 시나닷컴은 중국의 주요 포털 가운데 하나였고 방대한 뉴스 데이터를 자랑했다. 한편 구글은 검색엔진으로서 바이두 다음으로 인기를 누리고 있었다. 이 둘의 결합은 아주 분명한 장점을 가지고 있었다. 시나닷컴의 포털을 바탕으로 사용자들이 뉴스를 보면서 구글의 자료를 검색할 수 있었고, 또 구글 입장에서는 바이두를 한 방 먹일 수 있었으니 참으로 짜릿한 일이었다.

구글이 바이두와의 경쟁에서 실패한 원인 가운데 하나는 뉴스 제공에 있었다. 바이두가 '뉴스 제공 허가'를 받아 뉴스 검색서비스를 제공한 반면 구글은 허가를 받지 못했다. 구글과 시나닷컴의 합작은 이 결함을 보완해줄 것으로 기대됐다. 구글과 시나닷컴의 연합이 불가피하게 여겨졌던 또 다른 이유는 바이두가 너무 막강해 둘이 손잡아야만 우세를 점할 것이라는 판단에서였다. 하지만 둘이 어떻게 손을 잡든 리옌훙은 이에 대응할 자신이 있었다.

이때 한 사람이 등장했다. 소후搜狐의 대표 장차오양張朝陽이었다. 소후의 전신前身은 아이터신愛特信 공사이다. 1998년, 아이터신이 '소후' 서비스를 내놓은 후 회사 이름을 소후로 바꿨다. 장차오양은 네 차례에 걸쳐 자금투자를 받았고, 2000년에 미국 나스닥시장에 상장했다.

장차오양은 시나닷컴과 구글의 합작을 줄곧 부정적으로 보아왔다. 포털사이트를 운영하려면 반드시 검색기술을 갖춰야 한다고 보았기 때문이다. 그 수준이 어떻든 아예 없는 것과는 완전히 다른 차원의 이야기라는 것이다. 그는 소후의 후방에는 검색엔진의 지원이 반드시 필요하며 검색기술 없는 포털사이트의 앞날은 상상조차 할 수 없는 일이라고 단언했다. 장차오양이 이렇게 공개적으로 시나닷컴과 구글의 합작에 문제가 있다고 지적한 이유는 그만 큰 자신감이 있어서였다. 당시 소후가 선보인 블로그 서비스가 1,000만 명이 넘는 사용자를 확보하며 이에 힘입어 장차오양은 의기양양해 있었다.

장차오양은 기술의 중요성을 높이 평가했다. 그는 리옌홍과 마찬가지로 기술이야말로 인터넷 기업이 생존할 수 있는 기초이며, 기술 없이 세워진 인터넷 기업은 설 자리가 없어질 것이라고 생각했다.

2004년 8월, 장차오양이 이끄는 소후는 새로운 검색엔진인 써우거우搜狗를 내놓았다. 들리는 얘기로 '써우거우'라는 명칭은 영화 〈거장의 장례식〉에 나오는 "그들도 개를 잡고搜狗, 우리도 개를 잡는다. 각자의 개를 각자가 잡는다"는 대사에서 따왔다고 한다. 장차오양은 써우거우를 세계 최초로 선보이는 3세대 중국어 쌍방향 검색엔진이라고 칭했다. 장차오양이 써우거우를 선보인 것은 바이두에 도전장을 내미는 일이었다.

써우거우에 대한 장차오양의 자신감은 대단했다. 그는 써우거우의 기술력과 성능에 포털서비스인 소후의 지원까지 더해진다면 바이두를 2년 내에 넘어설 것이라고 확신했다. 재미있는 점은 장차오양이 미국 투자자들과의 미팅에서 이렇게 말할 때 현장에 리옌홍도 함께 있었다는 사실이다.

장차오양이 이렇게 자신만만해했지만 현실은 그리 녹록하지 않았다. 장차오양은 써우거우가 부족하다는 점을 인정해야만 했다. 2년이 지난 후에도 바이두는 여전히 거대한 바이두였고, 써우거우는 여전히 써우거우일 뿐이었다. 써우거우가 바이두로부터 빼앗아온 시장점유율은 아주 미미했다. 장차오양이 3세대 쌍방향 검색엔진 혁명을 선언하고 써우거우를 진두지휘했으나, 써우거우의 수준은 객관적으로 바이두의 허리쯤에 머물렀다. 하지만 기대에 못

미치는 결과에도 장차오양은 의기소침하지 않았다.

혼란의 검색대전 가운데 새로이 생겨난 대부분의 검색회사들은 모두 바이두를 경쟁상대이자 쓰러뜨려야 할 목표로 삼았다. 하지만 그 누구도 바이두를 넘어서지 못했다. 바이두는 검색대전에서 무반응으로 대응했는데 수많은 강한 상대를 대하면서도 여전히 평안하고 태연했다.

소소를 내세워 이 시장에 뛰어드는 마화텅 역시 바이두를 넘어설 만한 뾰족한 수를 찾지 못했지만 텐센트의 수많은 사용자를 원천으로 삼아 때로는 자신감의 광채를 내뿜어냈다. 마화텅은 조심스럽고 신중하게 검색엔진의 중심지를 향해 출발할 기회를 기다리고 있었다.

삼국살

검색엔진 분야에서 텐센트와 바이두의 교전이 펼쳐지는 가운데 바이두의 우세는 점점 확실해졌다. 중요한 이유 가운데 하나는 바이두의 커뮤니티 서비스인 티에바貼吧였다. 젊은 네티즌, 특히 80년대생을 일컫는 빠링허우, 90년대생을 일컫는 지우링허우를 중심으로 하는 사용자층에 바이두의 티에바는 소통의 본부로 여겨졌다. 이 점만으로도 젊은 네티즌은 바이두에 적극적인 신뢰를 보내고 있었다.

바이두 티에바를 처음 내놓았을 때만 해도 리옌훙은 이 커뮤니티가 이렇게 놀라운 매력을 가지고 있을지 몰랐을 것이다. 시간이 흐를수록 바이두 티에바는 인터넷 세계의 주류인 젊은이들에게 폭발적인 반응을 이끌어냈다. 그들은 티에바를 통해 자유롭게 의견을 나누고 거리낌 없이 표현했다. 이 젊은이들의 지지에 힘입어 티에바는 바이두를 둘러싸는 든든한 성벽이 되었다.

바이두 티에바가 출시된 이후 인터넷상에는 카페论坛, 블로그, SNS, 웨이보, 위챗 등 다양한 소셜플랫폼들이 줄이어 등장했지만 지금은 연기처럼 사라지고 극히 일부만 살아남았다. 그리고 여전히 바이두는 우뚝 서서 건재함을 과시하고 있다. 2014년 기준으로 바이두 티에바 사용자 수는 10억 명을 넘어섰다. 820만 개의 관심티에바興趣贴吧가 운영되고 있으며, 매일 평균 1억 개 이상의 게시글이 올라오고, 방문자 수는 27억 명에 달한다.

티에바의 본질은 공통의 화제로 모인 사람들의 커뮤니티이다. 티에바는 사람이 본능적으로 가지고 있는 본인의 개성을 추구하면서도 생각을 나눌 수 있는 친구를 찾으려는 모순된 사용자의 니즈를 충분히 만족시킨다. 바이두의 티에바에서 네티즌들은 자기가 속해 있을 만한 공간을 찾을 수 있고 여기에는 특별한 방식이나 수단이 필요하지 않다.

바이두 티에바는 다양화 전략을 추구해, 끊임없이 생겨나고 파생되는 하위문화亚文化 집단이 바이두 안에서 존속해 나갈 수 있었다. 사극이라든지 한류 추종자라든지 어떤 문화형식을 대표하는 집단은 티에바에서 자신과 관심사가 비슷한 사람들을 만날 수 있다. 사람들은 일반적으로 하위문화의 분열이 인터넷 선두기업에 위기가 될 것이라고 생각하지만 티에바의 사례에서 보듯 오히려 만나기 어려운 기회이다.

중국의 팬덤문화도 바이두 티에바에서 출발했다. '1면'에 실리는 것이 최대의 파급력을 발휘하는 오늘날, 티에바는 사회성과 화제성 등을 특징으로 여기저기서 모여든 네티즌들이 공통의 관심사를 갖도록 만들었다. 예를 들어

지아쥔펑 贾君鹏 •이라든지 오디션 프로그램 차오뉘 현상 등 말이다. 여기에 더불어 바이두는 핫 키워드 검색 搜索热点 과 이슈에 대한 리액션 话题反作用 을 강화함으로써 사회에 미치는 티에바의 영향력을 한 단계 더 높였다.

티에바의 성공에 힘입어 바이두는 계정체계를 보완하고 정리할 수 있었다. 또 검색엔진의 도구화로의 전환을 가속화했다. 인간심리학 관점에서 볼 때 사람은 가장 먼저 타인과의 교제를 원하고 이어 귀속감을 느낄 수 있는 집단을 찾는다. 맨 마지막에 이르러서야 사용할 도구를 찾는다. 인터넷의 젊은 사용자들이 현실 생활을 가상의 세계로 옮기는 과정에서도 이 법칙은 그대로 적용되었다.

바이두 티에바는 바이두 제품들의 보급을 촉진했고, 검색엔진이 사회적 이슈를 형성하는 도구로서의 역할을 실현할 수 있도록 도왔다. 티에바 덕에 바이두는 거대한 인터넷 생태계를 구축했고, 바이두 검색은 확고한 지위를 굳혀나갔다.

티에바의 경쟁력은 QQ의 제품군을 뛰어넘었다. 티에바는 소셜서비스로서의 특성과 귀속감이 훨씬 강한 반면 QQ의 제품군은 대부분 IM의 보조적 역할에 그쳤다. 사회집단에 속한 모든 사람이 티에바를 중심으로 활동했으며,

---

• 지우링허우 세대를 대표하는 가상의 인물 '지아쥔펑'을 내세운 티저광고로 중국 사회에서 열풍을 일으켰다. "엄마, 내가 어렸을 땐 철이 없었어. 미안해. 빨리 집에 와!" 등의 문구로 지우링허우 세대의 공감을 얻은 짤막한 광고 글귀에 수십만 개의 댓글이 달리며 사회현상으로 떠올랐다. —역자 주

QQ의 제품들은 티에바의 보조를 맞출 수밖에 없었다. 바이두가 주가 되고 QQ가 부차적인 것으로 서열이 매겨졌기에 텐센트의 소소가 바이두 검색을 뛰어넘지 못한 건 자연스러운 현상이었다.

소소가 정식 출범을 앞두고 업계의 한 미팅 자리에서 리엔홍과 마화텅이 우연히 만나게 되었다. 이 자리에서 리엔홍은 마화텅에게 소소가 무엇이냐고 물었지만 마화텅은 비교적 예의를 갖춰 답변하기를 거부했다고 한다. 리엔홍이 곧 시장에 나오게 될 소소에 대해 어느 정도 우려를 가지고 있었다는 사실을 알 수 있는 대목이다.

소소를 정식으로 선보인 후 마화텅은 검색서비스와 텐센트의 기존 제품을 유기적으로 결합하기 시작했다. 단순히 검색창에 키워드를 입력하는 그저 그런 놀잇감이 아닌 개성화, 커뮤니티화, 스마트화, 모바일화된 '물건'을 만들어내는 것이 목적이었다.

구글이 중국 대륙에서 철수하면서 소소는 두 가지 면에서 유리한 위치를 점해 또 한 번 절호의 기회를 얻었다. 하나는 경쟁상대가 없어졌다는 점에서였고, 또 하나는 구글에서 일하던 인력들이 텐센트로 몰려들어 소소의 기술력을 한 단계 높여주었다는 점에서였다.

하지만 소소의 성장은 그리 순탄하지 않았다. 구글에서 일하던 선진기술과 노하우를 보유한 인재들을 일부 영입해왔지만 그들을 다시 소소라는 새로운 검색엔진으로 융합하기까지는 시간이 필요했다. 또 검색엔진은 텐센트의 여러 전략부서 가운데 하나의 부서, 프로젝트에 불과했던 반면 구글에서 검색엔진은 핵심 그 자체였다. 이러한 무게중심의 차이는 다른 방식으로 대체하거나 보완하기 힘든 것이었다. 또 텐센트의 전체 자원 총량에는 한계가 있어서 가장 좋은 자원을 검색엔진 업무에 전부 쏟아부을 수는 없었다. 이 역시 소소를 키우는 데 제약으로 작용했다.

현재 소소와 바이두를 비교하면 마화텅이 검색엔진 분야에 뛰어든 것은 한 번 탐색하는 길에서 들러본 여행지 정도로 비유할 수 있을 것이다. 만약 정말로 바이두를 뛰어넘을 생각이었다면 텐센트는 여전히 갈 길이 멀다.

중국 내 검색엔진 시장현황을 보면 바이두가 진심으로 우려하는 것은 소소가 아닌 치후360이다. 2012년 8월에 검색엔진 시장에 뛰어든 이래 2년이라는 짧은 기간 동안 치후360이라는 작은 회사는 놀라운 역량을 발휘했다. 검색엔진 분야 진출에 앞서 2010년에 텐센트와 겪었던 '3Q 대전'은 치후360을 쓰러뜨리지 못했고, 오히려 훗날 바이두라는 엄청난 거물을 대할 때 더욱 큰 용기와 지혜를 발휘할 수 있게 했다. 관련 자료에 따르면 2014년 8월 11일까지 중국 검색시장에서 바이두의 시장점유율은 55.1%이고 치후360은 29.7%였다. 써우거우와 소소의 시장점유율은 합쳐서 12.8%였다.

치후360은 백신 프로그램으로 시작한 기업으로, 처음 시장에 나왔을 때부터 선풍적인 인기를 끌었다. 360검색은 단 하루 만에 시장점유율을 10%나 기록하며 바이두가 꽉 잡고 있는 검색시장에서 앞날을 예측하기가 가장 어려운 검색엔진 플랫폼으로 꼽혔다. 치후360은 현재까지도 검색엔진 시장에 매우 강한 영향을 끼치면서 업계의 큰 관심을 받고 있다.

360검색은 시장에 나온 후 2년간 시장점유율이 계속해서 올라갔다. 특히 이때는 구글이 중국 사업을 철수하면서 바이두의 점유율이 기존 63%에서

80%까지 급등하던 시점이라는 점을 상기할 필요가 있다. 바이두가 명실상부한 중국 검색시장의 절대강자로 우뚝 섰던 바로 그 불리한 시점에 시장에 뛰어든 것이다. 360검색이 시장에 조용히 들어선 이후부터 편안한 안락의자에 앉아 있던 바이두는 위기감을 느껴야 했다. 일각에서는 바이두의 1강 체제가 오래가지 못할 것이라고 예측하는 사람도 있었다.

치후360은 무슨 수로 바이두를 바짝 추격할 만한 능력을 갖추게 되었을까? 그 이유는 혁신성에서 찾아볼 수 있다. 치후360의 검색결과 페이지를 보면 상품 아이디어는 기본적으로 바이두와 유사하다. 예를 들어 '360탄탄談談'이라는 소셜서비스 기능을 보면 사용자들이 자체 정의하는 검색결과인데, 이는 최근 많이 쓰이는 방식이다. 차이점도 있다. 바이두는 기술적 측면에서 혁신을 거듭하며 첫 페이지를 단순화하고 전문분야 검색을 강화했다. 이와 달리 360검색은 계속해서 새로운 채널을 선보이면서 날이 갈수록 변화하는 사용자들의 검색수요에 맞춰갔다. 이처럼 생각하기도 실행하기도 쉬운 치후360의 아이디어들은 바이두를 포함해 업계가 오히려 어렵게 여겨 피하는 방향이기도 했다. 업계는 치후360이 머리를 파묻고 뭔가를 하고 있다면 아마도 사람을 놀랍게 만드는 '물건'이 곧 나오게 될 거라는 사실을 알게 되었다.

360검색은 또 하나의 분명한 경쟁력을 가지고 있다. 치후360은 비슷한 수준의 상품들 가운데 구조의 최적화를 실현해냈다. 또 새로운 기능의 개발을 매우 중시해 남들과 차별화되는 독창적인 제품을 선보였다. 예를 들어 치후360의 의료정보 검색사이트인 명의검색360名醫, 사기전액배상계획 詐欺推廣全賠計劃, 쇼핑검색선배상계획 搜索網購先賠計劃 등이다. 모바일 검색분야에서도 치후360은 독립적인 검색 앱을 선보였다. 또 기존 검색과 앱을 새롭게 통합해 더 빠르고 더 정확한 '앱 내 검색' 등 혁신상품을 만들어냈다. 이 외에도 복잡한 수학문제를 사진으로 찍어 올리면 이를 인식해 해결해주는 앱 '파이티신기拍題神器'와 사진 보정 앱인 '완투신기玩圖神器' 등의 기능은 사용자들의 호기심과 참여도를 이끌어내면서 서비스를 선보인 지 두 달 만에 모바일 검색에서의 다운로드 횟수가 단번에 1,000만 건을 넘어섰다.

06

레드 다이아몬드 시대
"전 세계에 우수함을 알리다"

11

온라인 게임산업에
나서다

온라인 게임에 뛰어들다

미국 증권사인 브린캐피털 Brean Capital 은 2006년에 내놓은 보고서에서 온라인 캐주얼게임이 향후 5년 내에 전체 온라인 게임산업 매출의 50%를 차지할 것이라고 예측했다. 이 증권사는 인터넷이 발전하면서 캐주얼게임에 대한 네티즌의 수요가 점차 커질 것으로 전망했다.

중국 인터넷 게임업계에서 빼놓을 수 없는 사람이 있다. 바오위에차오 鮑岳嬌 이다. 저장 위야오浙江 余姚 출신의 그는 1998년 왕젠화 王建華 등과 '아워게임聯衆世界'을 설립하고 온라인 보드게임을 내세워 단번에 중국 내 유명한 온라인 게임사로 발돋움했다. 바오위에차오는 '중국과학원의 다세기 청년과학가'의 칭호를 얻었다.

아워게임은 2000년 6월 '아워게임 클럽'을 만들어 유료회원제를 실시했다. 1년이 지나자 여기에서 벌어들인 수입이 아워게임 총매출의 절반가량이 되었다. 하지만 무료게이머들이 대다수인 상황에서 사용자들이 적극적으로 유료로 전환할 만한 유인이 충분하지 못해 결국 유료회원제는 아워게임이 지속적으로 성장하는 데 발목을 잡게 되었다.

아워게임의 온라인 게임은 2001년 4월 전 세계 게임사이트 가운데 '1등'을 기록했다. 중국 내 1등과 세계 1등을 동시에 거머쥔 쾌거였다. 중국에서는 가장 많은 등록 사용자 수를 기록해 1등을 했고, 세계에서 가장 많은 동시 접속자 수를 기록했다. 2001년 상반기에 아워게임은 1,219만 위안(약 23억 원)의 영업이익을 벌어들였고, 바오위에차오는 '2001년 중국 IT 10대 풍운인물'로 선정되었다.

온라인 게임이 폭발적으로 성장하는 것을 지켜보면서 마화텅은 기회를 발견했다. 그는 QQ의 방대한 사용자 수를 발판으로 온라인 게임시장에서 우월적 위치를 차지할 수 있으리라고 믿었다.

마화텅과 바오위에차오는 제3회 서호논검에서 한 번 만난 적이 있었다. 그때 마화텅은 바오위에차오의 열정과 기개 넘치는 모습을 인상 깊게 보았었다. 당시 서호논검에서 한 참석자가 마화텅에게 새롭게 준비하는 사업이 있는지를 물었다. 마화텅은 이렇게 대답했다.

"앞으로 우리들의 휴대전화가 곧 당신들의 컴퓨터이고, 인터넷은 생활에서 불가결한 것이며 소통은 매우 중요합니다. 앞으로 우리의 발전은 여기에 있습니다."

사실 이때 마화텅은 이미 캐주얼게임 시장에 뛰어들 생각을 하고 있었기 때문에 이 같은 발언은 일종의 눈가리기였다.

서호논검이 끝나자마자 중국 인터넷 업계에는 놀라운 소식이 전해졌다. QQ게임이 테스트 단계에 들어갔다는 내용이었다. 그리고 이 소식이 전해짐과 동시에 마화텅은 베이징에서 QQ게임의 100만 사용자 관문 돌파 자축 행사를 열었다. 사람들은 텐센트가 진작부터 온라인 게임사업에 진출할 계획을 세워놓고 있었다는 사실을 단번에 알 수 있었다.

2006년 2월, QQ게임은 또다시 200만 사용자 동시 접속의 관문을 한 번에 돌파했다. 이는 중국 중형 온라인 게임 9년 역사에서 가장 높은 동시 접속 기록이었다.

QQ게임이 두각을 나타내자 아워게임은 걱정이 되기 시작했다. 바오위에차오는 2006년 2월 27일, 새로운 구호를 들고 나왔다.

'즐거운 매일매일, 게임을 즐기다 보니 어느덧 해가 저버렸네快乐每一天, 显出了一种日薄西山的悲凉'

당시 중국 내에는 아워게임뿐 아니라 킹소프트金山, 샨다盛大 등의 온라인 게임업체들이 두각을 나타내고 있었다. 이 가운데 업력이 가장 오래된 킹소프트는 1995년에 설립된 후 줄곧 싱글 플레이어 게임개발에 몰두한 회사였다. 킹소프트의 '검협정연劍俠情緣'이라는 온라인 게임은 큰 인기를 끌었는데, 해적판 소프트웨어가 널리 퍼지면서 큰 재미를 보지는 못했다. 또 킹소프트가 개발한 중국판 오피스 프로그램인 WPS 역시 마이크로소프트 오피스에 추월당했다. 훗날 샨다가 온라인 게임시장에서 두각을 나타내자 킹소프트의 생존은 더욱 어려워졌다.

샨다의 발전과정은 다음과 같다. 1999년 9월, 천텐차오陳天橋가 투자해 스탬 인포메이션 테크놀로지사Stame.com를 세웠다. 등록 사용자가 수백만 명에 달했고 일 평균 방문자 수가 600만에 이르렀다. 두 달 후 천텐차오와 그의 동업자들이 며칠간 고민한 끝에 '상하이 샨다 인터넷 발전 유한공사'가 탄생했다. 샨다는 2003년 7월 한국 위메이드 엔터테인먼트가 개발한 '미르의 전설' 베타서비스를 시작해 폭발적 인기를 끌었다. 2004년에는 미국 나스닥에 성공적으로 상장했다.

이때 또 하나의 쟁쟁한 인터넷 업체가 고개를 들었다. 1998년, 미국 유학 길에서 돌아온 주쥔朱駿이 중국에 온라인 게임이 부족하다는 사실을 알고 이 업계에 뛰어들어 '더나인第九城市'을 세웠다. 2002년 주쥔은 200만 달러를 주고 한국의 게임개발사인 웹젠의 '뮤奇蹟' 중국 내 퍼플리시권을 사들였다. 2003년 '뮤'를 유료화한 후 더나인은 하루 평균 200만 위안(한화 약 3억 7,000만 원)을 벌어들이게 되었다.

온라인 게임시장의 쟁쟁한 인물들을 보면서 마화텅은 새로운 길을 궁리했다. 그는 대형 온라인 게임에 관심을 갖고 있었다. 일정 기간 준비 끝에 마화텅은 2003년 5월, 한국 개발사인 이매직의 3D 온라인 게임 '세피로스凱旋'의 중국 내 퍼블리싱에 나섰다. 당시 온라인 게임유저들의 눈높이가 점점 높아지고 있고, 중국 내 인터넷 하드웨어 설비수준 역시 올라가고 있는 상황이었다. 마화텅은 당시 온라인 게임의 주류를 이루고 있던 2D 게임을 3D 게임이 대체

할 것이라고 판단했다.

2004년 7월 10일, 중국 제8회 국제 소프트웨어 박람회에서 마화텅은 앞으로 텐센트의 주요 투자대상은 인터넷 게임시장이 될 것이라고 명명했다.

온라인 게임시장 진출을 최대한 서두르기 위해 마화텅은 백 명 가까운 인력으로 조직을 꾸려 게임개발과 운영을 전문적으로 담당하게 했다. 이렇게 마화텅은 '미니 캐주얼게임'과 '대형 온라인 게임'의 노선을 걷게 되었다.

마화텅이 온라인 게임시장에 뛰어들자 업계의 관심은 자연스레 텐센트에 쏠렸다. 당시 가장 잘나가던 샨다는 큰 압박을 느꼈던 것 같다. 이미 시나닷컴과 넷이즈 등의 포털들도 경쟁적으로 인터넷 게임시장에 뛰어들어 중국에서도 디지털 게임의 시대가 도래했음을 증명하고 있었다. 새로이 진출을 선언한 텐센트 역시 인터넷 업계에서의 깊은 이해도와 인지도를 가진 기업이었다. 텐센트의 진출은 중국 내 온라인 게임시장의 향방에 큰 영향력을 미칠 것이 분명했다.

한편 더나인은 텐센트의 시장진출을 환영한다는 입장을 보였다. 텐센트는 IM 프로그램의 대표주자로 수많은 사용자를 확보하고 있었기에 온라인 게임에서도 경쟁력이 있을 것으로 예상됐다. 더나인은 텐센트의 시장진출이 중국 온라인 게임의 성숙과 발전을 촉진할 것이라고 판단했다.

시장의 관심과 유저들의 기대감 속에서 텐센트의 '세피로스'가 드디어 중국의 온라인 게임업계에 발을 들여놓았다. 3D 게임인 '세피로스'는 시각적으로나 화면구성 면에 있어 모두 2D 게임을 뛰어넘었다. 최적화를 거친 '세피로스'는 저가의 PC에서도 비교적 구현이 잘 되었기 때문에 일반 게임유저들의 관심을 넓게 흡수할 수 있었다.

텐센트는 '세피로스' 퍼블리싱 이후 다양한 홍보활동을 적극적으로 펼치며 중국 내 게임유저들과의 소통을 강화했다. 이 게임이 돌풍을 일으키면서 텐센트는 몇 개월 안 되는 짧은 시간 안에 서버를 여섯 차례나 확충해야 했고, 동시 접속자 수는 1만 명을 넘어섰다.

'세피로스'에는 다른 온라인 게임에서 찾아볼 수 없는 아주 뛰어난 장점이 있었다. '세피로스'에 등록한 유저의 캐릭터가 일정 등급에 오르면 '세피로스' 게임 내에서 쓰는 것과 동일한 QQ 번호를 지급한 것이다. 또 이 유저가 계속해서 게임을 하다가 새로운 등급에 오르면 텐센트 회원 등급이 이에 연동해 올라갔다. 이처럼 게임유저들에게 QQ 번호를 부여하는 방식으로 텐센트는 하나의 계정으로 여러 다른 플랫폼의 서비스까지 사용할 수 있는 개방과 협력의 기틀을 마련했다.

게임료 부과에 있어서도 텐센트는 독창적인 투웨이 전략을 취했다. 하나는 모바일 QQ와 휴대폰충전소 手機加油站 로, 온라인 게임이용료를 휴대전화 요금에서 공제하는 방법이었다. 또 하나는 Q머니로 지불하는 방법이었다. 이 두 종류의 방식은 유저들에게 비교적 안전한 결제방법이었으며 가짜 결제 카드에 대한 피해를 막을 수 있었다. 사용자 경험 측면에서도 긍정적이었다. 더 중요한 것은 텐센트의 이러한 독창적인 영업방식이 사용자들에게도 이익이 되었지만 동시에 텐센트에 이익을 가져다주었다는 점이다.

'세피로스'는 뛰어난 화질을 무기로 2005년까지는 적수가 없었지만 온라인 게임분야에서의 경험이 부족했기 때문에 하나둘씩 문제가 생기기 시작했다.

서버 부하 능력이 떨어지는데다 게임장비들이 다루기 힘들고 쉽게 고장이 나는 탓에 외부 보조 프로그램 外挂 을 달고 살아야 했다. 이후에도 수많은 문제들이 불거지면서 과한 품질의 온라인 게임은 빠르게 쇠락의 길로 접어들었다.

'세피로스' 몰락의 이유를 정확히 짚어낼 수는 없지만 텐센트가 온라인 게임시장에서 가야 할 길이 멀다는 것은 확실했다. 하지만 곧 이 길이 뚫리면서 텐센트는 자신의 경쟁력을 무기로 충분한 이익을 내는 방법을 찾아냈다.

군웅들의 필사적인 싸움

마화텅은 경험을 교훈 삼아 중요한 결정을 내렸다. QQ 사용자 자원을 충분히 활용해 온라인 게임플랫폼을 강화하는 동시에 분할 운영의 방식을 도입해 경험을 쌓는 전략이었다. 또 이때를 기해 마화텅은 모방과 퍼블리싱에 머물지 않고 독자적인 게임개발에 나서는 '양다리 전략'을 취했다. 텐센트는 자신의 가상의 적을 당시 온라인 게임시장의 거물인 샨다로 설정했다.

텐센트는 이어 'QQ 보드게임'을 선보였다. 샨다가 인수한 비엔펑 邊峰 의 온라인 게임플랫폼을 겨냥한 조치였다. 일 년 정도 지나자 'QQ 보드게임'은 아워게임, 비엔펑 등의 기존의 보드게임 플랫폼을 뛰어넘고 업계 선두로 떠올랐다. 텐센트는 온라인 보드게임은 수익이 나지 않는다는 업계의 저주를 깨뜨리고 중국 온라인 게임시장에서 펭귄의 저력을 보여주었다.

텐센트는 온라인 게임사업에서의 운영경험은 부족했지만 사용자들 홍보 면에서는 풍부한 경험을 가지고 있었다. 텐센트는 베이징의 화하 華夏, 청두의 꿈공장 夢工廠 등의 회사들과 합작을 맺고 '화하 華夏', '협의도 俠義道' 등의 인터넷 게임을 들여와 분할 운영했다. 합작을 통해 이들 회사들도 적지 않은 매출을 올렸지만, 텐센트 입장에서도 운영경험을 쌓을 수 있었다. 이때는 돈을 버는 것이 아닌, 운영경험을 쌓는 것이 무엇보다도 중요했다. 마화텅은 캐주얼게임을 통해 온라인 게임사업을 '연마'하며 경험부족을 메워갈 수 있었다.

2004년 텐센트는 'QQ탕堂'을 선보였다. 몇몇 사람들은 'QQ탕'이 산다를 통해 중국에 소개된 넥슨의 '크레이지 아케이드'를 표절한 것이라고 지적했지만 출시 직후부터 많은 유저들이 'QQ탕'에 열광했다. 매일 등록하는 신규 유저가 수백만 명에 달할 정도였다. 트렌드를 좇아 모방하는 텐센트의 전략은 또다시 성공했다. 게다가 캐주얼게임 시장에서 "하나가 성공하고 나면 2인자에게는 기회가 없다"는 업계 내 불문율마저 깨버렸다. 비록 'QQ탕'은 성적 면에서는 '크레이지 아케이드'를 뛰어넘지 못했지만 상당한 매출을 거뒀다. 게임의 내용 면에서도 'QQ탕'은 '크레이지 아케이드'뿐 아니라 다수의 캐주얼게임의 내용을 포함하고 있었다.

'QQ탕'이 성공을 거두고 나서도 마화텅은 발걸음을 늦추지 않았다. 그는 계속해서 모방과 연구개발, 퍼블리싱 등에 나서며 온라인 게임사업을 성장시켰다. 'QQ대전플랫폼 對戰平臺'은 '하오팡대전플랫폼 浩方對戰平臺', 'QQ삼국三國'은 '메이플스토리', 'QQ스피드 飛車'는 '카트라이더', 'QQ현무 炫舞'는 '오디션', 나중에 나온 '크로스파이어'는 'CS'를 각각 모방했다. 많은 사람들이 텐센트의 모방전략에 불만을 가졌지만 그들도 하나의 사실은 인정할 수밖에 없었다. 그건 바로 텐센트가 경쟁상대들과 동질화 경쟁을 두려워하지 않는다는 것이었다. 텐센트가 인기작을 모방해 제품을 내놓게 되면, 오히려 텐센트가 베낀 원 게임들의 실적이 떨어지는 결과가 이어졌다.

2005년, 마화텅은 3,000만 위안의 거금과 2년 여의 시간을 투자해 대형 온라인 게임 'QQ환상幻想'의 연구개발에 성공했다. MMORPG(대규모 다중사용자 온라인 롤 플레잉 게임) 'QQ환상'은 텐센트가 당시 계획하고 있던 인터넷 커뮤니티를 향해 한발 더 다가가도록 도와주었다.

캐주얼 온라인 게임분야에서의 축적된 경험을 바탕으로 텐센트는 대형 온라인 게임운영에 직접 나서기 시작했다. 이렇게 나온 대표작이 '심선尋仙'과 '던전앤파이터'이다. 하나는 중국 업체인 픽셀소프트가 개발했고 다른 하나는 한국의 네오플이 개발한 게임이다. 또 하나는 3D, 하나는 2D 게임이었다. 게임의 특성과 내용도 완전히 달랐다. 마화텅이 이 두 제품라인을 선택하면서 얼마나 고민했는지 알 수 있는 대목이다. 비록 실제 운영에 들어간 이후 '던전앤파이터'는 게임비와 외부 보조 프로그램의 문제가 생기기는 했지만 200만 명이 동시 접속하는 성과를 거두었다.

온라인 게임이 계속 발전하고 보급되면서 부정적인 측면이 서서히 부각되기 시작했다. 많은 청소년이 게임에 빠져 헤어나오지 못하고 심지어 학교에 무단결석하거나 게임비를 마련하기 위해 범죄를 저지르는 일까지 발생했다. 온라인 게임에 대한 대중들의 시선 또한 부정적으로 변해갔다. 이러한 이유로 마윈은 "굶어죽더라도 온라인 게임은 하지 않는다"고 공언하기도 했다(하지만 2014년이 되자 알리바바는 이 말을 뒤집고 온라인 게임시장에 뛰어들었다).

온라인 게임의 시시비비가 불거지자 마화텅은 이렇게 말했다.

"어떠한 서비스든 사용에 순서가 있고 적당한 양이 있는 법이다. 게임의 목적이 시간 때우기든 교육이든 간에 사용자들이 게임에만 매달려 산다고 하면 건강에 좋지는 않을 것이다."

말은 이렇게 했지만 마화텅은 아마 온라인 게임의 위해성을 알았던 것 같다. 그는 'QQ환상'을 레벨업이나 아이템 획득을 위해 계속해서 두드리고 공격해야 하는 게임이 아닌, 가볍고 즐거운 게임으로 만들었다. 이는 상대적으로 좀 더 건강한 축에 속했다.

'QQ환상'을 홍보하기 위해 텐센트는 세계 5대 음료업체인 와하하 娃哈哈 와 손잡고 대규모 마케팅을 전개했다. 새로운 게임을 출시하면 해당 게임에 대한 마케팅 활동을 펼치는 게 일반적이지만, 텐센트는 관례를 깨고 전혀 무관해 보이는 와하하와 이례적인 연합 마케팅에 나선 것이다. 양측 모두 합동 프로모션을 긍정적으로 평가했다. 마화텅은 비즈니스 모델의 좋고 나쁨은 투입된 자금규모가 아닌, 얼마나 많은 측면에서 '윈윈'을 이뤄낼 수 있는지에 달려 있다고 생각했다.

텐센트와 와하하는 건강한 이미지를 원한다는 점에서 비슷한 기업이념을 가지고 있었고 타깃 사용자층 역시 10~20대 젊은 층으로 유사했다. 또 두 회사는 각자 분야에서 뛰어난 자원과 경쟁력을 가지고 있었다. 그들은 '건강'이라는 키워드로 마케팅 협력을 맺었고 결과적으로 둘 모두의 기업이미지에 큰 보탬이 되었다.

와하하와 연합 마케팅을 진행하는 과정에서 마화텅은 중국의 온라인 게임 시장이 세분화, 전문화의 발전방향으로 나아가고 있다는 사실을 간파했다.

중국의 온라인 게임시장은 더욱 성숙하고 안정될 것이며 해당 업체들은 독자적인 연구개발 능력을 키워갈 것이었다. 텐센트의 눈앞에 미개척의, 크나큰 금광이 넓게 펼쳐지고 있었다.

모바일 게임시대에는 변수가 많다

텐센트는 2014년 8월 13일, 2분기 재무제표를 공시했다. 총매출액 197억 4,600만 위안 가운데 온라인 게임에서 발생한 매출 증가세가 가장 두드러져 110억 8,100억 위안을 기록했다. 이 가운데 QQ 모바일과 위챗에서 발생한 모바일 게임수입이 30억 위안에 달했다. 이는 온라인 게임 총매출의 30%에 해당했다. 온라인 게임분야에서의 특허 등록 실적 역시 눈에 띄었다. 이해 11월 20일까지 텐센트는 온라인 게임분야에서 64건의 특허를 등록해 중국 내 1위를 차지했다. 2위를 기록한 화웨이는 41건의 특허를 등록했다. 최근 몇 년간 텐센트의 특허권 신청 건수는 매년 선두를 지키고 있다. 마화텅이 인터넷 게임분야에서 지속적인 혁신을 위해 노력한 결과다.

텐센트게임즈는 중국 대형 온라인 게임커뮤니티 중 하나이다. 마화텅이 제시한 개방형 인터넷 대전략 구상에 따르면 텐센트게임즈는 캐주얼게임 플랫폼, 대형 온라인 게임, 중형 캐주얼게임, 보드게임, 대전플랫폼 등 5개 카테고리로 나뉜다. 이 가운데 스마트폰 보급이 확대되고 모바일 인터넷 시대가 도래하면서 PC용 게임매출은 전반적으로 하락추세를 그리고 있다. 캐주얼 보드게임은 더욱 눈에 띄게 기존의 화려했던 시절을 뒤로한 채 쇠락의 길을 걷는 중이다.

텐센트의 PC용 게임은 '역전逆战', '블레이드 앤 소울 劍靈', '리그오브레전드' 등이 대표적으로 이들이 주 수익원이다. 또 '던전앤파이터', '리그오브레전드', '크로스파이어'는 전 세계 인터넷 게임매출 상위 3개 게임이다. 이들 게임이 여전히 건재함을 보여주고 있지만 모바일 게임의 급속한 성장은 PC 게임의 수익성에 막대한 타격을 입혔다. PC의 몰락과 모바일의 부상은 모든 산업계에 나타나는 공통의 현상으로, 마화텅 한 사람이 거스를 수 없는 대세이기도 하다.

모바일 게임시장에서 보드게임은 여전히 주력상품 중 하나이기 때문에 실력이 쟁쟁한 많은 업체들이 끊임없이 진입하고 있다. 텐센트는 아직까지는 모바일용 보드게임 시장에 정식으로 뛰어들지는 않고 있다. 텐센트는 기존 PC용으로 보유한 게임들을 수정해 모바일용으로 옮겨왔으며, 방대한 사용자 수와 다년간 쌓아온 인기에 의존하고 있다. 만약 텐센트가 심혈을 기울여 이를 통합한다면 흡인력을 갖춘 모바일 보드게임 플랫폼을 설계해낼 수 있을 것으로 보인다. 그때가 되면 다른 회사들은 텐센트를 따라잡기 힘들 것이다.

텐센트가 전략적으로 QQ게임의 플랫폼을 이전한 시기에 아워게임, 보야博雅 등 다른 모바일 보드게임 플랫폼 역시 고속의 성장세를 보이고 있었다. 보드게임은 ARPU(가입자당 평균매출)는 낮지만 사용자들의 충성도가 높은 특징이 있다. 간편하게 즐길 수 있는 모바일 보드게임은 유저들의 자투리 시간을 잡아서 모바일 사용자들로부터 환영과 사랑을 받고 있다.

텐센트는 PC용 보드게임의 선두주자로서 확고한 지위를 세워놓았지만 현재는 모바일 게임의 심각한 도전에 직면해 있다. 텐센트 측은 시장의 이 같은

266

우려에 대해 향후 텐센트의 모바일 게임서비스 매출이 안정적인 증가세를 보일 것이라고 밝혔다. 모바일 게임분야에서 보다 만족스러운 사용자 경험을 제공하기 위해 새로운 모바일 게임을 출시하는 데 박차를 가해 시장점유율을 확대하겠다는 설명이다. 또 더 많은 제삼의 개발업체의 가입을 유도해나갈 계획이라고 밝혔다.

텐센트의 모바일 게임플랫폼 매출이 빠르게 성장하고는 있지만 당초 세운 목표치와는 여전히 거리가 멀다. 관련 분석기관의 통계에 따르면 텐센트의 모바일 게임의 전체 다운로드 수와 월간 활성 사용자 수는 2014년 4월 고점을 찍은 후 줄어들었다. 텐센트가 자체적으로 보유한 게임의 수 역시 줄어들었다. 텐센트의 앱스토어인 응용보應用寶 의 기여분을 제외하면 모바일 QQ와 위챗에서 발생하는 게임매출의 증가세는 시장 전체의 성장세를 따라잡지 못했다.

위챗은 강력한 장점을 내세워 모바일 단말기를 빠르게 점령해 수억 명의 사용자를 확보했지만 위챗을 통해 제공되는 모바일 게임서비스는 여전히 전통적인 온라인 게임에 비해 수익모델에서 제약을 받고 있다. 이는 텐센트의 위챗 활성 사용자 대부분이 도시의 중상위 계층으로 구성된 점과 연관이 있다. 이들이 위챗을 쓰는 주요 목적은 여가시간을 즐기는 것이지 사이버공간에서 상품을 소비하는 것이 아니기 때문이다.

텐센트 모바일 게임의 ARPU는 100위안에서 110위안 사이로 그다지 높지 않다. 텐센트 입장에서 모바일 게임의 ARPU를 올리는 것이 사용자 수를 늘리는 것보다 훨씬 중요하다.

또 텐센트의 모바일 QQ와 위챗은 이미 중국 네티즌 대부분을 끌어모아 더이상 사용자를 늘리기 힘든 상태다. 지금까지 텐센트의 노력으로 기존 유저가 아니었던 비유저들이 캐주얼 유저로, 캐주얼 유저는 또 하드코어 유저로 돌아섰다. 하지만 텐센트의 유입량과 사용자 끌어오기 능력은 이제 한계에 달했다. 또 다른 측면에서는 텐센트의 소셜플랫폼 게임 역시 슬럼프에 빠져있다. 텐센트는 이를 해결하기 위해 계획에 없던 모바일 게임플랫폼인 응용보라는 새로운 경로를 개발했지만 응용보마저도 위챗과 휴대전화 QQ 플랫폼의 사용자 유입에 의존하는 상황이다. 결국 일부 텐센트 모바일 게임이 응용보에서만 다운로드 받을 수 있는 결과를 초래했다. 이는 또다시 악순환으로 이어지며 응용보의 성장을 발목 잡게 된 측면이 있다. 이처럼 경영에서 허점이 드러나거나 사업배치가 합리적이지 않다면 일련의 문제들이 줄이어 생겨날 수 있다.

모바일 게임이 각광받는 가운데 위챗을 등에 업은 텐센트가 또다시 두각을 나타낼 수 있을지는 펭귄 군단을 지휘하는 마화텅의 전략에 달려 있다. 사용자의 모바일 단말기를 누가 차지하느냐에 따라 모바일 시대에 황금을 캐내는 자가 누가 될지 달려 있다.

12
공공의 적도
스타

창조적 모방

중국 인터넷 업계에서 텐센트는 공공의 적으로 불린다. 또 텐센트만큼 인터넷과 관련한 제품과 서비스 라인을 다 갖춘 기업도 없다. 사람들은 "나의 성공은 복제할 수 있다"는 중국 '샐러리맨의 황제' 탕쥔 唐駿 의 말을 "나의 복제는 성공할 수 있다"는 말로 바꿔 텐센트를 비아냥거리기도 한다. 텐센트를 비꼬는 이 말이야말로 펭귄 제국의 핵심 가치를 정확히 짚고 있다.

사업 초기 마화텅은 중국에서 IM 프로그램의 발전 가능성을 발견하고 QQ를 더욱 생명력 있는 서비스로 계속해서 성장시킬 수 있는 방법을 고민했다. 그는 ICQ를 배웠고, 여기에 본인의 기술과 노력을 쏟아부어 펭귄의 콘텐츠를 계속해서 넓혀왔다.

마화텅의 판단은 정확했다. 한 마리의 작은 펭귄을 크고 강하게 만들어 안정적이고 광범위한 사용자층을 확보했다. 하지만 텐센트가 제품과 서비스의 영역을 확장해나가는 과정에서 다른 서비스와 애플리케이션을 모방하고 있다는 것을 많은 사람들이 알게 되었다. 이는 텐센트에 대한 반발심으로 이어졌다.

모방과 창조는 마화텅의 필살기다. 그의 말을 빌리자면 모방은 '거인의 어깨 위에 올라서는' 비즈니스 전략이며 일종의 성공철학이기도 하다. 마화텅은 해외시장에 비해 뒤처진 중국 인터넷 시장에서 선구자이자 개척자로서 사는 것은 매우 힘들 뿐 아니라 위험한 일이라는 생각이 확고했다. 그는 '모방'에 '창조'를 결합한 창조적 모방이라는 성장의 길을 선택해 꿋꿋하게 이 길을 걸어왔다.

많은 사람들이 마화텅의 사업전략을 두고 다른 창업자들의 노력과 결실을 수탈하는 것이라며 비판했다. 텐센트에 찍힌 '모방' 낙인에 대해 사회가 진지하게 고민해볼 필요가 있다는 것이다. 하지만 사람들이 뭐라고 입방아를 찧든 간에 텐센트는 지금까지 잘 성장해왔고, OICQ 도메인 사태를 제외하면 큰 송사에 휘말린 적도 없다.

사람들은 마화텅의 특출한 재능이 도대체 어디에서 나온 것인지를 연구하기 시작했다. 그리고 텐센트가 모방한 피모방자 역시 어떻게 보면 모방자라는 결론을 냈다. 마화텅이 모방한 창조자들도 순수하게 무에서 유를 창조해낸 것은 아니라는 뜻이다. 그들이 1차 또는 2차 모방한 결과물을 가지고 마화

270

텅은 3차 또는 4차 모방에 나섰으며, 이 과정에서 필터의 역할을 했다.

텐센트의 모방은 한때 매우 떠들썩한 이슈였다. 누군가가 마화텅의 모방 리스트를 줄줄이 열거해놓았다. QQ는 ICQ를 본땄고 TM은 MSN을, 파이파이는 타오바오를, QQ게임 플랫폼은 아워게임, QQ대전플랫폼은 하오팡대전플랫폼, QQ단체어음團隊語音, QT語音은 UCtalk, 텐페이는 알리페이, QQ병음입력기는 써우거우입력기, P2P 다운로드 프로그램인 초급선풍 超級旋風은 쉰레이, QQ블로그는 투더우土豆, QQ교우센터는 아시아교우센터asiafriends. com를 모방했다고 밝혔다. 이 리스트는 뒤로도 장황하게 이어진다. 하지만 앞에 거론된 몇 개의 예들만 보더라도 마화텅이 걸어온 창조적 모방의 길이 창조 쪽에 상당히 무게를 두었음을 충분히 알 수 있다.

사실 텐센트가 각 영역의 선도기업들을 과감하게 모방하고서도 송사에 휘말리지 않을 수 있었던 까닭은 이들 역시 핵심기술이 해외에 있기 때문이었다. 예를 들어 알리페이와 영상 신호 주파수 기술은 원래는 해외에서 들여온 것이었다. 마화텅의 모방 사례들을 살펴보면 모방 대상 역시 텐센트와 마찬가지로 해외의 어떤 비즈니스 모델에서 본뜬 것이었다. 어차피 모두가 문제의 소지를 가지고 있다고 한다면 나머지 경쟁은 기술력과 구현능력에 달려 있다. 최종적으로 내놓은 프로그램이 중국 네티즌에게 환영을 받는다면 그것이 바로 성공인 셈이다.

마화텅이 여러 분야에서 거둔 성공은 절대로 단순히 모방에만 의존해서 이뤄낸 것이 아니다. 모방이라는 말에는 기술력 없이 누구든지 할 수 있는 것이라는 의미가 있지만 텐센트의 모방은 경쟁자들을 두려움에 떨게 만들었다.

이 이유는 크게 보면 아래 두 가지로 분석할 수 있다.

먼저, 텐센트는 일부 서비스 애플리케이션을 모방하기는 했지만 기능 면에서 충분히 견주고도 남았다. 이는 경쟁자들에게 매우 위협적이었다.

둘째, 텐센트의 방대한 사용자들이 곧 텐센트 제품의 잠재 사용자가 되었다. 수많은 잠재 사용자가 있다는 것은 텐센트가 어떤 제품을 내놓았을 때 이를 소비할 시장이 언제나 존재한다는 걸 의미했다. 텐센트는 또한 사용자들의 피드백을 통한 사용자 경험을 바탕으로 제품에 창조를 더할 수 있었다.

이 두 가지의 장점만으로도 경쟁자들을 두려움에 떨게 하기 충분했다.

아워게임의 설립자 바오위에차오는 이런 말을 했다.

"QQ게임 플랫폼이 출시된 그날부터 아워게임의 실패는 이미 정해진 것이나 다름없었다."

치후360의 대표이사 저우홍이 周鴻褘 역시 여러 공개장소에서 마화텅 제품에서 나타나는 그의 솜씨에 대해 감탄을 나타냈다. 저우홍이는 또 치후360의 백신제품과 유사한 텐센트의 QQ의사 醫生 와 정면승부를 겨뤄보고 싶다고 밝히기도 했다(어쩌면 이 같은 기운을 억누르다가 '3Q대전'이 발생했는지도 모를 일이다).

마화텅은 사용자 경험 측면에서 상당한 성공을 거뒀다. 마화텅은 그가 신봉하는 '사람이 근본이다'라는 원칙에 따라 모방작이라 하더라도 절대 경쟁상대에 비해 뒤떨어지는 제품을 내놓지 않았다. 또 많은 사람들이 중국의 인터넷 산업에서 업계의 대형 선두업체든 소형 창업자든 100%의 창조는 거의 없다는 사실을 인정하고 있다는 점도 마화텅이 성공할 수 있었던 이유다. 만약 '모방' 여부만을 놓고 따진다면 그 누구도 여기에서 자유로울 수 없다. 사람들이 진짜로 기피하는 것은 모방이 아닌, 창조 없는 모방이다.

다음으로 QQ의 창조성에 대해 살펴보자. 마화텅은 QQ의 서비스 체계에 여러 부가가치를 창출할 수 있는 개념을 들여왔다. 예를 들어 QQ 회원 서비스는 블루다이아몬드, 핑크다이아몬드 등의 등급제로 이뤄져 있다. 이는 마화텅이 어디에서 배웠거나 가져온 개념이 아닌 독창적인 아이디어다. 이처럼 일종의 '진보적인 창조'라고 부를 수 있는 아이디어를 제품과 서비스에 가미함으로써 텐센트에 사용자가 점차 많아지고 또 공고해졌다. 마화텅이 세워놓은 부가가치 서비스는 또한 텐센트에 지속적으로 수익을 가져다주었다. 수많은 사용자의 지지를 바탕으로 마화텅은 대담하게 모방을 계속해 나갔고, 사용자의 수요에 맞추어 모방 상품들을 보다 완벽하게 구현해냈다.

마화텅의 모방은 이렇게 보아도 무방하다. 그는 먼저 진지하게 선두업체의 뒤를 따르며 일거수일투족을 잘 배웠다. 이를 세밀하게 모방한 후, 결국에는 이를 뛰어넘었다. 어떤 분야가 발전 가능성이 높아 보이면 마화텅은 여기에서 수익을 만들어낼 기회를 절대 방치해두지 않았다.

어떤 사람은 인터넷 산업에서 모방은 앞으로도 계속해서 일어날 것이라고 예언했다. 새로운 사물을 발견하면 이를 배워 중국의 문화에 기반해 창조를 더하는 것, 이는 중국의 상황에서 불가피한 일종의 객관적인 현상이다.

사용자의 몸의 일부가 되어라

어떤 사람들은 '콘텐츠가 왕'인 시대라고도 하고, 어떤 사람들은 '사용자가 왕'

이라고도 한다. 사실 이 두 가지 주장이 서로 모순되는 것은 아니다. 사용자들을 만족시키려면 콘텐츠가 좋아야 하고, 이들의 아픈 곳을 바로 만져주는 것이야말로 기업이 승리하는 비결이다.

텐센트는 거대한 고정 사용자가 있었던 덕에 지금처럼 커질 수 있었다. 또이 깊고 두터운 기초는 바로 사용자들의 심리를 성공적으로 파고들어 세운것이었다.

마화텅의 펭귄 제국이 사용자의 몸의 일부가 되어 오래도록 살아남을 수 있었던 비결은 사람들의 니즈를 깊고 절실하게 느끼고 각종 제품을 끊임없이다듬었기 때문이다. 이렇게 함으로써 마화텅은 최상의 사용감을 주었다.

마화텅은 제품개발 단계에서 우선순위와 선후순서를 정하는 일에 가장 많은 신경을 써야 한다고 말한다. 그는 직원들이 제출한 통계 보고의 유입량만을 기준으로 제품의 기능을 판단하지 않았다. 보고서에는 주관적 요소가 개입할 가능성이 높기 때문이다. 마화텅은 텐센트의 제품책임자들이 제품개발초기부터 사용자 경험과 관련한 문제를 분명하게 고려해야 하며, 제품 자체에 더 많은 관심을 기울여야 한다고 항상 강조했다. 높은 관심을 기울인 제품이라면 결과물 역시 만족스럽기 때문이다.

마화텅은 제품의 핵심 기능을 매우 중시했다. 보다 편리하게, 시간을 절약하게 하고, 문제해결을 도울 수 있는 핵심 기능이 있어야 사용자의 주목을 끌수 있다고 생각했다. 마화텅은 제품개발 책임자에게 유능하고 자신감 있게핵심 기능에 관심을 기울이라고 주문했다. 또 끊임없이 고민해 제품의 가치와서비스 수준을 극한까지 끌어올리기를 원했다.

언젠가 텐센트 웹페이지 속도가 느린 것을 알고 마화텅은 필요한 작업을 거쳐 이를 개선했다. 그러고 나서 "이걸 알기 전까지 당신들은 대체 무엇을 한 것이냐"고 직원들을 질책했다. 사용자에게 부정적인 체험을 겪게 하고, 즉시 개선하지 않아 사용자의 시간을 낭비하고, 또 동시에 텐센트의 자원을 낭비한 것에 대해 직접적으로 나무랐다.

마화텅은 사용자 경험을 기술로 해결할 수 있는 문제라고 보았다. 그 예로 동영상 재생 프로그램인 QQ무비가 출시되기 전, 이미 중국에는 비슷한 종류의 프로그램이 많이 있었다. 사용자들은 일단 한 프로그램을 사용하기 시작하면 이를 쉽게 바꾸지 않았다. 마화텅은 QQ무비가 기존 프로그램과 똑같은 서비스를 제공한다면, 비록 많은 사용자가 이용한다 하더라도 인정은 받지 못하는 2류 제품에 머무를 것이라고 생각했다. 마화텅은 QQ무비가 경쟁 프로그램을 뛰어넘어 사용자들을 만족시키려면 잡다한 여러 기능이 아닌 핵심 기능에 집중해야 한다고 판단했다.

마화텅은 제품설계와 개발 단계에서부터 폭풍영화Storm Codec 같은 유사 프로그램의 재생능력, 메모리 사용량 등의 품질을 꼼꼼히 살피고 QQ무비를 기본에 충실한 프로그램으로 개발하고자 했다. 당연히 '기본'에 대해서도 다양한 선택지가 있었다. QQ무비는 인터넷 방송, 채팅·공유 서비스 交流分享 등의 기본에서 벗어난 '옵션'은 포기했다. 동영상 재생 서비스를 이용하는 사용자들이 원하는 핵심은 재생기이고, 이것이야말로 가장 기본적이고 원시적인 수요라고 판단했다. 모든 사람이 고화질이나 3D에 연연하는 것이 아니고, 또 일부 오래된 사양의 컴퓨터에서는 재생할 수 없는 동영상 파일을 QQ무비가 재생해낼 수 있다면 사용자들은 QQ무비에 대해 좋은 인상을 받게 될 것이라고 믿었다.

마화텅은 제품의 핵심 기능을 최대한 끌어올려 극대화시키는 것만으로 경쟁제품과 충분히 차별화를 둘 수 있다고 보았다. 기본 기능이 강력하다면 경쟁상대들은 이를 초월할 방법을 찾을 수 없거나 매우 큰 힘을 들여야지만 가까스로 뛰어넘을 것이라고 본 것이다. 핵심 기능에 집중, 바로 이것이 텐센트의 경쟁력이었다.

텐센트는 핵심 기능에 집중하면서 사용자로부터의 피드백을 꾸준히 받아들였다. 사용자 피드백 역시 텐센트의 경쟁력이었다. 마화텅은 사용자 반응에 관심을 가지고 지속적으로 경쟁력을 강화하고 보완했다. 제품의 경쟁력이 시장에 자리 잡으면서 브랜드 가치도 함께 올라갔다.

모든 제품의 리뉴얼과 업그레이드는 제품책임자의 손을 거쳐 완성된다. 마화텅은 이들을 '선두부대'라고 말한다. 과거에 텐센트의 대다수 제품책임자는 연구개발 출신이 아니었는데 마화텅은 제품을 개발한 베테랑 개발원을 제품책임자로 대거 승진시켰다. 아무리 좋은 제품이라도 기술력이 있고 제품개발 경험이 있는 사람이 맡아야 안심하고 사용할 수 있다고 생각한 것이다. 이와 반대로 기술력과 제품개발 경험을 갖추지 못하면 아무리 많은 인원을 붙여 팀을 지원해준다 해도 결과가 만족스럽지 않았기에 제품책임자로서는 불합격이었다.

좋은 제품을 만들었다면 그 제품에 대한 '좋은 평판'을 쌓는 것 또한 중요한 과제가 된다. 과거에 마화텅은 소수의 사용자보다는 다수의 사용자를 만족시키는 것이 중요하다고 생각했었다. 하지만 성장을 거듭하면서 소수의 사용자가 느끼는 불편함 또한 중시하고 이를 개선하고자 했다. 예를 들어 텐센트의 이메일 사용자들은 QQ메일에서 다른 메일의 계정을 사용할 수 있다. 언뜻 보기에는 사소한 개량에 불과해 보이지만 텐센트는 외부 메일함 주소 사용을 완전히 금지해 사용자의 반감을 불러일으키기보다 반대로 차라리 사용자의 편의성을 높이는 쪽을 택했다.

여러 사람의 평가가 축적되면 평판이 만들어진다. 마화텅은 사용자의 평가가 쌓이기 전에는 제품을 홍보하는 것보다 사용자가 제품의 어느 부분에 만족하고 불만족하는지에 관심을 쏟았다. 만약 다른 것은 다 좋은데 딱 한 부분에 불만이 있다면 사용자들은 제품 전체에 대해 나쁜 평가를 내릴 것이고, 반대로 제품에 만족감을 느낀다면 누가 시키지 않아도 '좋은 평가'를 내리기 마련이었다. 이처럼 평가의 시기에는 매일같이 광고를 쏟아내 사용자들을 귀찮게 할 이유가 없었다. 하루가 멀다 하고 쏟아지는 광고는 오히려 역효과를 낼 수도 있었다.

제품의 연구개발과 마찬가지로 이렇듯 마화텅은 마케팅에도 매우 신중하게 접근했다. 사소한 불만사항을 하나씩 처리하고, 또 새로운 내용을 덧붙일 때마다 두세 번씩 고민하면서 건실하게 제품의 평판을 쌓아왔다. 한번 평판이 훼손되면 다시 되돌리기가 어렵다는 것을 잘 알고 있었다.

마화텅은 제품의 핵심 기능이 완성되고 나면 자주 쓰는 기능을 조금씩 보완해 나갔다. 보완하면서 각종 기능들을 덧붙였지만 기능을 남발하지 않기 위해 각별한 주의를 기울였다.

어떤 제품에 대한 평판이 좋다면 모든 기능을 모든 차원에서 고려한 것임에 틀림없다. 하지만 기능을 너무 많이 덧붙일 경우 발생하는 문제도 있다. 어떤 기능은 극소수의 사용자에게만 호감을 주고 다른 사용자들에게는 번거로울 수 있다. 이렇듯 하나의 제품 안에서 사용자 간 충돌이 존재하기 때문에 이러한 문제를 해결하려면 제품개발 단계에서부터 고민을 많이 하고, 각기 다른 상황에서 다르게 처리해야 한다. 기능이 많다고 좋은 것이 아니며, 사용자를 만족시키는 것이 진짜로 좋은 것이다.

마화텅은 제품의 단점을 알려면 매일 그 제품을 사용해보는 게 가장 좋은 방법이라고 강조했다. 매일 제품을 경험해보면 사용자의 불만을 알아차릴 수 있다는 것이다. 마화텅은 만일 제품책임자가 3개월간 제품을 사용해본다면 어떤 문제가 있는지를 확실하게 알 수 있을 거라고 했다.

만약 하루에 하나씩만 문제를 찾고 이를 고쳐나간다면 최종적으로 흠이 없는 완벽한 제품이 탄생할 수 있을 것이다. 이러한 방법을 통해 텐센트의 제품들은 '좋은 평판'이라는 최종 목표로 조금씩 다가갈 수 있었다.

마화텅이 제품책임자에게 요구하는 이 방법은 높은 기술력이 있어야 할 수 있는 것이 아니다. 어떻게 보면 다소 미련해보이는 이 방법으로 다수의 질 좋은 인터넷 제품들이 세상에 나올 수 있었다. 마화텅은 고집스럽고 책임감 있는 자세로 사용자가 느끼는 문제를 해결해 나가다 보면 결국에는 성공하는 제품을 만들어낼 수 있다고 강조한다.

아주 사소해보이는 예로, 마화텅은 QQ메일에서 '백스페이스' 버튼을 어디에 배치할지를 두고 많은 고민을 했다고 한다. 누구는 오른쪽에 두라고 하고 또 누구는 왼쪽에 두라고 했다. 모두의 의견이 달랐기 때문에 마화텅은 결국 온라인상에서 테스트를 진행한 후에야 이를 확정했다.

마화텅은 제품을 만들 때 제아무리 사소한 것이라도 사용자의 습관에 부합하도록 만들어야 한다고 강조한다. 사용자 경험을 우선적으로 생각해야만 제품을 이용하는 데 불편한 점을 찾을 수 있고, 나아가 기업이 발전해나가는 새로운 출구와 앞날을 찾을 수 있다는 것이다.

"사용자 경험이 왕이다"라는 깃발을 꼭 쥐고 인터넷 시장이라는 참혹한 전쟁터에서 생존해온 마화텅은 지금도 맹렬한 기세를 이어가고 있다.

인터넷 세상에 들어온 그대여, '중독되세요'

오늘날 많은 중국인이 QQ, 위챗, QQ게임 등 텐센트 상품에 중독되어 있다. 인터넷 발전과 스마트폰의 보급으로 텐센트 상품에 대한 사용자들의 충성도는 날이 갈수록 강해지고 텐센트에서 헤어나올 수 없게 되었다. 텐센트 상품에 길들여졌을 뿐 아니라 더할 수 없는 신뢰를 보내고 있다.

그럼에도 마화텅은 현재의 방대한 사용자에게 흡인력을 유지할 수 있는 방법을 계속해서 고민한다. 다시 말해 사용자들을 '중독시키기' 위해 노력을 쏟아붓고 있다.

그동안 텐센트가 사용자를 자사 상품에 중독시키는 데 성공한 요인은 여덟 가지로 정리할 수 있다.

첫째, 심플함. 인터넷과 모바일 앱 시대에서 '심플'은 중요한 상품디자인 원칙이다. 디자인은 사용자의 감각적 체험에 직접적인 영향을 미치기 때문에 마화텅은 복잡한 메뉴와 화려한 버튼을 디자인한 적이 없다. 텐센트의 제품은 타깃층에 상관없이 조작이 매우 단순해서 어린아이라도 사용방법을 쉽게 배울 수 있다.

예를 들어 위챗은 간단한 조작만으로 사용이 가능하다. 여러 개의 메뉴버튼이 필요하지 않다. 자주 사용하게 되는 '새로고침' 기능만 보아도, 주소표시줄 옆의 기호를 찾아 눌러 이용해야 하는 번거로움이 있는데 화면이 크지 않은 스마트폰에서는 귀찮은 일이다. 이에 사용의 편리함을 위해 위챗은 위에서 아래로 드래그해 드롭하면 새로고침이 된다.

둘째, 멀티태스킹. 마화텅은 제품개발을 기획할 때 사용자들이 해당 제품이나 서비스를 언제 어디에서 사용하게 될지를 고려했다. 조작과정이 복잡해 집중이 필요하거나 응답대기 시간이 길다면 사용자 경험에 부정적인 영향을 줄 수 있었기 때문에 언제 어디서든 사용이 편리하도록 했다. 예를 들어 QQ는 조작이 간단하고 편리해 다른 일을 하면서도 메시지를 확인할 수 있다. QQ에만 집중할 필요 없이 멀티태스킹이 가능한 것이다. 특히 '대화창 불러내기, 합치기' 기능을 통해 여러 사람과 채팅을 하다가 간단한 조작만으로 따로 대화창을 만들 수 있다. 이렇게 프로그램을 개선함으로써 사용자가 불필요하게 집중력을 소모하지 않도록 했다.

소프트웨어 개발자라면 자신이 만든 프로그램에서 사용자가 되도록 많은 시간을 보내기를 바랄 것이다. 하지만 사용자의 손발을 정신없이 움직이게 하는 방법으로 이 목표를 달성할 것이 아니라, 소프트웨어 자체의 가치를 올리는 방식이 되어야 한다. 사용자를 바쁘게 만드는 제품은 반감을 불러일으킬 뿐이다.

셋째, 사용자들의 통제 가능. 한 유명 심리학자에 따르면, 사람들은 자기 마음대로 선택할 수 있고 절대적인 자주권을 가질 때 희열을 느낀다고 한다. 이 희열감은 재물에 대한 소유욕까지도 뛰어넘는다고 한다. 프로그램을 사용할 때도 마찬가지다. 사용자는 프로그램 조작과정에서 충분한 통제력을 가지길 원한다. 이는 목표와 시간, 수단에 대한 통제를 포함한다.

QQ펫pet은 시뮬레이션 통제게임이다. 이 게임을 하는 사용자들은 사이버 공간의 펭귄을 통제하면서 '내가 주인'이라는 주관적인 인지를 형성한다. 이는 사용자 내면 깊은 곳의 심리적 욕구를 충족시켰다.

넷째, 작은 혁신을 통해 사용자를 자극. 수많은 인터넷 상품 틈에서 선택받으려면 사용자로부터 긍정적인 정서반응을 이끌어내야 하는데 이 정서반응은 '아주 작은' 수준에 그쳐야 한다. '작은' 정서반응이어야 하는 이유는 단순하다. 프로그램을 통해 접하는 가상공간에서는 강한 정서반응을 이끌어내기 어려울 뿐 아니라 된다 하더라도 사용자를 피곤하게 만들 수 있다. 사용자는 '피곤하다'는 느낌을 받게 되면 해당 프로그램에 거부감을 느끼고 다시는 사용하지 않게 된다.

프로그램에 대한 사용자의 흥미를 지속적으로 유지하기 위해 마화텅은 상품마다 단계별로 작은 자극을 주는 장치를 만들어 놓았다. 이렇게 함으로써 사용자들이 프로그램을 재이용하도록 유도하고, 프로그램에 대한 부정적인 느낌도 줄일 수 있었다.

한때 시대를 풍미했던 게임인 'QQ팜'과 'QQ목장'은 지속적인 업그레이드와 새로운 농작물, 새로운 동물을 내세워 사용자의 관심을 끌었다. 이런 다양한 장치로 사용자들은 며칠간 이 게임에 열광했다. 하지만 게임을 하면서 너무 많은 노력을 들여야만 했기에 금방 흥미를 잃고 말았다.

지나치게 혁신을 추구해 과장된 제품을 내놓게 되면 사용자는 받아들이기 힘들어한다는 사실을 마화텅은 잘 알고 있었다. 또한 사용자가 일단 프로그램에 익숙해지고 나면 이후에는 익숙하지 않은 것을 받아들이기가 더욱 힘들다는 것 또한 인지했다. 이 때문에 텐센트의 모든 제품은 점진적인 리뉴얼과 업그레이드를 유지해 왔다. 무턱대고 개정판을 내놓거나 이미 사용자에게 습관처럼 굳어진 메뉴와 기능을 쉽게 바꾸지 않았다.

다섯째, 사용자의 의식과 잠재의식에 주목. 중독성 있는 제품을 만들기 위해 마화텅은 언제나 창의력을 발휘했다. 사용자의 의식과 잠재의식에 정보가 어떻게 전달되는가에 주목했다. 또 사용자와 프로그램이 긍정적으로 상호작용하는 데 중점을 두었다. 한 예로 계속해서 점수를 올려야 하는 게임을 들 수 있다. 단계별로 관문을 뛰어넘는 게임방식을 통해 사용자로 하여금 무의식중에 계속 게임을 하게끔 하는 중독성이 있었다.

여섯째, 사용자들이 끊임없이 사용하도록 유도. 텐센트에는 '돈'과 관련된 게임이 많은데, 이 게임들은 사용자가 간단한 동작을 반복하면서 긍정적인 혜택을 얻을 수 있다는 공통점이 있다. 마작 카드게임을 예로 들면 사용자들은 게임을 하면서 사이버상의 상품을 탈 수 있다. 사이버공간에서 상품을 탄 경험은 사용자의 대뇌에서 도파민의 분비를 촉진한다. 알다시피 도파민은 사람의 감정에 영향을 주는 신경계통의 화학물질이다. 도파민이 활성화되면서 사용자들은 희열을 느끼고, 해당 프로그램에 대한 사용자 경험이 올라가게 된다. 이러한 경험이 습관으로 굳어지면 사용자의 대뇌는 또다시 도파민의 분비를 원해 게임을 계속하게 된다.

일곱째, 과시욕 충족. 현실세계에서든 사이버세계에서든 모든 사람의 잠재의식에는 남을 뛰어넘어 더 높은 곳으로 가고 싶은 욕구가 있다. 마화텅은 이러한 보편적 심리를 이용해 프로그램을 설계했으며, 연구개발 단계에서부터 이 같은 사용자 경험을 중시했다. QQ 회원등급이 올라 골드다이아몬드 귀족이 되면 QQ와 위챗 등에서 '좋아요' 버튼이 깜박거린다. 사용자들은 반짝거리는 버튼을 보면서 본인이 친구들의 관심을 받게 될 것이며, 이를 통해 자신의 인맥이 얼마나 넓은지를 내보일 수 있다는 느낌을 받을 수 있다.

과시하려는 심리는 사용자가 계속해서 프로그램을 사용하게끔 만들었다. 이는 텐센트가 더 많은 수익을 창출해내고 제품에 대한 사용자의 충성도를 증가시키는 방식이기도 하다.

여덟째, 사용자 치켜세우기. 슬롯머신을 경험한 사람이라면 돈을 땄을 때 기계에서 축하음악이 흘러나온다는 사실을 알 것이다. 아무리 적은 돈을 따더라도 매우 과장된 음악소리가 나온다. 이것은 주위 다른 사람들이 슬롯머신에 관심을 갖게 만들 뿐 아니라 일종의 피드백으로도 작용한다.

사이버세계에서 마화텅도 반응을 과장하는 수단을 중시했다. 같은 그림 찾기인 렌롄칸连连看을 예로 들면 사용자가 같은 그림을 몇 개 찾아내 제거하고 나면 과장된 축하음이 나온다. 이러한 소리는 사용자에게 '존중받고 있다'는 느낌을 주고 게임을 계속하고 싶다는 흥미와 욕구를 자극했다.

이러한 수단들이 별다른 기술을 가지고 있지 않은 것처럼 보이지만 사용자를 지속적으로 자극하고, 텐센트의 상품을 계속해서 사용하게 만들었다. 결국 사용자는 스스로를 제어하지 못한 채 반복적으로 이용하는 상태에 빠져들게 되었다.

경쟁이 날로 격화되는 앱 소프트웨어 시장에서 돈 버는 길은 중독성 강한 상품에만 열린다. 마화텅은 이 길 위에서 경험을 모으고 테크닉을 축적해 왔다. 사용자 심리를 탐구해낸 끝에 결국 성공적으로 장악했다.

07

옐로우 다이아몬드 시대
"인터넷 세상의 새로운 권력자"

13

새로운 전략으로
상대를 미치게 하다

나에게는 8억 명이 있는데 누구를 두려워할까

텐센트는 2007년 5월 16일에 1분기 경영성과를 공시했다. 2007년 3월 31일까지 QQ의 등록 사용자 수는 5억 9,790만 명을 넘어섰다. 이는 중국 인구의 절반에 가까웠다. 이 중 활성 사용자 수는 2억 5,370만 명, QQ 최고 동시 접속자 수는 2,850만 명을 기록했다. 텐센트 초창기에 마화텅은 이 같은 수치를 상상조차 할 수 없었을 것이다. 이것은 기적이 아닌, 끈기와 노력의 결실이었다.

텐센트는 2011년 베이징에서 '개방대회'를 대대적으로 열었다. 이 대회에서 텐센트를 포함해 협력관계에 있는 제삼자 합작 파트너들이 개방의 대계大計를 논했다. 비즈니스 차원에서 이 대회의 목적은 무엇이었을까? 마화텅은 모두와 텐센트 QQ의 성과를 나누고자 했다.

이보다 1년 앞선 2010년, 치후360과의 사이에서 벌어진 '3Q대전'에서 마화텅은 어려운 결정을 내렸다. 360프로그램 사용자들에게 QQ를 개방한 것이다. 대수롭지 않아 보이는 바로 이 결정이 텐센트의 앞날을 근본적으로 바꾸어놓았다. 이 결정은 또 중국의 인터넷 산업을 바꾸어놓았으며, 수억 명의 중국 네티즌의 인터넷 생활에 영향을 미쳤다.

'3Q대전'이 끝난 지 며칠 후인 2010년 11월 17일, 마화텅은 제12회 '중국 창업가 회담'에 참석해 이런 말을 남겼다.

"인터넷은 사람들의 생활 속으로 깊게 들어가 영향을 미치고 더 많은 기회를 가져왔습니다. 개방과 공유는 인터넷 산업의 트렌드가 되었습니다. 앞으로 텐센트는 더 많은 개방과 공유의 요소를 도입해나갈 것입니다. 또 플랫폼을 적극적으로 개방하고 산업계가 조화롭게 성장해나갈 수 있도록 배려할 것입니다. 더욱 개방적이고 실질적인 자세로 텐센트와 수직관계에 있는 웹사이트, 애플리케이션 개발자와 독립개발자 등의 파트너들과 합작해 시너지를 이끌어내 중국 인터넷 사업의 폭발적 발전을 함께 촉진해나갈 것입니다."

이듬해인 2011년 상반기부터 텐센트는 기업을 개방형으로 전환하기 위한 여러 조치들을 취했다. 먼저 마화텅은 회사 직원들에게 제안하고 싶은 사항이 있으면 주저하지 말고 의견을 제시하도록 했다. 또, 열 차례에 걸쳐 '텐센트 진단' 포럼을 열고 전국 각지에서 초청한 백여 명의 전문가들에게 텐센트의 문제를 지적 받았다. 현장에 참석한 마화텅이 자신의 체면을 생각할 필요 없이 신랄하게 비판해도 좋다고 말하자 한 참석자는 텐센트가 마련한 포럼을 두고 '자기 스스로 엑스레이 사진을 찍는 격'이라고 비유하기도 했다.

텐센트 사용자가 수십만, 수백만이었을 때 텐센트와 합작을 원하는 곳은 한 군데도 없었다. 수십만, 수백만이라는 단위는 그 의미가 크지 않았다. 하지만 QQ 사용자 수가 '억' 단위를 넘기면서부터 이 숫자는 매우 광활한 시장을 대표하는 상징이 되었다. 이 시장의 면적은 매우 넓어서, 중국 대륙 전체라고 말할 수 있을 정도였다. 마화텅이 바로 이 중요한 한 걸음을 뗀 시점에서 그는 QQ가 더욱 개방적으로 변해야 한다는 생각을 갖게 되었다. 개방은 다른 사람들에게 기회를 주는 동시에 스스로를 위한 더 큰 기회를 만드는 것이었다.

마화텅은 어떤 방식으로 QQ를 개방했을까? 그의 개방전략은, QQ의 오픈된 플랫폼 내에서 그 어떤 사용자라도 기계적인 운영체제 OS 를 사용할 필요가 없다는 걸 목표로 했다. 단말기나 OS 등의 조건에 제약을 받지 않고 텐센트가 제공하는 다채로운 온라인 생활 인터넷을 향유할 수 있도록 'Q+'를 만들었다. Q+는 게임, 생활정보, 뉴스, 음악 등의 카테고리별 각종 웹용 소프트웨어와 앱을 공유할 수 있는 웹 플랫폼이다. 일반 사용자뿐 아니라 앱 개발자까지 끌어들여 QQ라는 무대에서 각종 기예를 펼치게끔 만든 것이다. 이 개발자들은 곧바로 6억 여 명의 QQ 사용자들을 위한 서비스를 제공하고 나섰다.

Q+는 막대한 사용자의 눈앞에서 개방되고, 더욱 스마트해진 소셜 운영체계를 모든 인터넷 세계의 시스템 속으로 융합하는 것이었다. 이는 하나의 견고하고 단단한 프레임을 심어둔 것과 같았다. 이 '대大인터넷' 속에서 모든 단위들은 유기적으로 연결되었다. Q+가 성숙해질수록, 단단한 인터넷망은 대중의 앞에 더욱더 분명하게 모습을 드러낼 수 있었다.

Q+를 통해 마화텅의 기업비전을 읽을 수 있다. 개방된 QQ는 더 이상 텐센트만의 비즈니스가 아니며, 인터넷 산업 전체의 핵심이라는 것이다. 이는 방대한 인구의 중국 네티즌에게 다양한 인터넷 활동을 펼치도록 했다.

마화텅이 만든 Q+는 큰 호소력을 지니고 있었다. 업계 내 많은 사람이 중국 인터넷 산업에서 가장 많은 수의 적극적인 사용자를 확보한 QQ를 통해 자신의 서비스를 제공할 수 있기를 바랐다. 이렇게만 된다면 큰 수익을 얻을 수 있을 뿐만 아니라 자신의 경쟁력을 대외적으로 알리는 절호의 기회가 될 수 있었다. 텐센트가 제시한 개방형 플랫폼은 상당히 좋은 출발점으로 평가받았으며, 텐센트가 글로벌 회사로 발돋움하는 계기가 될 것으로 기대되었다.

글로벌 소셜마케팅 대행기관인 위아소셜 We Are Social 이 2014년 기준 글로벌 대형 인터넷 소셜플랫폼에 대해 조사한 결과를 보면, 세계 TOP 5 소셜 네트워크 서비스 SNS 가운데 텐센트의 QQ와 Qzone, 위챗이 꼽혔다. 이 보고서는 또 2014년 기준 총 글로벌 인터넷 사용자 수가 이미 30억 명을 넘어섰다고 집계했다. 이 중 가장 활성화된 페이스북의 월간 활성사용자 수는 13억 5,000만으로 1위를 차지했는데, 이는 중국 전체 인구에 근접한 수치였다. QQ와 Qzone이 뒤를 이어 리스트 2위와 3위에 이름을 올렸다. QQ 사용자 수는 8억 2,900만, 월 활성 계정은 6억 4,500만에 달했다. 위챗은 5위에 이름을 올렸는데, 월간 활성 사용자가 4억 3,800만으로 집계됐다.

최근 몇 년간 중국 시장에서 위챗이 보여준 성장 속도는 이미 QQ와 Qzone을 넘어섰다. 이 같은 현상은 서구에서 큰 관심의 대상이 되고 있다. 위챗의 빠른 확산은 QQ의 공로라고 볼 수도 있다. 최소한 절반 이상의 위챗 사용자가

QQ에서 온 것이기 때문이다.

6억 명에서 8억 2,900만 명이라는 놀라운 수치는 다시 한번 텐센트의 역량을 증명하는 것이었다. 또 인터넷 시대에 대한 마화텅의 자신감을 더욱 강화해주었다. 이렇게나 많은 사용자를 가지고 있다면 그가 어떤 프로그램을 내놓든 간에 '억' 소리 나는 장관이 펼쳐지는 것이 당연할 정도이다.

사용자 수가 지속적으로 증가하면서 마화텅은 자신과 텐센트의 이름이 뜻하는 대로 '비약하고騰' 있음을 느낄 수 있었다. 그가 생각하는 텐센트의 핵심 발전 전략은 8억 명의 사용자 가치를 둘러싸고 이를 중심으로 안전하고 건강한 플랫폼을 건설하는 것이다. 분명히 QQ 사용자는 텐센트 가치의 기초이며, 이 가치를 벗어나게 된다면 텐센트의 영광과 꿈 역시 존재할 수 없을 것이다.

'세 개의 손'으로 금을 캐다

텐센트의 실적이 점차 상승 곡선을 타면서 그의 눈은 모바일이라는 새로운 전쟁터로 향했다. 2012년, 마화텅은 새로운 모바일 시대에 대응하기 위해 텐센트 모바일 부문에 대한 조직개편을 단행했다. 먼저 2012년 조직개편 이전 텐센트의 기존 모바일 사업전략에 대해 간략하게 알아볼 필요가 있다.

마화텅의 초기 전략은 '두 개의 손'이었다. 하나의 손은 모바일 인터넷 사업이고, 다른 하나는 모바일 메신저인 위챗이었다. 모바일과 PC 사업부 일부를 합쳐 만든 모바일 인터넷 사업은 모바일 시장의 발전을 겨냥한 조직이었다. 결과적으로 텐센트가 모바일 인터넷 기업으로 고속 성장하는 토대를 만들어 온 사업부이기도 했다. 위챗은 사용자의 경험 수요에 대해 합리적인 기획을 가능하게 했고, 텐센트의 미래 발전전략에서 중요한 역할을 담당했다.

마화텅은 이 두 개의 손을 동시에 뻗어가며 경쟁기업에 타격을 입혀온 터였지만 이 조직구성에는 불가피한 결함이 있었다. 예를 들어 2012년 이전의 모바일 사업은 마화텅이 구상한 전체적인 전략기획을 완전히 만족시키지 못했다. 장기적 전략보다 단기간에 일정한 수익을 내는 데 초점이 맞춰져 있었다.

또 다른 문제도 있었다. 위챗과 모바일 사업에 대한 투자가 중복되면서 서로 자원을 끌어다쓰는 일이 발생했다. 마화텅의 당초 기대와 달리 상대를 공격해야 할 두 주먹이 어떤 때는 엉겨 붙어 서로를 공격하는 상황이 되었다.

텐센트의 모바일 인터넷 제품군이 확대되면서 마화텅은 기존의 '두개의 손 전략'으로는 더는 사용자의 수요를 채울 수 없다고 판단하고 '보이지 않는 손'을 추가하기로 했다. '보이지 않는 손'이란 모바일 QQ 등의 소셜미디어 사업군과 모바일 게임 등의 쌍방향 엔터테인먼트 사업군을 재편하는 것이었다.

전체적으로 조직을 다시 꾸리면서 텐센트의 모바일 부문은 더 이상 '흡혈귀'가 아닌 '조혈기관'으로 거듭났다. 마화텅은 또 다른 부문에서 모바일 영역으로 자금과 노력을 투입하도록 격려했다.

마화텅의 이 같은 조직구성은 '애매하다'는 지적을 면하기 어려웠다. 또 텐센트가 위챗에 조직을 이끄는 '마부'의 역할이 아닌, '실험용 쥐'의 역할을 부여한 것으로 보일 여지도 있었다. 그럼에도 텐센트의 '세 개의 손 전략'은 기존 전략과는 큰 차이가 있었다.

먼저 모바일 인터넷 사업에서 단기적으로 수익을 내야 한다는 부담이 줄어들었다. 또 위챗의 중요성이 보다 강조되었다. 다른 한편으로는 모바일 QQ와 모바일 게임 등의 돈 버는 사업이 쌍방향 엔터테인먼트 사업군으로 옮겨지면서 사업적 가치를 높였으며, 회사의 매출도 덩달아 올랐다. 이 덕에 위챗으로 수익을 창출해야 하는 압박이 줄어들었다. 또 소셜미디어 사업군과 쌍방향 엔터테인먼트 사업군은 한숨 돌리고 냉정하게 다음번 대응전략을 강구할 수 있게 되었다. 마화텅은 조직개편을 통해 훨씬 생명력 있고 경쟁력을 갖춘 모바일 엔진을 창건해냈다. 이는 모바일 인터넷 바다를 서핑하고 있는 텐센트에 매우 유리한 것이었다.

조직개편을 단행한 지 2년이 조금 안 된 2014년에 열린 '텐센트 모바일 개방전략대회'는 이해 열린 가장 가치 있는 대회로 평가받았다. 새해 벽두에 열린 이 회의에서 참석자들은 앞으로의 전략과 제품개발의 방향에 대한 기획을 공유했다. 인터넷 업계 선두업체로서 텐센트도 기대를 지지 않고 모바일 전략과 관련한 구체적 사항을 대외에 공개했다.

이 대회에서 텐센트는 모바일 게임플랫폼인 '응용보 應用寶'를 주력 상품으로 내세웠다. 앱스토어와 비슷해 보이지만 응용보는 개인의 특성을 파악해 맞춤형 콘텐츠를 제공하는 것이 특징이다. 기존의 앱스토어 방식에 머무르지 않고 데이터를 기반으로 사용자의 특성을 분석해 이를 바탕으로 앱을 추천하는 것이다. 이에 사용자의 호감도를 높이고 그들의 니즈를 만족시킬 수 있었다.

마화텅이 응용보를 내세운 것은 곧 텐센트가 새로운 전략으로 '소셜'을 깊이 있게 파보기로 했음을 의미했다. 마화텅은 '소셜'의 장점을 살려 자사의 제품과 자원 간의 통합을 통해 새로운 길을 모색하고자 했다. 이를 통해 사용자는 물론 개발자의 이익을 극대화하겠다는 의지가 담겨 있었다. 또 미래의 시장경쟁에서 남들과 다른 길을 걸으며 푸르른 모바일의 바다에서 유유자적 즐기려는 시도였다.

PC에서 모바일로 가는 길에서 텐센트는 중요한 변화를 겪었다. 이 길에서 텐센트가 가진 가장 큰 장점은 풍부한 '소셜' 능력이었다. 텐센트는 소셜 분야에서 축적된 장점에 의지해 지금껏 수집해온 수많은 데이터를 깊이 있게 분석하고 이 위에 새로운 가치를 창조해내고자 했다.

업계 선두업체들은 2013년 들어 '빅 데이터'를 실험했다. 이듬해인 2014년은 선두업체들이 전력을 다해 빅데이터 분야에서 실력을 겨룬 한 해였다. 이 시기 동안 빅데이터를 발굴해 이윤창출에 성공했는가에 따라 곧 다음 단계에 이르러 시장에서 얼마나 유리한 위치를 차지하게 될지가 정해졌다. 마화텅이 내놓은 모바일 전략은 많은 경쟁상대를 '심리적 공황상태'에 빠뜨리며 더 많은 유사 상품과 비슷한 아이디어의 출현을 가져왔다. 이를 통해 사용자들은 더 많은 선택지를 갖게 되었고 모바일 시장이 더욱 번영하는 기회가 되었다.

애니메이션 시장을 향해 뛰어들다

텐센트는 2014년 쌍방향 엔터테인먼트 연간 발표회를 개최했다. 이 행사에서 텐센트애니매이션은 새로운 전략노선을 대외적으로 공표했다. 텐센트가 애니메이션 산업계를 구축하기 위해 전력을 다하겠다는 내용이었다. 이 약속의 이행을 보장하는 차원에서 텐센트는 이미 첫 번째 프로젝트로 나루토 팬덤火影粉絲 공식 홈페이지를 만들어 열어둔 상태였다.

모두 알다시피 중국에는 수많은 애니메이션 애호가가 있고, 그들의 사랑은 애니메이션 작품에서 주변 상품으로까지 이어지며 거대한 개발 잠재력을 가진 시장을 이루고 있다. 마화텅이 부대를 이끌고 애니메이션 산업에 뛰어든 것은 바로 이 시장을 손에 쥐기 위함이었다.

이날 텐센트애니메이션이 발표한 소식은 전략적 의미를 가진 새로운 돌파구였다. 이는 마화텅이 중국 애니메이션 비즈니스 모델에서 새로운 탐색을 전개하겠다는 결심이었다. 또 수많은 애니메이션 애호가에게는 양질의 엔터테인먼트 콘텐츠 경험을 제공하는 기지가 세워질 것임을 뜻했다. 이 기지 안에서 마화텅은 다양하고 더 좋은 품질의 사용자 경험을 만들어낼 것이었다.

텐센트의 애니메이션 시장진출 전략은 옳은 판단으로 이미 결론이 났지만 아직까지도 마화텅의 전략이 '돌아올 수 없는 강'을 건넌 것이라고 생각하는 사람도 있다. 이는 사실과 다르다. 최근 몇 년간 중국 정부는 애니메이션 산업의 진흥을 전폭적으로 지원하고 있고 다방면에 걸친 우대정책을 펼치고 있다. 이 점으로 볼 때 중국 애니메이션 산업의 앞날은 매우 밝다. 마화텅이 애니메이션 산업계를 구축하려는 것은 이 분야를 텐센트 엔터테인먼트의 새로운 진지로 삼겠다는 판단에 따른 것이다. 그는 애니메이션 산업이라는 큰 시장의 가치를 인지했다. 또 한편으로 애니메이션 문화가 사람들의 감정을 표현해내는 문화 저장고로, 팬들의 호응을 쉽게 이끌어내는 방식이라고 판단했다.

마화텅은 다음 네 가지 방면에서 전략을 세웠다. 첫째는 애니메이션 산업계 강화로, 넓은 팬층에 최고로 우수한 작품을 제공하는 것이다. 둘째 IPIntellectual property rights(지식재산권) 애니메이션화 강화로, IP의 영향력을 더 넓은 영역으로 확대하는 것이다. 셋째는 애니메이션 게임화로, 텐센트가 보유한 게임과 IP 가치의 공유를 실현하는 것이다. 넷째는 주변 상품 강화로, 판권을 보유한 콘텐츠를 다양한 분야에서 활용해 시너지를 높이는 것이다.

마화텅이 지정한 이 같은 노선에 따라 텐센트라는 강력한 플랫폼을 기반으로 우수한 IP를 중심으로 형성된 애니메이션 팬들이 한데 모였다. 이는 텐센트의 애니메이션 비즈니스의 기초가 되었다.

텐센트애니메이션은 같은 해, '범엔터테인먼트 전략'도 내놓았다. 이는 중국 대륙의 애니메이션 산업에 효과적인 구조조정을 진행함으로써 스타 IP를 핵심으로 하는 새로운 산업계를 만들려는 전략이었다. 만약 이 산업계가 제대로 작동만 해준다면 새로운 비즈니스 모델이 될 것이고, 팬덤 경제효과에 기대 더 큰 상업적 가치를 만들 수 있었다.

텐센트애니메이션은 전략 발표회에서 국내외 유명한 애니메이션 IP 두 곳과 다방면으로 합작에 나설 것이라고 밝혔다. 중국 내에서 유명한 좀비만화 '스승P兆'과 일본의 애니메이션 '나루토(중국명 火影忍者)'가 합작 파트너로 선정되었다. 텐센트애니메이션이 전 애니메이션 산업계를 건설하는 과정에서 포석이 되는 발걸음이었다.

앞에 말한 나루토 팬덤 공식 홈페이지도 텐센트애니메이션이 구축한 산업계의 주요 구성부분으로, 이는 정식 판권을 보유한 최초의 나루토 문화교류 플랫폼으로서 나루토 영상·만화·게임·소설 등 나루토와 관련된 주변 콘텐츠를 통합했다. 이렇게 함으로써 텐센트는 팬들의 참여도와 적극성을 최대한 이끌어낼 수 있었다. 나루토 팬들에게 RPG게임 '나루토온라인OL' 등 캐릭터스토리를 제공했고 모두에게 유쾌한 사교와 공유의 장을 제공했다. 이 모든 것들은 두터운 팬덤이 가장 원했던 통합의 성과였다. 이후 텐센트애니메이션은 이 홈페이지를 다원화하고 사용자의 개성에 맞춘 쌍방향 엔터테인먼트 공유 플랫폼으로 변신시켜 사용자 간 통합을 극대화했다. 이는 나루토 IP를 상업화하는 과정에서 풍부한 금을 캐내는 장소가 되었다.

마화텅은 유명한 애니메이션 IP를 끌어들이는 데 그치지 않고 독창적인 애니메이션 IP를 육성하는 일에도 심혈을 기울였다. 이 전략으로 더 많은 애니광을 텐센트의 안으로 끌어들일 수 있었다. 치두위七度魚가 창작한 만화 '스승'을 텐센트가 애니메이션으로 만들어 내놓자 사용자들은 즉시 이에 열광했다. 마화텅의 지원을 받아 이 만화는 애니메이션과 동영상, 게임 등으로 새롭게 태어났다. 원작자인 치두위는 텐센트와의 합작을 통해 연간 100만 위안을 벌어들이는 일약 스타 만화가가 되었다.

모바일 인터넷이 지속적으로 발전하면서 팬덤 효과는 '팬덤분화粉絲裂變'의 형태로 변화하고 있다. 끊임없이 쏟아져 나오는 신기술 덕분에 IP는 한 영역에서 다른 영역으로 쉽게 뻗어나갈 수 있게 되었다. 매우 짧은 시간 안에 여러 영역에서 동시에 꽃피울 수 있음은 물론이다.

이날 발표회에서 마화텅은 '범엔터테인먼트' 업그레이드 전략이라는 신개념을 천명했다. 사람들은 이후 이 신개념의 핵심 이념이 인터넷과 모바일 인터넷에 존재하는 다영역 간 공생이라는 것을 알게 되었다. 각 영역의 지지를 받아 스타 IP는 더 많은 팬덤 경제효과를 창출해낼 수 있었고, 이 효과는 텐센트의 미래 산업계에 직접적인 발전을 가져왔다.

애니메이션 산업은 마화텅이 진지를 구축하는 데 있어서 좋은 매트리스의 역할을 해주었다. 이 진지 안에서 수많은 사용자들을 위한 양질의 엔터테인먼트 경험을 제공했다. 또 쌍방향 엔터테인먼트가 계속해서 발전할 수 있도록 길을 탐색하며 창작권을 가진 스타 IP 영입에 온힘을 쏟아 부었다. 이 덕에 텐센트 사용자의 엔터테인먼트 수요가 채워질 수 있었다.

독서가 왕이다

중국에서 웹소설이 인기를 끌면서 모바일 기기로 문학을 즐기는 시대가 도래했고, 이는 많은 사람들의 생활에 영향을 미치게 되었다. 고개를 숙인 채 휴대전화를 들고 웹소설을 읽고 있는 사람들을 자주 볼 수 있다. 마화텅은 이러한 변혁의 시대에서 새로운 수익모델을 고민했다.

2013년 하반기, 텐센트는 베이징에서 기자간담회를 열어 '텐센트문학腾讯文学'을 런칭하고 '전문학全文學' 발전전략을 공식 발표했다. 이 선언은 텐센트문학이 중국 웹소설 시장을 쟁탈하기 위해 전면적으로 뛰어들겠다는 것을 의미했다. 간담회에서 텐센트는 '텐센트문학' 브랜드의 비즈니스 체계도 발표했다. 텐센트문학은 남성 작가들의 문학 사이트인 '창세중문망創世中文網', 여성 작가들의 문학 사이트인 '운기서원云起書院'으로 구성되었다. 또 디지털 출판 플랫폼 도서 판매, 텐센트문학 PC 포털 등을 갖추었다. 마화텅은 모바일 사용자들도 잊지 않았다. 모바일 사이트와 모바일 앱 QQ웨두閱讀 등도 텐센트문학의 상품채널에 추가되었다. 이렇게 넓고 풍부한 채널을 구비함으로써 마화텅은 말에는 행동이 따른다는 것을 증명했다.

텐센트문학 공식 홈페이지를 보면 오늘날 중국의 인터넷이 블로그와 브라우저, 백신, 게임을 지나 모바일 독서 분야에서 새롭게 진지를 꾸렸다는 설명이 있다. 이는 업계의 경쟁자들이 새로운 도전과 생존환경에 직면했다는 것을 의미한다. QQ웨두의 출시는 향후 위챗 및 텐센트의 소셜플랫폼과 독서 서비스를 결합하겠다는 것을 의미했다. 하지만 텐센트는 이때까지도 구체적으로 어떻게 접근하고 통합을 이뤄낼 것인지에 대해서 고민하는 중이었다.

이 전략에서 드러난 마화텅의 아이디어는 매우 분명했다. 그는 독서 서비스의 발전 가능성을 읽어냈으며, 디지털화된 독서 분야에서 개혁을 추진하기로 마음먹었다. QQ웨두는 계속해 새로운 버전을 출시하며 과거에 비해 내용이 더욱 풍부해지고 훨씬 강력한 기능을 뽐내고 있다. 또한 다양한 파일 형식을 지원해 일체의 규격을 모두 망라했다. 또 사용자의 눈을 보호하는 최적화 작업을 거쳐 가시성을 높였다. 텐센트는 독서 프로그램을 개발하면서 새로운 기술을 채택해 고화질을 구현하면서도 소프트웨어 작업 속도를 확보하고 있다. 또한 마화텅은 창세중문망 創世中文網 과의 합작을 강화해 사용자들에게 독서에 필요한 콘텐츠를 제공했다. 이 시장의 발전전망을 확신한 마화텅이 매 단계마다 빈틈없이 고민했다는 사실을 알 수 있다.

웹소설이 인기를 끌면서 작가가 되는 것이 독자가 되는 것보다도 쉬운 시대가 왔다. 점점 더 많은 작가들이 가세하면서 수많은 독자들은 선택의 폭이 더욱 풍부해졌다. 모바일 단말기가 가져온 현대화된 환경에서 독서는 파편화하는 특성을 보이고 있으며, 작가와 독자 사이의 소통은 더욱 긴밀해졌다.

웹소설을 전통문학과 비교하면 엔터테인먼트적 특징이 훨씬 두드러진다.

독서의 목적은 더 이상 학습과 교육에만 제한되지 않는다. 전자독서의 주목적은 여가를 활용하는 엔터테인먼트이다. 마화텅은 이어 QQ웨두를 위챗과 모바일 QQ 사이에 끼워 넣어 모바일화하는 작업에 착수했다. 이를 위해 먼저 거쳐야 할 작업도 잊지 않았다. 바로 많은 독자들의 독서 습관을 파악하고 그들이 요구하는 것들을 사전에 조사하는 일이었다. 이 문제들을 분명하게 파악하기 위해 텐센트는 또다시 방대한 사용자 플랫폼에 쌓인 정보를 이용했으며, 예상한 대로 그 효과는 좋았다.

텐센트문학 간담회에서 모바일 QQ가 'QQ웨두센터'를 출시하겠다고 선포하자, 많은 관심이 여기에 집중되었다. 그 이름에서 알 수 있듯 'QQ웨두센터'는 'QQ웨두'에 바탕을 두고 있는 독서 플랫폼으로, 주로 사교용의 가벼운 독서 콘텐츠를 제공했다.

마화텅이 텐센트문학을 런칭하면서 공식 발표한 '전문학' 전략은 새롭게 세운 업무체계에 기초했다. 전문학 전략은 콘텐츠와 사용자, 플랫폼에 관한 내용 등 산업계 구조 전반에 대한 모든 내용을 담고 있었다. 이 거대한 구조는 확실한 장점을 가지고 있었다. 콘텐츠 측면에서 텐센트문학은 전통문학과 인터넷문학의 두 종류 모두를 포섭했다. 텐센트문학은 디지털 출판 플랫폼인 '베스트셀러暢銷圖書' 및 여러 출판사들과 새로운 전략적 합작을 맺고 인터넷문학뿐 아니라 전통문학의 보급에도 힘썼다.

사용자 측면에서도 큰 진전을 보였다. 텐센트 플랫폼을 통해 나이, 성별, 직업 등 개인별 맞춤형 독서 서비스를 제공했다. 또 이러한 각각의 사용자에게 개성화된 서비스의 기준은 텐센트가 PC에서 모바일로 이어지는 각 채널에서 일체화된 플랫폼을 구축할 수 있도록 했다. 여기서 말하는 일체화란, 정보와 계정의 일체화를 말한다. 이 같은 일체화로 서적의 정보와 독서 상태, 사용자 데이터를 한꺼번에 업데이트할 수 있었다. 사용자들은 모든 단말기에서 언제든 가장 최근에 읽은 내용을 불러와 독서를 즐길 수 있었다.

콘텐츠의 질을 보장하기 위해서 마화텅은 노벨문학상 수상자인 모옌莫言을 중심으로 아라이阿來, 쑤퉁蘇童, 류전윈劉震云 등 유명작가들로 구성된 '텐센트문학 대가 자문단'을 꾸렸다. 이 쟁쟁한 '드림 팀'의 지원에 힘입어 텐센트의 디지털 독서는 더 좋은 방향으로 발전해 나아갔다.

문학 분야에만 관심을 둔 것은 아니었다. 텐센트는 화이슝디華誼兄弟 등 영화사들과 합작을 체결해 '우수 시나리오 영화화 지원 연맹'을 만들었다. 이를 통해 텐센트문학의 우수한 IP를 영화화하는 프로젝트에도 힘썼다.

독서 분야에서 마화텅이 내놓은 새로운 전략은 사실 텐센트가 구축한 산업계를 완전히 새롭게 정리하는 작업이었다. 그는 '범엔터테인먼트'라는 전략적 아이디어를 이용해, 텐센트의 인터넷 비즈니스의 형태로 완전히 결합시켰다. 이렇게 함으로써 IP를 중심으로 게임과 영화, 텔레비전, 시나리오, 애니메이션 등 다양한 영역과 관련한 전체적인 전략기획을 다각도에서 재정립했다.

새로운 전략기획의 탄생으로 텐센트의 시장이 넓어진 동시에 많은 새로운 경쟁자들은 두려움에 떨었다. 이후 샨다의 치뎬중원왕起点中文網, 바이두가 지원하는 종횡중문망縱橫中文網 등도 이 레드오션 전쟁터에 발을 들여놓았다. 기존 업무영역에서 충돌할 일이 없었던 인터넷 기업들이 하나의 전쟁터에서 만나면서 새로운 전쟁의 서막을 열었다.

14
펭귄 제국의
속사정

사퇴 뒤에 숨겨진 비밀

2006년 2월 15일, 마화텅이 텐센트의 총재 자리에서 물러나면서 당시 수석전략투자관이던 류츠핑 劉熾平 이 자리를 물려받았다. 류츠핑은 마화텅의 뒤를 이어 텐센트의 일반 경영업무를 관리하게 되었다.

마화텅은 왜 텐센트가 나날이 번창하고 있던 시기에 갑자기 무대 뒤로 물러났을까? 마화텅은 경영에 대한 각종 부담에서 벗어나 본래 위치로 돌아가기 위한 것이라고 설명했다. 경영에서 물러나도 텐센트에서 완전히 손을 떼지는 않을 것이며, 텐센트의 발전을 위한 보다 큰 전략과 상품기획에 계속해서 힘을 쏟을 것이라고 덧붙였다.

류츠핑을 후계자로 정한 것에 대해서는 이렇게 밝혔다.

"과거 일 년간 류츠핑은 회사의 일상관리와 운영에 큰 공헌을 하여 짧은 시간 안에 우리 경영진의 중요한 일원이 되었습니다. 그와 경영진, 기타 구성원들의 도움이 있었기에 내가 회사의 전략과 신상품 기획에 더 집중할 수 있었습니다. 텐센트는 사용자들에게 더 좋은 상품과 서비스를 제공했고, 시장에서 잠재된 기회를 잡았습니다."

마화텅의 뒤를 이어받은 류츠핑은 어떤 인물일까? 이때까지 류츠핑은 업계 내에서 이름이 잘 알려지지 않은 인물이었다. 하지만 그의 개인적인 능력은 매우 뛰어난 것으로 알려졌다. 25세에 이미 미국 스탠퍼드와 중국 시베이西北 대학에서 석사학위를 마치고 이어 십여 년간 주권발행, 인수합병, 매니지먼트 컨설팅 등 분야에서 종사했다.

텐센트에 입사하기 전까지 류츠핑은 인스턴트 통신 프로그램 업계에 대해서는 문외한이나 다름없었다. 류츠핑은 골드만삭스 아시아 투자은행부에서 집행이사와 텔레콤·미디어·하이테크 섹터의 수석운영관COO 을 지냈다. 맥킨지에서 매니지먼트 컨설팅 업무를 담당하기도 했다. 류츠핑은 2005년 텐센트 수석전략투자관으로 임명된 후 회사의 전략, 투자, 인수합병 분야를 전문적으로 이끌었다. 이 기간에 텐센트 주가는 6위안에서 20위안 이상으로 뛰어올라 중국 내 시가총액 1위 인터넷 기업으로 우뚝 섰다.

류츠핑의 통일된 관리하에 텐센트의 '온라인 생활' 전략이 모든 전선에서 펼쳐졌다. 회사는 인스턴트 통신, 인터넷 게임, 포털홈페이지 심지어 전자상거래까지 수많은 영역으로 야금야금 진출해나갔다. 전체적으로 볼 때 류츠핑은 전략적 안목이 매우 뛰어났고, 전체 국면을 통솔하는 능력이 충분했다. 그는 마화텅을 도와 해외시장에서 비즈니스 배치를 빠르게 완성하는 데 기여하며 텐센트에 혁혁한 공을 세웠다.

류츠핑은 좋은 기업의 20%는 전략의 성공에서, 나머지 80%는 기업의 실행력에서 나온다는 신념을 가지고 있었다. 이러한 신념을 바탕으로 류츠핑은 결국 기관투자자의 입장에서 기업인으로 변신했고, 기업의 전략을 분석하는 '방관자'에서 전략의 '집행자'가 되었다.

마화텅이 사퇴하기까지 과정을 되돌아보면 2005년 연말, 텐센트의 기업이미지CI 변경으로 거슬러 올라간다. 당시 언론매체들은 텐센트 CI 변경의 의미에 대해 다른 많은 기업들처럼 새로운 모습으로 새로운 1년을 시작하려는 차원 정도로 평가했다. 하지만 이때 마화텅은 새로운 도전에 직면한 상황에 역할전환이 필요하다고 판단한 듯하다. 마화텅은 2006년에 언론과의 인터뷰를 통해 텐센트의 CI 변경은 업무를 다원화하는 차원에서 결정한 것이라고 밝혔다. 또 예전의 CI가 일부에서는 계속 사용되겠지만 새로운 CI와 비교할 때 이전의 CI는 텐센트의 전반적인 이미지를 담지 못하고 있다고 설명했다.

마화텅의 발언은 이후 사업전략에 대한 많은 내용을 담고 있다. 그의 발언에 비춰봤을 때 단순히 IM 프로그램에 만족하지 않고, 계속해서 새로운 업무 영역으로 뻗어나갈 계획을 엿볼 수 있다. 실제로, 봄이 되면 곳곳에서 꽃망울이 터져나오는 것처럼 텐센트는 각 영역에서 성과를 내기 시작했다. 일 년에 걸친 힘든 시기를 겪으며 텐센트는 이미 인터넷 게임, 포털, 전자상거래 등 영역에서 조금씩 결실을 얻고 있었다. 텐센트는 단일 IM프로그램을 제공하던 인터넷 기업에서 인터넷 소셜서비스 회사로 조금씩 변신했다. 회사 규모가 커지면서 직원 수도 2,400여 명으로 늘어 회사의 인적자원 관리업무에 있어서도 새로운 도전을 맞았다.

이러한 일련의 새로운 변화로 인해 당시 마화텅은 조금도 쉴 새 없이 더 많은 시간을 회사 일에 쏟아야만 했다. 회사의 대소사에 파묻혀 움직일 수도 없을 정도였다. 마화텅은 고속성장하는 텐센트가 발전을 지속해나가면 더욱 많은 문제가 생겨날 것이라고 예견했다. 또 이 문제들을 분산해서 처리해야지만 합리적이고 타당한 해결이 가능할 것이라고 판단했다. 마화텅은 소중한 그의 집중력을 펭귄 제국을 지속적으로 발전하는 데 쏟아붓기로 결정했다.

마화텅이 물러난 것에는 또 다른 의미가 있다. 기업이 규모가 커지게 되면 지도자의 개인적 매력이 지닌 영향력은 줄어들게 마련이다. 또 개인 능력에는 한계가 있기에 기업이 어느 정도 발전하면 지도자는 상대적으로 더 중요한 일을 해야 한다. 다시 말하면 판이 커진 후에는 기업이 지도자 개인의 능력과 권위를 강화할 것이 아니라, 개인 영웅주의에서 과학적 관리체계로 경영방식을 전환해나가야 하는 것이다. 마화텅의 사퇴에는 이러한 뜻이 담겨 있었다.

마화텅의 사퇴는 그가 한 가지 일에 몰두하는 스타일이라는 개인적인 성향과도 관계가 있다. 1998년부터 2006년까지 텐센트는 새로운 영역을 끊임없이 개척해왔지만 그렇다고 기존의 IM 사업을 바로 냉대할 수는 없었다. 업무를 확장하는 한편 기존에 해오던 IM 서비스 작업에 대한 보완과 규범화 작업도 해야 했다. 텐센트는 당시 중국에서 IM 프로그램에 집중하고 있는 유일한 인터넷 회사였다. 이러한 배경에서 마화텅에게는 인스턴트 통신업무가 회사

305

일의 전부라고 할 수 있는 무게를 가지고 있었다.

이러한 '몰두하는' 문화는 텐센트 기업문화의 일부이기도 하다. 마화텅은 문제가 발생하면 그에 몰두하는 방식으로 더 멀리 내다봤다. 집중은 QQ를 수많은 IM 경쟁자들 속에서 살아남게 만들고 지금처럼 크게 만든 원동력이다. 텐센트는 확장의 길을 걸어왔지만 그렇다고 해서 회사의 주의력이 분산되지는 않았다는 얘기다. 오히려 집중과 확장은 서로를 보완해주었다. '집중'이 한 가지에 빠져 다른 걸 보지 못하는 외골수를 의미하는 것이 아니었으며, '확장'이 목적 없이 사방팔방 뻗어만 가는 걸 의미하지도 않았다. 상충하는 것처럼 보이는 두 가지를 교묘하게 결합해 텐센트는 경쟁력을 발휘해왔다.

마화텅의 사퇴는 IM에 집중해왔던 텐센트가 QQ 중심의 소셜플랫폼으로 거듭나기 위한 것이기도 했다. 텐센트는 개방형 네트워크라는 웅장한 청사진을 실현해냈고, 사용자들이 전혀 아무런 걸림돌 없이 인터넷 생활을 누릴 수 있게 했다. 텐센트라는 이름은 이제 단순한 하나의 상품이 아닌, 기업정신과 창업신앙이 되었다.

'다섯 호랑이' 중 '두 호랑이'만 남다

텐센트 창업 초기, 다섯 명의 창업주들은 비교적 화목한 관계를 잘 유지해왔다. 그들은 합리적으로 이익을 분배하고 권력의 쏠림을 견제했다. 이는 이 다섯 인물이 긍정적으로 서로를 보완해주는 관계였기에 가능한 일이었다. 하지만 시간이 흐르면서 그들은 각각 장벽을 마주하게 되었다. 타인의 부러움을 샀던 이들의 결합은 결국 회자정리의 순리대로 이별을 맞게 되었다. 지금까지

3명의 창업주가 연달아 텐센트를 떠났다. 그들이 왜 텐센트를 떠나게 되었으며 지금 무엇을 하는지, 또 앞으로 무엇을 할지 많은 사람의 관심의 대상이다.

가장 먼저 텐센트를 떠난 인물은 투자를 담당했던 쩡리칭이다. 쩡리칭은 2007년에 텐센트의 COO 직위를 정식으로 사임하고 명예고문으로 물러났다. 외부에서는 그의 퇴사가 류츠핑이 총재 자리에 오른 것과 관련이 있을 것이라고 추측한다. 쩡리칭이 지금까지 텐센트의 경영업무를 담당해온 상황에서 류츠핑이 경영을 맡자 쩡리칭이 떠날 수밖에 없었다는 게 추측의 근거다. 또 다른 이들은 쩡리칭은 호쾌한 사람인 반면 마화텅은 조용히 일을 처리하는 스타일이라 두 사람은 선명한 대비를 보여왔는데 이런 두 사람이 오랫동안 같이 일하면서 마찰이 있었을 것이고, 어쩌면 이것이 쩡리칭이 떠난 이유일 수도 있다고 본다.

쩡리칭과의 작별은 텐센트로서는 손실이었다. 그는 시장과 경영 분야에서 뛰어난 경쟁력을 가지고 있었다. 쩡리칭은 텐센트가 시장을 개척하는 데 크게 기여했고, 텐센트가 순조롭게 출범하도록 만든 일등공신이었다. 그러나 텐센트가 커가면서 회사의 경영을 규범화할 필요가 생겨났고, 특정인에게 너무 많은 권위를 주거나 전체를 통솔하게 할 수는 없었다. 텐센트는 결국 전문경영인 영입을 결정했고, 쩡리칭은 게임판을 떠나게 되었다.

쩡리칭은 텐센트를 떠나 몇 달간은 휴식을 취하면서 TV를 보거나 게임을 하는 등 여유로운 생활을 했다. 이전보다 가벼운 일을 하고 싶었던 쩡리칭은 엔젤투자자로 변신했다. 쩡리칭은 투자업계에 발을 들여놓은 후 텐센트와 유사한 업무는 일단 피하고 보자는 생각에 패션, 여행, 부동산 등 분야에서 몇 개의 프로젝트를 선택했다. 하지만 결과는 그다지 좋지 않았다. 잇달아 3~4,000만 위안 정도의 손해를 본 후 인터넷 업계로 다시 뛰어들었다. 2007년 말, 쩡리칭은 중국 최고의 유아/아동 교육전문 콘텐츠 개발업체인 '타오미왕 淘米網'에 투자해, 그의 투자인생에서 가장 큰 성공기록을 세웠다.

쩡리칭이 투자로 큰 재미를 보고 있던 2013년 3월, 텐센트의 또 한 명의 창업주인 천이단이 회사를 떠난다고 밝혔다. 텐센트가 전년도 재무보고서를 발행한 직후였다.

천이단은 텐센트의 최고분석책임자로서 1999년부터 회사의 행정, 법률, 정책발전, 인적자원 및 공익자선사업 등 분야를 담당해왔다. 이 외 지식재산권과 대관업무 등도 맡아왔다. 텐센트의 다른 공동 창업주들이 대부분 마화텅의 뒤에 서서 일을 해왔다면 천이단은 '그 뒤의 뒤'에서 일했다고 말할 수 있다. 그는 텐센트에서 일한 15년 동안 언론매체와 단 한 번도 단독 인터뷰를 한적이 없을 정도로 매우 조용하게 업무를 처리해왔다. 천이단은 법률에 정통한 인물로 텐센트가 작은 회사였던 시절부터 세계적 기업으로 성장하기까지 경영규범과 매니지먼트 영역에서 영원히 지워지지 않을 업적을 세웠다.

천이단의 관리 스타일은 전체적으로 효율성과 더불어 인간적인 부분을 함께 배려하는 특징을 가지고 있었다. 천이단의 관리 덕에 회사는 대내외적으로 관련 규정과 정책에 모두 부합했고, 안정적인 발전세를 일관되게 유지했다.

천이단은 마화텅과 비슷하게 성격이 매우 침착한 편이었다. 어떤 일을 하든 간에 오랫동안 심사숙고하는 두 사람은 많은 경우에 서로를 보완해왔다. 마화텅은 제품과 기술 영역에서 뛰어났고, 천이단은 법률 영역에서 특출한 재능을 보였다. 마화텅이 새로운 아이디어나 전략을 지시하면 천이단은 이를 빠르게 흡수하고 전문적인 시각에서 마화텅이 어느 부분에 주의해 일을 실행해야 하는지, 어떻게 법률적 충돌을 피할 수 있을지를 일러줬다.

천이단은 매우 가족적이고 책임감 있는 사람으로 다섯 명의 공동 창업주 가운데 제일 먼저 결혼해 아이를 낳았다. 그는 마치 자신의 가족을 챙기듯 직원들과 직원들의 가족도 챙겼다. 회사의 각종 복리후생제도도 그의 작품이었다. 또 텐센트의 자선공익사업 역시 천이단이 집행했다. 그는 이 분야에 대해 개인적으로도 관심이 있어 중남재경정법대학 우한학원이 장학금을 설립할 때 1,000만 위안을 출자해 뛰어난 교육자와 우수한 학생을 장려하기도 했다.

훗날 천이단은 언론매체와의 인터뷰에서 사퇴하기 훨씬 이전인 2011년부터 지휘봉을 내려놓고자 결심했다고 밝혔다. 사퇴를 결심한 후 2011년에서 2013년까지 2년간 사임을 위한 준비작업을 해왔다고 설명했다. 천이단은 회사를 떠나기 전에 다른 공동 창업주들과 사전에 충분히 소통했고, 모두의 동의를 얻은 후에야 실질적인 사직 준비에 들어갔다. 그 2년의 기간 동안 텐센트의 업무가 안정적으로 돌아가는 것을 확인한 후에야 천이단은 마음 놓고 떠났다. 이 과정을 보면 그가 얼마나 듬직한 사람인지 알 수 있다.

마지막으로, 텐센트를 떠난 공동 창업주 중 한 명은 장즈둥이다. 장즈둥 역시 조용한 사람으로 좀처럼 대중 앞에 나서지 않았다. 텐센트에서 상무이사와 최고기술경영자의 주요 직책을 겸하면서 장즈둥은 기술개발을 책임졌다. 인스턴트 통신 플랫폼과 대형 온라인 응용시스템 등이 그의 작품이었다. 2014년 3월 19일, 장즈둥이 텐센트를 떠난다고 선언했을 때 많은 사람들이 아쉬워했다. 1972년생인 장즈둥은 이제 막 장년으로 접어든 젊은 나이였기 때문이다.

하지만 이때는 위챗이 이미 QQ를 넘어서면서, 장즈둥이 만든 '기초 인스턴트 통신 플랫폼'은 텐센트 내부에서 자연스럽게 입지가 좁아지고 있던 상황이었다. 장샤오룽이 만든 위챗이 텐센트의 핵심이 되고 있었다. 또한 장즈둥이 주관한 대형 온라인 응용시스템의 개발은 이미 새로운 역량을 갖춘 인물로 대체되고 있었다. 이 주인공은 중국 과학기술대학 컴퓨터 과학기술부를 졸업한 루샨盧山이었다. 이렇게 후임자까지 정해진 마당에 장즈둥이 지는 해의 느낌을 받는 건 피하기 어려웠다. 인터넷을 더 깊게 이해하고 있는 젊은이들에게 자리를 물려주고 떠나는 게 가장 현명한 처사로 여겨졌다.

이렇게 공동 창업주 세 명이 텐센트를 떠나고 이제는 유일하게 쉬천예만 남았다. 쉬천예는 많은 말을 남기지 않았지만 다섯 명이 텐센트를 공동 창업하던 당시를 회자했다.

"우리는 졸업한 이후 자주 연락을 하지는 않았지만 서로를 잘 알고 있었다. 처음에는 내가 해야 할 일이 무엇인지도 몰랐다. 다만 우리 모두가 매우 진지하다는 것은 알고 있었다. 이 일은 웃고 떠들며 노는 그런 일이 아니었고, 이리저리 해봐도 진척이 없었다. 이런 일이라면 나는 함께 도전해볼 만한 가치가 있다고 생각했다. 당시에는 다른 특별한 생각은 없었다. 다만 이 일을 하는 게 시간낭비는 아닐 거라고 판단했고, 우리 모두 매우 흔쾌히 제안에 응했다."

이 말을 하는 동안 쉬천예의 얼굴에는 미소가 떠올랐다.

텐센트에서 쉬천예의 주 업무는 홈페이지 관리와 소셜, CRcustomer

relationship(고객관계) 및 PRpublic relation(공공관계) 전략기획이다. 쉬천예는 텐센트의 주 발기인이면서도 상무이사는 아니라는 점이 눈에 띈다. 또 공동 창업주 가운데 지분이 가장 적은 두 명 중 하나이다. 그가 책임지는 업무는 대부분 내부적인 일과 후방지원 업무이다. 앞으로 이 '호호선생'이 계속 마화텅과 류츠핑의 곁에 남을지는 모를 일이다.

아마도 창업 초기에는 아무도 떠나게 될 상황을 생각하지 않았을 것이다. 하지만 회사가 계속 성장하면서 각자가 처한 상황이 다르게 변했고, 세상을 보는 자신의 마음도 변했을 것이다. 결국 다섯 호랑이는 서로 다른 길을 선택하게 되었다. 많은 사람들이 사랑하는 사람을 만났을 때 처음에는 평생 헤어지지 않을 거라 생각하지만 헤어질 때가 되면 상황이 변하는 것처럼 말이다.

나도 저작권이 필요해

ICQ와 송사를 겪은 이후부터 마화텅은 특허와 저작권 문제를 매우 중시하게 되었다. 그는 다시는 비슷한 실수를 하지 않겠다고 다짐했다. 텐센트는 2003 년부터 법무부서를 만들어 자신의 권익을 지키고 있다. 이어 조속하게 외부에서 지식재산권 연구원과 법무고급전문인력, 특허변호사 등을 채용했다.

실패를 겪고 나면 그만큼 현명해진다고 하던가. 마화텅은 송사 이후 텐센트를 훨씬 규범 있고 성숙한 모습으로 변화시켜 나갔다. 이렇게 해야만 시장 경쟁의 격랑 속에서 자유롭게 질주할 수 있다는 판단에서였다. 이를 위해 마화텅은 모든 새로운 제품에 도메인 네임과 상표, 특허권, 저작권 등 전 방위적인 보호체계를 갖춰나갔다.

마화텅이 만든 보호체계는 모든 기술과 상품의 연구개발 입안 초기단계에서부터 시작된다. 다시 말해 사안별로 그에 맞는 지식재산권 보호조치를 취해 모든 상품이 법률적으로 '완전무결'한 상태가 되도록 만든다. 이 외에 마화텅은 신상품의 SCM(공급망관리) 체계 안에 지식재산권 심사를 포함시켜 제품이나 새로운 비즈니스를 발표하기 전에 이를 거치도록 해놓았다. 이렇게 함으로써 새로운 발명품과 창조물을 적시에 내놓을 수 있고 텐센트가 타인의 지식재산권을 침해하는 일도 막을 수 있었다.

오늘날 텐센트는 보유하고 있는 지식재산권을 하나부터 열까지 매우 중시하며 꼼꼼히 챙긴다. 지식재산권은 기업이 생존하고 발전하는 데 '보호 기능'을 한다고 믿기 때문이다. 텐센트는 지식재산권에 대한 직원 교육을 강화했고, 지식재산권의 일상적 보호와 지식재산권라이센스知识产权许可贸易의 심사 구체화를 중점적으로 추진했다. 또 연구개발센터에도 기술발명에 대한 특허 발굴과 국내외 보호를 전문으로 하는 팀을 배치했다.

새로운 QQ 캐릭터가 탄생한 이후 마화텅은 예술창작디자인에 대한 저작권 보호에도 박차를 가해, 타인의 도용을 피하고자 했다. 먼저 마화텅은 상업기밀과 저작권의 공동 보호 메커니즘을 갖췄다. 텐센트는 프로그램 코드, 설계도면 등의 창작물에 대해 엄격하고도 면밀한 상업기밀보호전략을 갖추고 있다. 그 목적은 핵심 기업이념과 비즈니스 전략이 외부로 새어나가지 못하게 함으로써 시장경쟁에서 핵심적으로 유리한 요소를 확보하는 것이다.

다음으로는 저작권과 상표권에 대해 높은 관심을 기울였다. 2000년 텐센트가 디자인한 펭귄 이미지는 가장 중요한 기업상품 가운데 하나이다. 이 이미지에 대한 저작권을 등록하고 모든 종류의 상표권을 등록해, 대중들의 환영과 사랑을 받는 이미지 디자인에 대한 타인의 도용을 방지했다. 이와 함께 텐센트는 상표를 중시해, 산하 핵심 상표에 대해 모든 보호수단을 마련해놓아 QQ 펭귄을 중심으로 캐릭터 이미지 제품군을 형성했다.

마지막으로 특허권과 저작권 보호수단을 확립했다. 특허권 보호차원에서 특허관리 데이터저장 시스템과 특허신청항목 추적시스템을 구축했다. 또 저작권과 특허권 보호체계를 일치시켜 특허신청의 전 과정을 전자화했다. 이렇게 텐센트는 체계적이고 규범화된 지식재산권 보호시스템을 갖추게 되었다.

텐센트는 광저우동리싱실험유한공사廣州東利行失業有限公司를 Q-Gen 등록상표의 독점 판매상으로 선정했다. 이어 광저우에 Q-Gen 1호 매장을 내고 QQ 브랜드를 붙인 의류와 장난감 등을 전문적으로 판매하기 시작했다.

사람들이 QQ의 펭귄을 좋아했기 때문에 이들 캐릭터 상품들 역시 인기를 끌었다. 캐릭터 상품의 판매로 사용자들에게 텐센트의 이미지를 더욱 각인시킬 수 있었다. 얼마 되지 않아 QQ는 미키마우스, 가필드 등의 캐릭터들과 어깨를 나란히 할 만큼 새로운 유행과 엔터테인먼트의 상징이 되었다. 사용자들 사이에서 QQ광이 생겨날 정도였고, 이들은 펭귄이 그려진 제품들을 수집하기 위해 관련 상품들을 쓸어 모으기도 했다.

텐센트와 정저우鄭州에 위치한 소앵두小櫻桃 카툰공사는 2005년 3월 합작을 체결하고 텐센트가 창작, 출판한 QQ만화 독점계약을 맺었다. 이 만화가 나오자 시장은 뜨거운 반응을 보냈다. 마화텅 역시 캐릭터를 이용한 지식재산권을 활용하면서 새로운 재산권의 부가가치 영역으로 범위를 넓혔다.

지식재산권을 통해 발생하는 수익이 늘어나면서 마화텅은 다시 새로운 문제에 부딪혔다. 수많은 지식재산권을 어떻게 효율적으로 관리할지의 문제였다. 지식재산권은 '시위에 놓인 화살' 같아서 한 번 쏘면 되돌릴 수 없다. 즉, 지식재산권과 관련해 누군가에게 권한을 주고 나면 그 상대방에게 고유한 독립적 권한이 되어버려, 계약서상에 분명하게 규정하지 않은 사항이라면 상대방에게 관리권한을 빼앗겨버릴 가능성이 높다.

마화텅은 이 문제를 눈여겨보기 시작했다. 합작 경험이 쌓여가면서 마화텅은 텐센트만의 QQ 브랜드 이미지 권한위임 관리방식을 확정했다. 텐센트는 다음과 같이 규정하고 있다. "QQ 캐릭터를 사용한 모든 제품은 개발과 생산, 판매 또는 재창조, 변형 등의 변경에 있어 텐센트의 허가를 받아야 하며 임의대로 할 수 없다. 만약 임의대로 이를 변경하거나 재창조했다고 하더라도 그 이미지와 문자 등의 권리 역시 모두 텐센트에 귀속된다."

텐센트가 불현듯 깨달음을 얻어 지식재산권을 중시하게 되었다고 생각할 수도 있다. 하지만 지식재산권이 날로 중요해지는 시대에 텐센트의 조치는 필연적이었다. 지식재산권 보호전략은 텐센트 지적창조 영역에 대한 보호이자 지식재산권의 위탁관리전략은 텐센트의 브랜드 가치가 급속히 높아지는 데 한몫했다. 또 이를 통해 직접적인 이익을 창출할 수도 있었다.

마화텅이 펭귄의 가치를 새삼 실감했던 일이 있었다. 2000년 열린 한 교역회에서 텐센트 사원이 제품홍보 차원에서 다양한 모습을 한 QQ 펭귄의 피규어를 만들어 전시했다. 이에 많은 사람들이 펭귄에 전무후무할 정도로 열렬한 관심을 보냈다. 마화텅은 펭귄에 열광하는 사람들을 보고 만약 창업 초기에 펭귄 이미지를 만들지 않았더라면 지금의 텐센트는 없었을지도 모른다는 생각을 했다고 한다.

현재 텐센트는 국내외의 법률을 빠삭하게 꿰고 있어 상표권, 저작권, 특허권의 적절한 안배를 통해 국경을 넘어서도 그 브랜드와 기술력을 충분히 보호받고 있다. 이 덕에 QQ 펭귄 역시 대륙과 대양을 넘어 법률의 보호를 받고 있다. 텐센트는 또 지식재산권과 연구개발, 시장, 경영 등을 유기적으로 결합해 각 영역을 모두 지식재산권의 개념 속으로 들여놓았다.

지식재산권을 중시하는 전략을 펼치면서 텐센트의 시장 선두적 지위와 경쟁력도 덩달아 올라갔다. 텐센트는 2006년 11월 25일, 광둥성 廣東省 판권흥업 시범기지 版權興業示範基地 내 운영업체로 선정되었다. 같은 해 텐센트의 QQ와 펭귄 상표는 광둥성 안에서 유명 상표가 되었고, 인터넷 기업에서 시작한 최초의 유명 상표로 선정되었다. 이는 매우 기념비적 의미가 있다. 또 이해 기준으로 텐센트는 60여 건의 특허권을 보유하고 있었다. 이는 중국의 다른 인터넷 기업들의 특허등록건수를 모두 합친 것과 비슷한 수치였으니 그냥 지나칠 수 없는 일이었다. 이 점에 비춰봤을 때 텐센트가 앞으로 더 많은 특허 제품을 보유하게 될 것이 확실한 상황이었다.

마화텅은 경험을 통해 배우는 능력이 뛰어나다. 그는 도메인네임 분쟁을 겪은 후에도 좌절하지 않았고, 여기에 숨겨진 새로운 비즈니스 기회를 발견했다. 그는 창의와 과학기술 양자를 효율적으로 결합해냈고, QQ를 유명한 브랜드로 키웠다. 지식재산권 송사에서 패배한 경험은 마화텅이 지식재산권이 브랜드의 핵심 경쟁력이라는 사실을 가슴 깊이 이해하는 계기가 되었다.

마화텅이 양손에 쥔 칼

거대 인터넷 기업 텐센트의 창시자, '펭귄의 아버지' 마화텅이 성공한 수많은 기업가들과 어떤 면에서 겹쳐 보이는 것은 당연하다. 그들보다 마화텅이 더 뛰어나다고 말할 수 있는 중요한 이유가 있다. 바로, 후발주자라는 점과 기회를 포착하는 능력이다. 이 두 '원칙'은 마화텅이 사용해온 '양손의 칼'이다. 이 길 위에서 그는 무수히 많은 적을 만나 쓰러뜨리며 공을 세웠다.

온라인 게임이든 포털사이트든 마화텅은 항상 후발주자로 뛰어들었다. 지금의 텐센트를 있게 한 QQ 역시 ICQ를 학습하고 모방한 것이었다. 마화텅이라고 해서 용기 있게 모험을 무릅쓰고 성공하는 사람이 되고 싶지 않았을까? 그가 게으르고 나태해서 후발주자의 길을 걸었던 것일까?

마화텅의 인생철학에서 이에 대한 생각을 엿볼 수 있다. 마화텅은 후발주자에게 강력한 힘이 있다고 믿었다. 후발주자는 필요한 자본과 감수해야 할 리스크가 적다는 장점이 있기 때문이다. 특히 텐센트가 일정한 플랫폼 경쟁력을 갖춘 이후부터는 후발주자로 진출하는 전략만을 펼쳐왔고, 이 덕에 실패를 줄일 수 있었다. 마화텅의 성격을 보아도 비교적 보수적이며 모험을 그다지 즐기지 않는다는 특징이 있다. 마화텅은 이렇게 말한 바 있다.

"텐센트도 작은 분야에서 혁신과 시도를 할 수 있다. 하지만 온라인 게임과 전자상거래 등 비교적 큰 프로젝트에서는 후발주자로 진입해왔다. 이렇게 함으로써 우리에게 가장 적합한 것을 연구할 수 있는 시간을 벌었다. 예를 들어 우리보다 먼저 탄생한 알리바바의 타오바오는 중국 네티즌의 인기를 얻었고, 우리는 이러한 타오바오를 따라 전자상거래 영역에 진출했다."

서둘러 진출한 사업에서 실패한 사례도 있다. 처음 이메일 서비스를 시작하면서 마화텅은 비교적 간단한 분야라고 생각해 그리 큰 노력을 들이지 않고 이메일 서비스 출시를 재촉했다. 이렇게 출시된 텐센트의 이메일은 사용자들에게 인정받지 못했다. 마화텅은 서둘러 이메일 서비스 사업을 접으면서 두 번 다시 이 사업에는 손대지 않을 것이라고 말했다. 이 실패 경험은 마화텅에게 충분히 기획한 후 실행해야 하는 이유를 일깨워주었다. 이후부터 지금까지 마화텅은 어떤 일을 하든 기업의 학습주기와, 그 산업의 생명주기의 조화를 고려했다. 또 이때부터 텐센트의 모든 기획은 평온함 속에서 천천히 진행되어 왔다. 예를 들어, 전자상거래 C2C 분야에 진출했을 때를 되돌아보면, 텐센트와 알리바바는 거의 동시에 연구개발을 진행하고 있었지만 마화텅은 리스크를 피하기 위해 마윈과 합작하길 원했다. 너무 많은 지분을 내주고 싶지 않았던 마윈으로 인해 '두 명의 마씨' 사이에 연합은 성사되지 않았지만 말이다.

인터넷 세상에서 발전과 변화는 그 속도가 너무나 빨라 불과 몇 개월 사이에 새로운 것들이 생겨나곤 한다. 어떤 것이 핫 트렌드가 될지 아닐지를 판단하는 것은 매우 어렵고, 모든 가능성을 항상 열어놓을 필요가 있다. 수많은 변수들을 헤아릴 수조차 없는 상황에서 기업을 이끄는 경영자로서 마화텅은 신중할 수밖에 없었다. 그가 한 번 잘못된 판단을 내린다면 그로 인해 지불해야 하는 대가는 참혹하리만치 컸다. 마화텅은 시간이 갈수록 '선구자'가 되기보다 다른 사람을 관찰하고 이를 따라갈지 말지를 고민하는 쪽을 택하게 되었다. 다른 사람의 장점을 취해 자신의 스타일로 개량하고 보완을 거친 후 이를 다시 시장에 내놓는 방식으로 텐센트는 강력한 브랜드 경쟁력을 확보했다.

비록 후발주자라고 하지만, 마화텅은 기회를 잡는 데 있어 매우 뛰어났다. 그는 공개석상에서 자신은 행운아이며, 기회를 잘 잡아 성공할 수 있었다고 겸손하게 말하곤 한다. 또, 그와 그가 이끄는 조직 모두 아주 특별히 똑똑하지 않으며, 단지 날아다니는 기회를 잘 잡았기에 성공할 수 있었다고 말한다.

실제로 중국에서 탄생한 성공한 인터넷 기업들은 대부분 시대의 흐름을 잘 타고났다는 공통점이 있다. 1995년, 마화텅은 남들보다 먼저 인터넷 세계에 눈을 떴고, 민첩한 속도로 이 시장에 뛰어들었다. 그에게는 남들보다 빠르게 컴퓨터의 신기술과 접촉할 기회가 주어졌고, 훗날 많은 인터넷 인재들 역시 비슷한 상황에서 성공을 일궈냈다.

인터넷에 대한 이해가 성공의 충분조건은 아니다. 인터넷 세계에서 성공하려면 그 세계의 맥박을 민감하게 짚어내야 한다. 마화텅은 민감하게 신기술을 인지해 정확한 사업적 판단을 내리고 시장의 흐름을 예견해왔다.

인터넷이 막 떠오르기 시작하던 태동기에 중국의 네티즌 수는 수백만 명에 불과했다. 당시에는 투자유치 환경도 열악했다. 중국 내 투자자들이 이 신흥산업에 거리를 두고 있었으며 해외 인터넷 벤처투자를 제외하고는 투자를 받기도 어려웠다. 이 점에서 보면 마화텅이 다른 사람들에 비해 훨씬 일찍 인터넷을 접해 유리했다고는 하지만 그만큼 다른 사람들은 겪지 않아도 될 어려움을 만나기도 했다.

그러나 마화텅은 자신이 가진 유리한 조건을 잘 이용할 줄 알았다. 당시 컴퓨터를 잘 다룰 줄 아는 인재가 매우 부족한 상황에서도 마화텅은 선전에서의 지연 地緣 을 이용해 인재를 끌어모았고 자금을 조달했다.

318

마화텅이 기회를 잘 잡을 수 있었던 또 하나의 비결이 있다. 결정을 내리기 전에 아주 꼼꼼하게 디테일을 따졌으며 무턱대고 뛰어들지 않았다는 점이다. 마화텅은 실용주의 이념을 바탕으로 기회를 잡았다. 도박꾼처럼 일척을 잡거나 하늘에 운명을 내맡기겠다는 마음가짐과 거리가 멀다. 원인과 결과를 분명히 따지는 마화텅의 구상과 기획을 들으며 투자자들은 안심할 수 있었다. 그는 '감'이 아닌, 분석을 통해 창업을 한 경우라고 할 수 있다.

텐센트는 인터넷 세상에서 발전의 기회를 잘 잡았기 때문에 인스턴트 통신 분야에서 명실상부한 패권을 쥐었다. 사실 조금이라도 인터넷에 대해 이해하고 있는 사람이라면, 채팅 프로그램의 성패는 기술이 아닌 시장진입의 선후로 좌우된다는 사실을 알 것이다. 프로그램 연구개발 능력이 제아무리 뛰어나다 해도 사용자가 적으면 아무도 관심을 갖지 않는다. 텐센트는 이 시장을 선점했기에 수억 명에 달하는 사용자를 확보할 수 있었다. 또 이 펭귄 제국이 점점 성장해가면서 그 인기와 경쟁력 역시 두드러졌다. 이 모든 것은 마화텅이 현명하게 기회를 잡았기 때문으로 볼 수 있다.

후발주자 전략은 텐센트보다 먼저 시장에 진출한 수많은 경쟁자의 무릎을 꿇렸다. 또 기회를 포착해내는 그의 능력 앞에서 수많은 경쟁자들이 좌절을 맛보았다. 마화텅은 양손에 두 개의 칼을 쥐고 이를 휘두르며 펭귄 제국에 피로 얼룩진 길을 냈다.

세상이 변하고 기술이 발전하면서 인터넷에서 모바일 인터넷으로, PC에서 스마트폰으로 펭귄은 기술혁명과 문화혁명을 몸소 겪어왔다. 여전히 예측할 수 없는 게 앞날이지만 펭귄은 '소통'을 핵심으로 성공가도를 달리고 있다.

옮긴이 **송은진**

한국외국어대학교 중국어과를 졸업하고 동 대학원에서 중국 정치학 석사 학위를 취득했다. 상하이 복단대학과 베이징 대외경제무역대학에서 수학했다. 책임질 수 있는 번역을 위해 모든 작품에 최선을 다한다. 현재 중국어 통역가, 강사로 일하는 동시에 번역 에이전시 엔터스코리아에서 출판기획 및 중국어 전문 번역가로 활동하고 있다. 주요 역서로는 《영향력은 어떻게 만들어지는가》, 《위기를 경영하라》, 《하버드 인생특강》, 《역사가 기억하는 세계 100대 전쟁》, 《스탠퍼드 대학의 디자인 씽킹 강의노트》 등이 있다.

옮긴이 **유주안**

대원외국어고등학교(중국어과)를 졸업하고 이화여대에서 정치외교학을 전공했다. 2006년 한국경제TV에 입사한 후 10년간 경제전문기자로 취재활동을 하면서 수많은 정관계, 재계인사들을 직접 만나 인터뷰했다. 기자와 앵커로 취재와 방송을 하면서 중국의 경제/경영 분야 기사와 서적 등을 번역해 널리 알리는 데 힘쓰고 있으며, 현재 번역 에이전시 엔터스코리아에서 출판기획 및 전문 번역가로 활동하고 있다.

앞서가는 사람의 한걸음
텐센트 마화텅

1판 1쇄 인쇄 2016년 6월 1일
1판 1쇄 발행 2016년 6월 8일

지은이 렁후
옮긴이 송은진, 유주안
펴낸이 한익수
펴낸곳 도서출판 큰나무
등록 1993년 11월 30일 (제5-396호)
주소 (10424) 경기도 고양시 일산동구 호수로430번길 13-4
전화 031-903-1845
팩스 031-903-1854
이메일 btreepub@naver.com
블로그 blog.naver.com/btreepub

값 15,000원
ISBN 978-89-7891-304-1 (03320)

잘못 만들어진 책은 구입하신 서점에서 교환해 드립니다